教育部、财政部职业院校教师素质提高计划职教师资培养资源开发项目
《车辆工程》专业职教师资培养资源开发（VTNE013）

汽车发动机检测与维修

QICHE FADONGJI JIANCE YU WEIXIU

冉广仁　赵修强　主编
李景芝　主审

人民交通出版社股份有限公司
China Communications Press Co.,Ltd.

内 容 提 要

本教材是项目组承担教育部、财政部委托的职业院校教师素质提高计划中“本科专业职教师资培养资源开发项目车辆工程专业”(项目编号:VTNE013)课题研究成果。

本教材以基于工作过程系统化的教材开发理念为指导思想,按照工作项目、工作任务理实一体化的模式组织编写,较好地体现了车辆工程类专业职教师资培养的专业性、职业性、师范性相融的要求,全书共分6个工作项目,分别为:曲柄连杆机构的检测与维修、配气机构的检测与维修、电控汽油喷射发动机电控系统的检测与维修、冷却系的检测与维修、润滑系的检测与维修和发动机装配、磨合与竣工验收。

本教材为中等职业院校汽车运用与维修、汽车制造与检修、汽车电子技术应用和汽车车身修复等车辆工程类专业教材。

图书在版编目(CIP)数据

汽车发动机检测与维修 / 冉广仁,赵修强主编. —
北京:人民交通出版社股份有限公司, 2017.8
ISBN 978-7-114-13788-4

Ⅰ.①汽… Ⅱ.①冉… ②赵… Ⅲ.①汽车—发动机—故障检测—教材 ②汽车—发动机—车辆修理—教材
Ⅳ.①U472.43

中国版本图书馆 CIP 数据核字(2017)第 088324 号

书　　名: 汽车发动机检测与维修
著 作 者: 冉广仁　赵修强
责任编辑: 王　霞　谢海龙
出版发行: 人民交通出版社股份有限公司
地　　址: (100011)北京市朝阳区安定门外外馆斜街3号
网　　址: http://www.ccpress.com.cn
销售电话: (010)59757973
总 经 销: 人民交通出版社股份有限公司发行部
经　　销: 各地新华书店
印　　刷: 北京鑫正大印刷有限公司
开　　本: 787×1092　1/16
印　　张: 14.75
字　　数: 335 千
版　　次: 2017 年 8 月　第 1 版
印　　次: 2017 年 8 月　第 1 次印刷
书　　号: ISBN 978-7-114-13788-4
定　　价: 29.00 元

项目专家指导委员会

主　任： 刘来泉

副主任： 王宪成　郭春鸣

成　员：（按姓氏笔画排列）

刁哲军　王继平　王乐夫　邓泽民　石伟平　卢双盈
汤生玲　米　靖　刘正安　刘君义　孟庆国　沈　希
李仲阳　李栋学　李梦卿　吴全全　张元利　张建荣
周泽扬　姜大源　郭杰忠　夏金星　徐　流　徐　朔
曹　晔　崔世钢　韩亚兰

出版说明

《国家中长期教育改革和发展规划纲要(2010—2020年)》颁布实施以来,我国职业教育进入到加快构建现代职业教育体系、全面提高技能型人才培养质量的新阶段。加快发展现代职业教育,实现职业教育改革发展新跨越,对职业学校"双师型"教师队伍建设提出了更高的要求。为此,教育部明确提出,要以推动教师专业化为引领,以加强"双师型"教师队伍建设为重点,以创新制度和机制为动力,以完善培养培训体系为保障,以实施素质提高计划为抓手,统筹规划,突出重点,改革创新,狠抓落实,切实提升职业院校教师队伍整体素质和建设水平,加快建成一支师德高尚、素质优良、技艺精湛、结构合理、专兼结合的高素质专业化的"双师型"教师队伍,为建设具有中国特色、世界水平的现代职业教育体系提供强有力的师资保障。

目前,我国共有60余所高校正在开展职教师资培养,但由于教师培养标准的缺失和培养课程资源的匮乏,制约了"双师型"教师培养质量的提高。为完善教师培养标准和课程体系,教育部、财政部在"职业院校教师素质提高计划"框架内专门设置了职教师资培养资源开发项目,中央财政划拨1.5亿元,系统开发用于本科专业职教师资培养标准、培养方案、核心课程和特色教材等系列资源。其中,包括88个专业项目,12个资格考试制度开发等公共项目。该项目由42家开设职业技术师范专业的高等学校牵头,组织近千家科研院所、职业学校、行业企业共同研发,一大批专家学者、优秀校长、一线教师、企业工程技术人员参与其中。

经过三年的努力,培养资源开发项目取得了丰硕成果。一是开发了中等职业学校88个专业(类)职教师资本科培养资源项目,内容包括专业教师标准、专业教师培养标准、评价方案,以及一系列专业课程大纲、主干课程教材及数字化资源;二是取得了6项公共基础研究成果,内容包括职教师资培养模式、国际职教师资培养、教育理论课程、质量保障体系、教学资源中心建设和学习平台开发等;三是完成了18个专业大类职教师资资格标准及认证考试标准开发。上述成果,共计800多本正式出版物。总体来说,培养资源开发项目实现了高效益:形成了一大批资源，填补了相关标准和资源的空白；凝聚了一支研发队伍，强化了教师培养的“校—企—校”协同；引领了一批高校的教学改革，带动了“双师型”教师的专业化培养。职教师资培养资源开发项目是支撑专业化培养的一项系统化、基础性工程，是加强职教教师培养培训一体化建设的关键环节，也是对职教师资培养培训基地教师专业化培养实践、教师教育研究能力的系统检阅。

自2013年项目立项开题以来，各项目承担单位、项目负责人及全体开发人员做了大量深入细致的工作，结合职教教师培养实践，研发出很多填补空白、体现科学性和前瞻性的成果，有力推进了“双师型”教师专门化培养向更深层次发展。同时，专家指导委员会的各位专家以及项目管理办公室的各位同志，克服了许多困难，按照教育部和财政部对项目开发工作的总体要求，为实施项目管理、研发、检查等投入了大量时间和心血，也为各个项目提供了专业的咨询和指导，有力地保障了项目实施和成果质量。在此，我们一并表示衷心的感谢。

编写委员会

2016年3月

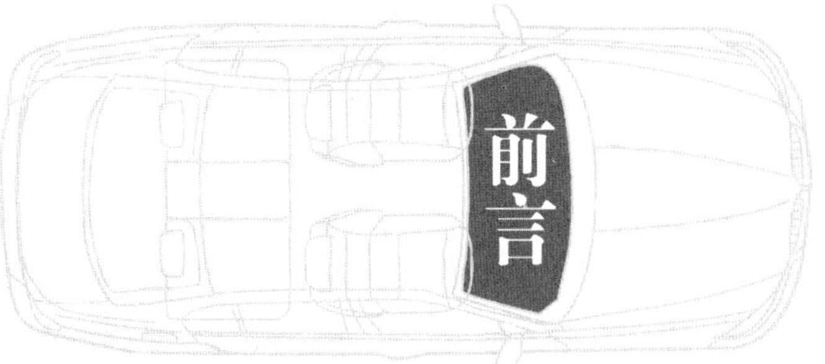

前言

自2009年以来，我国一直保持着汽车产量、销量的两个世界第一。2015年，中国内地生产汽车2450.33万辆，销售汽车2459.76万辆。2014年末，全国民用汽车保有量达到15447万辆（包括三轮汽车和低速货车972万辆），其中私人汽车保有量12584万辆；民用轿车保有量8307万辆，其中私人轿车7590万辆。这些数字说明，中国内地已经成为一个以私人消费为主的巨大的汽车消费市场。汽车，已经普遍渗透到了社会的方方面面，形成了一个庞大的汽车后市场。

汽车市场的蓬勃发展，需要有数量足够、技能娴熟的从业人员为其生产、流通和使用服务，这为职业院校的车辆工程类专业的开设提供了市场机会。也意味着需要众多的车辆工程专业师资。基于此，教育部、财政部委托课题组开展了职业院校教师素质提高计划中“本科专业职教师资培养资源开发项目车辆工程专业”（项目编号：VTNE013）项目研究工作，本教材就是项目研究的主要成果之一。

本教材主要是为职业学校车辆工程类专业的师资培养而编写的，编写时以基于工作过程系统化的教材开发理念为指导思想，按照工作项目、工作任务理实一体化的模式组织编写，较好地体现了车辆工程类专业职教师资培养的专业性、职业性、师范性相融的要求，全书共分6个工作项目，分别为：曲柄连杆机构的检测与维修、配气机构的检测与维修、电控汽油喷射发动机电控系统的检测与维修、冷却系的检测与维修、润滑系的检测与维修和发动机装配、磨合与竣工验收。

每个工作项目均包括了项目描述、任务目标、任务导入、任务准备、任务实施、知识拓展、练一练、做一做、任务评价等内容。非常适合职教师资的培养诉求。

本书由冉广仁、赵修强任主编，编写分工为：项目一由济南第九职业中专景志阳编写、项目二由济南技师学院赵修强编写、项目三由青岛市城阳区职业中等专业学校王宁编写、项目四由山东银座汽车贸易有限公司吕会永编写、项目五由山东交通学院吴芷红编写、项目六由山东交通学院冉广仁编写。全书由冉广仁统稿，李景芝担任主审。

在本书编写过程中，除了所列参考文献外，还参考了许多国内出版、发表的报刊、网站等相关内容，在此对原作者、编译者表示由衷地感谢。

由于编著者水平有限，书中可能存在某些差错，敬请广大读者批评指正，我们不胜感激。

编　者

2016年12月

目录

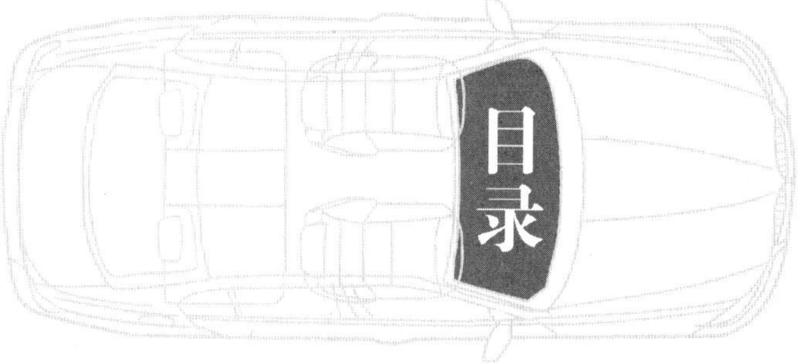

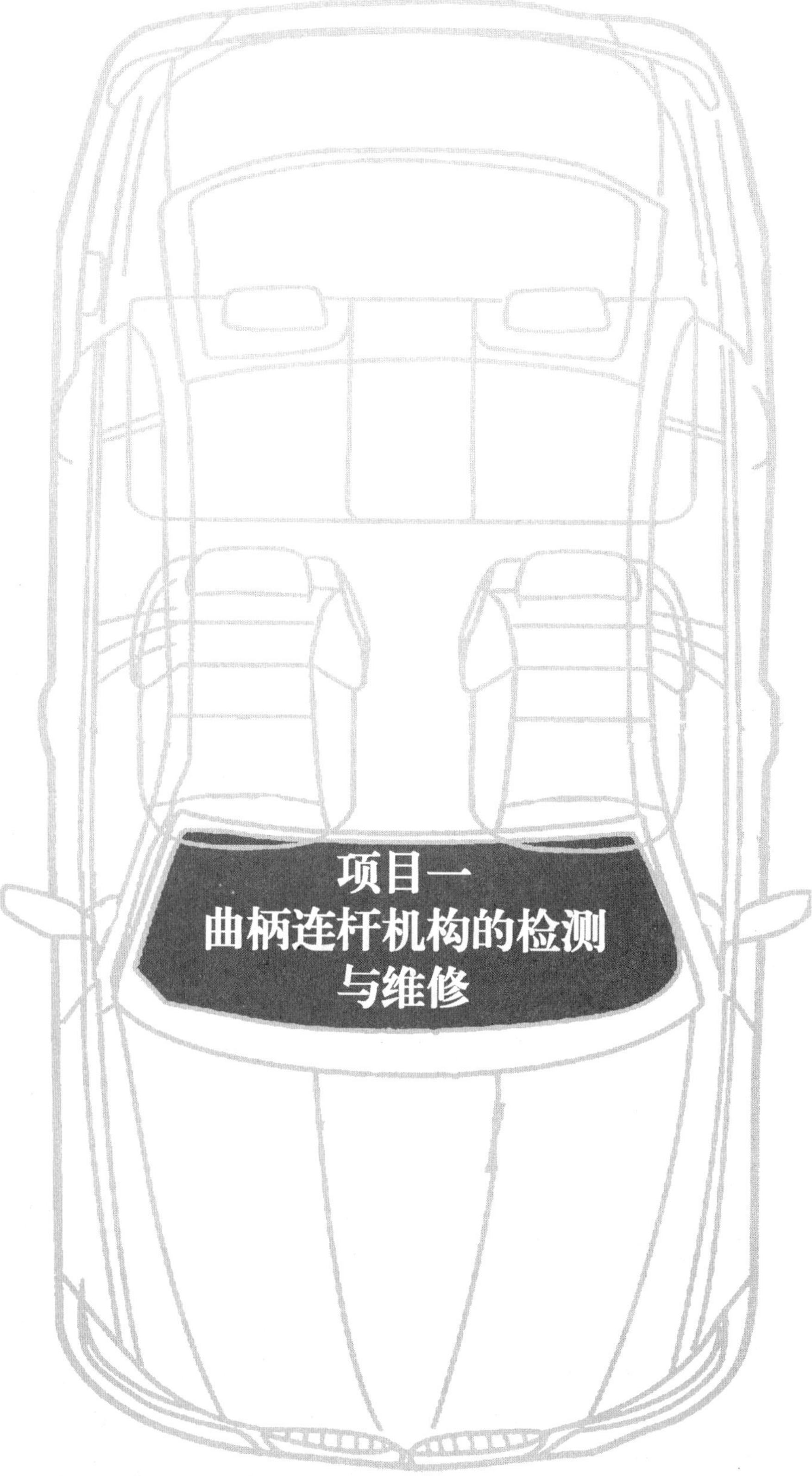

项目一
曲柄连杆机构的检测与维修

项目描述

发动机曲柄连杆机构是发动机的“心脏”,如果修理工作不符合标准,轻则导致整个发动机修理返工,重则产生像拉缸、抱瓦等零件故障,甚至导致发动机报废。

发动机曲柄连杆机构维修主要包括汽缸体、汽缸盖、曲轴、连杆的检验与修理;活塞、活塞环、曲轴轴承的检验与选配。

发动机曲柄连杆机构修理重点是要保证缸体、缸盖、曲轴与连杆的形位误差;汽缸与活塞的配合间隙;曲轴轴颈与轴承的配合间隙;曲轴轴承外圆与承孔的过盈。

因此,在修理曲柄连杆机构时要特别重视对零件形位误差、尺寸和配合的检查。

任务1 机体组的检测与维修

任务目标

(1)对机体组进行检验,并制定零件的修理方案。

(2)测量汽缸,确定汽缸修理尺寸。

任务导入

一轿车行驶无力,提速困难,发动机有不正常的机械响声,到修理厂进行修理。

任务准备

汽缸体、汽缸盖多用灰铸铁、合金铸铁或铝合金铸造而成。它们的结构、形状复杂,并在高温、高压及很大的交变载荷条件下工作。因此不仅各配合表面会产生磨损,而且由于工作载荷和铸造残余应力的作用,也容易产生变形,使其形状和位置误差增大,破坏各配合副的配合以及零件、组合件的相互位置关系。同时,汽缸体和汽缸盖各部分工作温度不均匀所引起的热应力,还可能与工作载荷、铸造残余应力等叠加,使缸体、缸盖在强度相对薄弱处产生裂纹。

一、汽缸体、汽缸盖裂纹的修理

汽缸体和汽缸盖产生裂纹的原因主要有内应力和工作负荷过大、缸套压入工艺不当和缸套与承孔过盈太大等。缸体裂纹会引起冷却液渗漏,造成发动机温度过高。铸铁缸体、缸盖的裂纹,可通过电弧冷焊法进行修理。

二、汽缸体、汽缸盖变形的修理

汽缸体、汽缸盖在使用过程中变形是不可避免的,变形及影响主要包括:

(1)汽缸体上平面和汽缸盖下平面翘曲变形,会影响汽缸的密封性,加速汽缸垫损坏;汽缸体下平面不平,会造成机油渗漏。

汽缸体上平面和汽缸盖下平面平面度误差超标可通过磨削、刮削和铣削进行修理。

注意:对于汽缸体上平面,修理时总加工量不得大于0.40mm,否则会因影响活塞上止点的位置,而影响压缩比,最终影响发动机的性能。汽缸盖下平面,加工修理后要检查燃烧室的容积,不符合标准的应及时更换。

燃烧室容积的标准:燃烧室容积不得小于原设计的95%,各缸燃烧室容积差应符合厂家规定。

(2)汽缸体各道曲轴轴承孔不同轴,会加速曲轴与轴承的磨损,甚至由于曲轴旋转中与轴承孔干涉引起曲轴断裂或者缸体裂纹。

(3)汽缸轴线与曲轴轴承孔轴线不垂直,会引起活塞在汽缸中偏缸,加速汽缸孔和活塞的磨损。二者垂直度误差过大,由于活塞在缸孔内过分倾斜,会将缸孔撞裂。

三、汽缸孔的磨损

汽缸孔磨损会使汽缸间隙变大,影响发动机的密封性,造成发动机动力性降低。

汽缸孔的磨损规律如下:

汽缸在高温、高压、高速运动的工作环境下工作,是一个磨损速度比较快的零件。汽缸磨损主要受润滑条件、气体压力、温度、磨料和腐蚀等因素的影响。

(1)润滑条件的影响:因为上部邻近燃烧室,高温下机油黏度下降而减弱了油膜的强度,且油膜难以保持;进入汽缸的混合气中含有细小油滴,不断冲刷缸壁,尤其在低温时,油滴更多,造成润滑不良,尤其是汽缸上部更为突出。

所以汽缸孔上部润滑条件极差,造成汽缸孔上部磨损严重。

(2)压力的影响:活塞环在工作中对汽缸壁压力很大,而且汽缸上部压力大于下部,其中活塞上止点时第一道环对汽缸壁的单位压力最大,造成汽缸孔上部磨损严重。

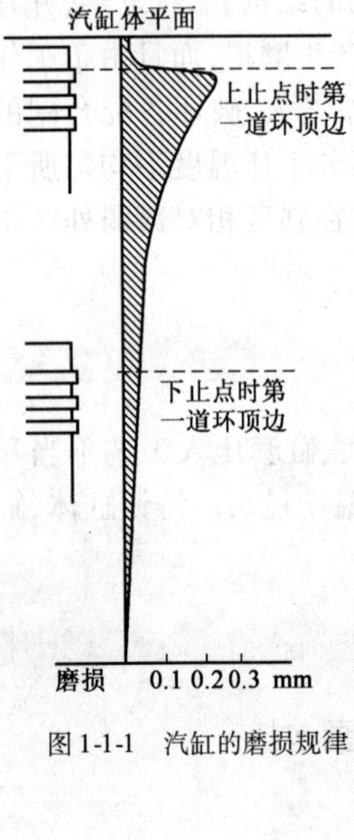

图1-1-1 汽缸的磨损规律

(3)腐蚀性物质的影响:可燃混合气燃烧后产生的水蒸气和酸类物质会腐蚀缸壁,产生腐蚀磨损。发动机低温使用,水蒸气凝结在汽缸壁上会形成电化学腐蚀,其腐蚀作用更为严重,会大大加速汽缸的磨损。

(4)磨料的影响:汽缸内磨料的来源主要有进气带入的磨料、机油中的磨料和燃烧产生的积炭和胶质。汽缸中的磨料会大大加速汽缸的磨损。正常情况,汽缸中的磨料主要集中于汽缸孔的上部,造成汽缸孔上部磨损严重。

(5)温度的影响:汽缸上部温度极高,使汽缸孔的耐磨强度大大降低,同时高温会使汽缸上部很难形成机油膜。

综合以上因素,正常情况下汽缸的磨损规律为:高度方向上磨损呈上大下小的锥形,其中活塞上止点时第一道环所对应的缸壁磨损最严重,出现明显的台阶(图1-1-1);在圆周方向,汽缸孔磨损呈椭圆形,受侧压力大的方向磨损严重。

如果机油过脏，汽缸孔可能磨损成两头小中间大的腰鼓形。所以，当汽缸孔磨损成腰鼓形时，其原因常常是机油滤清器滤清效果不良。

任务实施

一、询问

维修人员向驾驶员询问，驾驶员反映汽车行驶无力，提速较慢，发动机有"突、突、突"的声音和机械响声，机油消耗较多，最近发现燃油消耗明显增加。

二、诊断过程

全面检查发动机线路连接和真空管连接，均连接可靠；测量汽缸压力，各缸压力均较低，都在 730kPa 左右；用听诊器检测异响，响声较大，有敲缸的声音。综合以上检测分析，初步诊断汽缸密封性能变差，原因可能为汽缸孔磨损过大，确定对发动机进行全面的解体、检查、修理。

三、汽缸体、汽缸盖检测

1. 汽缸体、汽缸盖平面度的测量

1）汽缸体、汽缸盖平面度测量的要求

（1）检测汽缸体、汽缸盖平面的平面度误差。

（2）对检验结果进行正确的判断，并确定修理方法。

2）仪器设备

（1）平尺一个。

（2）厚薄规一个。

3）检查步骤

（1）把平尺的一个棱边放在缸体上平面的 *A*—*E* 位置（图 1-1-2），用厚薄规测量棱边与缸体平面之间的间隙。

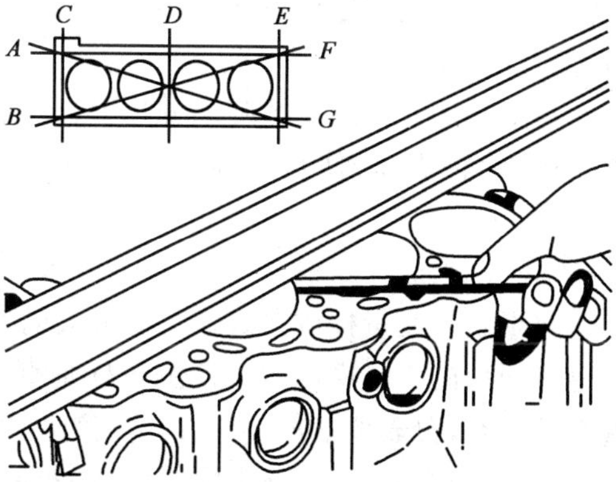

图 1-1-2　缸体上平面平面度误差测量

(2)同样办法,把平尺放在 $B—G$、$A—C$、$B—F$、C、D、E 等位置测量。

所有位置中,能够插入的厚薄规的最大厚度即为缸体上平面的平面度误差。汽缸体主要形位误差标准,见表 1-1-1。

汽缸体主要要素形位误差 表 1-1-1

项目				公差(mm)
曲轴轴承承孔的圆度				0.025
曲轴轴承承孔轴线对两端轴承孔公共轴线的同轴度				ϕ0.15
凸轮轴轴承承孔轴线的同轴度				ϕ0.15
汽缸轴线对曲轴轴承承孔公共轴线的垂直度				0.05
后端面对曲轴轴承承孔公共轴线的圆跳动				0.20
与汽缸盖接合平面的平面度	任意	50mm×50mm		0.05
	全长	≤600mm		0.15
		>600mm	铸铁	0.25
			铝合金	0.35

2. 汽缸孔的检测

1)汽缸测量的要求

(1)测量汽缸孔的尺寸、计算缸孔的圆度误差和圆柱度误差。

(2)对检验结果进行正确的判断,并计算汽缸的修理尺寸。

2)仪器设备

(1)量缸表一套。

(2)螺旋千分尺一个。

3)检查步骤

(1)量缸表组装与调校。

①将螺旋千分尺调整到被测汽缸的标准直径,并锁紧。

②选择合适的测量杆,并连同锁紧螺母一同装在量缸表杆的下端,调整到适当的长度,使测量杆长度比被测汽缸孔直径大 1.0mm。

③将百分表装在量缸表杆上端,使百分表表头压缩 2mm 左右,拧紧百分表锁紧螺母。

④将下端测量杆放在螺旋千分尺上,使测量杆的长度等于汽缸的标准直径,旋转表盘,使百分表的指针指向“0”,记下百分表小针的读数。

(2)测量汽缸。

①将量缸表测量杆放在汽缸磨损最大的横截面上(活塞上止点时第一道环对应的汽缸横截面),使测量杆垂直于汽缸体的纵向,左右摆动量缸表,当百分表读数最小时,读取汽缸直径 D_1,如图 1-1-3 所示。

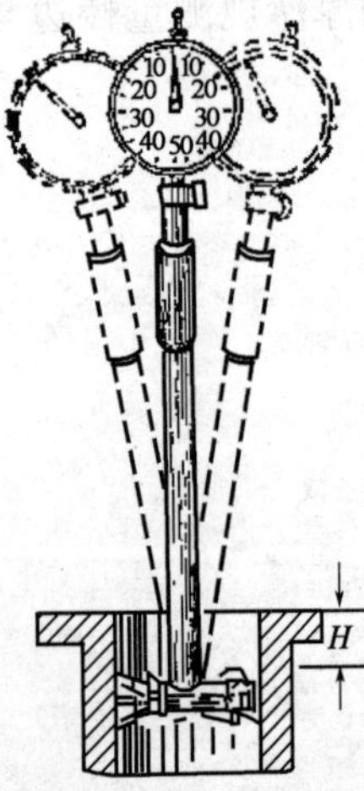

图 1-1-3 汽缸孔测量

②同样方法测量汽缸该平面的纵向(曲轴方向)直径 D_2。

③计算该平面的圆度误差,计算方法为:

$$圆度误差 = \frac{|D_1 - D_2|}{2}$$

式中：D_1——汽缸横向直径；

D_2——汽缸纵向直径。

④同样办法测量汽缸孔中间平面和下平面的直径，并计算出两平面的圆度误差。

⑤计算该汽缸的圆柱度误差，计算方法为：

$$圆柱度误差 = \frac{D_{max} - D_{min}}{2}$$

式中：D_{max}——汽缸最大直径；

D_{min}——汽缸最小直径。

表1-1-2为汽缸直径测量记录表。

汽缸直径测量记录表　　表1-1-2

汽缸号	位置号	直径1	直径2	圆度	圆柱度
1	位置1				
	位置2				
	位置3				
2	位置1				
	位置2				
	位置3				
3	位置1				
	位置2				
	位置3				
4	位置1				
	位置2				
	位置3				

(3)确定汽缸修理尺寸。根据测量的数据计算确定汽缸的修理尺寸。

知识拓展

零件磨损分析

磨损是零件失效的主要原因，磨损失效占零件失效的70%～80%。

由于相对运动引起的零件材料不断损耗的现象称为磨损。按照磨损机理，磨损可分为磨料磨损、粘着磨损、疲劳磨损和腐蚀磨损。

一、磨料磨损

摩擦表面由于硬质颗粒引起的磨损称为磨料磨损。对于发动机而言，磨料主要来源于燃料、机油、空气、燃烧产生的积炭和胶质等。

1. 影响磨料磨损的主要因素

(1)摩擦副相对运动速度,相对运动速度越高磨损越快。

(2)磨料硬度和零件表面硬度,二者越接近磨损越快。

(3)磨料粒度,粒度越大磨损速度越高。

(4)工作负荷,负荷越高磨损速度越大。

2. 降低磨料磨损的主要措施

(1)注意装配环境清洁,防止磨料在装配中进入摩擦副。

(2)对发动机而言,要保证润滑油、燃油和空气的滤清,定期更换滤清器。

(3)控制工作负荷,避免超载使用。特别是新发动机或大修后的发动机,在使用初期更应该按照厂家的规定限速、限载。

(4)采取工艺措施,提高零件表面的硬度。

二、粘着磨损

粘着作用会使一个零件表面的金属转移到另一个零件表面。像抱瓦、拉缸等损伤就是粘着磨损引起的。由于粘着磨损有材料的转移,所以这种磨损是比较恶劣的一种损伤,在机械损伤中应该避免,图 1-1-4 为粘着磨损的曲轴轴承。

1. 粘着磨损的形成机理

摩擦副零件表面粗糙不平,实际接触面积极小,在相对运动中接触点会发生塑性变形并生热,当接触点发生熔化或软化时即发生粘着(热粘);当零件表面的氧化膜被擦去,金属原子直接接触时即发生粘着(冷粘)。发生粘着后继续运动,粘着点发生撕脱,即发生粘着磨损。

2. 影响粘着磨损的因素

(1)摩擦副材料。一对摩擦副材料性能越接近、互溶性越大,越容易发生粘着磨损。所以在选择摩擦副材料时,要选择性能差距大的材料。比如汽缸套与活塞,汽缸套为合金铸铁材料、活塞为铝合金材料;曲轴与轴承,曲轴为钢铁材料、轴承为高锡铝合金材料。

图 1-1-4 粘着磨损的曲轴轴承

(2)工作负荷。工作负荷增加,零件表面在摩擦中的剪切作用增强,粘着磨损的速度增加,而且负荷增加到一定值,磨损速度会迅速增加。

(3)工作温度。工作温度升高,零件的各种强度则会降低,而且会破坏润滑,都会使粘着磨损的速度增加。

(4)润滑条件:润滑是减缓各种磨损的主要技术措施。保证机油将摩擦副的金属原子完全隔开,就能有效地避免粘着磨损。

3. 防止粘着磨损的措施

(1)合理选择摩擦副的材料。性能差距大的材料互溶性小,抵御粘着磨损的能力强。

(2)保证良好的润滑条件。使用中要根据厂家规定合理地选择机油,要保证机油压力,并定期检查更换机油。

(3)保证摩擦副的配合间隙。摩擦副配合间隙不合适,会破坏润滑条件,引起摩擦副高温,易造成粘着磨损。发动机抱瓦和拉缸最常见的原因就是维修时汽缸间隙和轴承间隙过小。

(4)控制载荷和工作温度。汽车使用中要严格控制载荷,严禁超载;对于发动机而言,要严格控制发动机工作温度,发动机水温过高很容易引起拉缸的严重后果。

4. 腐蚀磨损

在工作中,零件表面被腐蚀,腐蚀层被磨去,再腐蚀再磨去的反复过程即形成腐蚀磨损。按照腐蚀机理不同,腐蚀磨损可分为化学腐蚀磨损和电化学腐蚀磨损。

零件表面发生化学腐蚀引起的磨损为化学腐蚀磨损。典型的化学腐蚀磨损是氧化磨损。氧化膜坚硬光滑,与内部材料接合强度高,而且很致密,所以氧化磨损是各种磨损中磨损速度最缓慢的一种磨损,所以为准磨损。

零件表面发生电化学腐蚀引起的磨损称为电化学腐蚀磨损。电化学腐蚀速度快,所以电化学腐蚀磨损速度也很快。汽缸孔低温磨损即为典型的电化学腐蚀磨损。发动机温度过低时,混合气燃烧的水分和进气带入的水分会冷凝到汽缸壁上,并且与燃烧产生的酸性物质发生化学反应产生弱酸,引起缸壁电化学反应,进而引起电化学腐蚀磨损。所以发动机严禁低温大负荷运行,水温高于50℃再起步。

5. 疲劳磨损

疲劳磨损是在滚动或滚动加小滑动摩擦中,在交变的表面接触应力反复作用下使零件表面发生脱落的现象。汽车上典型的疲劳磨损件有各种滚动轴承、气门工作锥面和齿轮齿面。疲劳磨损后表面出现脱落的麻坑,所以常常称其为“麻点”。

疲劳磨损主要与材料的硬度、表面粗糙度、零件表面或表层缺陷、机油黏度、表面应力、相对滑动的大小有关。使用维修中,降低疲劳磨损的主要措施是控制载荷和合理选择润滑材料,一般应选择黏度高一点儿的润滑材料。

练一练

1. 填空题

(1)汽缸孔测量要在缸孔的(　　)三个截面进行。

(2)汽缸体上平面加工量不超过(　　)mm。

(3)加工汽缸盖下平面时,会使燃烧室的容积变小,要求燃烧室容积不小于标准值的(　　)。

2. 选择题

(1)汽缸测量要测量(　　)截面。

A.1 个　　B.2 个　　C.3 个　　D.4 个

(2)铸铁汽缸体可以采用(　　)方法焊修。

A. 二氧化碳保护焊　　B. 氩弧保护焊

C. 电弧冷焊　　D. 气焊

(3)汽缸体上平面平面度应在(　　)位置测量。

A.2 个　　B.4 个　　C.6 个　　D.7 个

3. 判断题

(1)磨料磨损是一种准磨损。(　　)

(2)汽缸孔可能会发生疲劳磨损。(　　)

(3)汽缸孔圆度误差为同一汽缸孔所测量的最大直径与最小直径差值一半。(　　)

(4)粘着磨损为最严重的磨损形式,应极力避免。(　　)

4. 问答题

(1)汽缸在高度上的磨损规律是什么?分析其原因。

(2)什么叫粘着磨损?粘着磨损的机理是什么?

(3)分析汽缸孔测量为什么在上、中、下三个截面进行?

(4)查阅资料,制订发动机汽缸体修理工艺规范。

做一做

学生进行现场操作,由教师根据评分标准进行打分,评定教学质量。

1. 汽缸体上平面平面度检查

每三人一组,完成汽缸体上平面的测量。

2. 汽缸孔测量

每三人一组,完成汽缸孔的测量。

任务评价

任务评价见表 1-1-3、表 1-1-4。

汽缸体上平面平面度检查评价表　　表 1-1-3

序号	内容及要求	评分	评 分 标 准	自评	组评	师评	得分
1	准备	10	未准备光轴(平尺)扣 5 分 未准备厚薄规扣 5 分				
2	清洁	10	未清洁缸体扣 4 分 未清洁光轴扣 3 分 未清洁厚薄规扣 3 分				
3	检验位置	50	共测量 6 个位置,少一个扣 10 分,扣完为止				

续上表

序号	内容及要求	评分	评 分 标 准	自评	组评	师评	得分
4	检验	10	厚薄规使用方法不当扣 10 分				
5	结论	10	结论不正确扣 10 分				
6	安全文明生产	10	检验结束后不清洁扣 5 分 检验后工量具不归位扣 5 分 量具落地或有碰撞,不得分				

汽缸孔测量评价表　　表 1-1-4

序号	内容及要求	评分	评 分 标 准	自评	组评	师评	得分
1	准备	5	未准备量缸表扣 5 分 未准备百分尺、准备不对扣 5 分				
2	清洁	5	未清洁缸体扣 2 分 未清洁量缸表扣 2 分 未清洁千分尺扣 1 分				
3	量缸表安装	15	百分表安装不正确扣 5 分,接杆选择不正确扣 5 分,接杆安装不正确扣 5 分				
4	量缸表校准	15	校正不准确扣 15 分				
5	量缸	30	每处测量不正确扣 5 分				
6	圆度圆柱度计算	10	一个计算不正确扣 5 分,扣完为止				
7	确定修理尺寸	10	确定不正确扣 10 分				
8	安全文明生产	10	检验结束后不清洁扣 5 分 检验后工量具不归位扣 5 分 量具落地或有碰撞,此项不得分				

教学提示

教学提示见表 1-1-5。

教 学 提 示　　表 1-1-5

项目一任务 1	机体组的检测与维修	学时	4
学习目标	1. 掌握汽缸压力与发动机异响的诊断方法; 2. 掌握汽缸体、汽缸盖平面度的检验方法和汽缸孔的测量方法; 3. 能掌握相关的诊断仪器和量具的使用方法; 4. 能对检验结果进行正确判断		
学习内容	教学方法与建议		
1. 汽缸压力、发动机异响的诊断; 2. 平面度检测; 3. 汽缸孔测量	通过项目教学法实施教学: 1. 将机体组的检测与维修分为:任务目标、任务导入、知识准备、任务实施、知识拓展、做一做、任务评价等内容,在老师的指导下制定方案并实施,最终进行评价; 2. 学生通过 7 个具体的过程,将理论知识融入实际操作中; 3. 教学过程体现以学生为主体,教师进行适当讲解,并进行引导、督促和评估; 4. 教师应提前准备好各种多媒体资料、任务工单、教学课件,并准备教学场地和设备		

续上表

教学媒体与设备	学生已有的知识、能力要求	教师执教的要求
1. 实训设备：汽缸体、汽缸盖； 2. 汽缸压力表、听诊器、平尺、厚薄规等； 3. 多媒体教学设备； 4. 多媒体教学课件、软件； 5. 网络教学资源； 6. 机体组的检测与维修考核任务单	1. 安全操作知识； 2. 汽车构造与拆装； 3. 量具使用方法	1. 能够根据教学方法合理设计教学情境； 2. 熟悉曲柄连杆机构检修的安全操作规程； 3. 能够完成汽缸体、汽缸盖平面度检验和汽缸孔的测量； 4. 能对检验结果进行分析判断； 5. 汽缸压力测量和发动机异响诊断由学生自学完成； 6. 具备协调各方、处理学生误操作的能力

任务2 活塞连杆组的检测与维修

任务目标

(1)对连杆进行检验和校正，使其形位误差符合技术要求。

(2)对活塞、活塞环和活塞销进行选配与检验。

任务导入

一轿车行驶105000km，发动机运转正常，可是机油消耗量明显高于正常值，而且发动机有冒蓝烟的现象，现轿车到修理厂进行维修。

任务准备

活塞连杆组是发动机的易损件，其修理质量对发动机的动力性、经济性和可靠性都有很大影响。活塞连杆组常见的修理是活塞、活塞环的选配及检验。

一、活塞的损伤与选配

1. 活塞的损伤

活塞最常见的损伤为磨损。活塞磨损主要有：环槽磨损、裙部磨损和销孔磨损，而最大磨损发生在活塞环槽处。环槽和裙部磨损将使活塞的密封性变差，机油烧损；当发动机发生爆震或工作条件极端严酷时（如热负荷过重、机油种类不对或数量严重不足、点火时间过早、燃料选择不当等），活塞也可能出现拉断、顶部穿洞（击穿）、活塞环槽边溃断、活塞裙部表面粘着磨损等损伤。活塞拉断后裙部和头部会发生碰撞，一旦裙部碎裂，活塞将失去导向作用，将造成捣缸的严重后果。

2. 活塞的选配

活塞选择原则：根据汽缸的修理尺寸选择活塞，选择与汽缸同级修理尺寸的活塞。

活塞选配要点：同台发动机要选用同一厂牌、同一修理尺寸、同一组别的活塞，以保证活塞的材料、性能、尺寸和质量一致。下面以某发动机活塞选配为例介绍活塞选配的要点。

(1)活塞尺寸一致。活塞尺寸一致是指同组活塞裙部尺寸一致和活塞销孔尺寸一致。

①活塞裙部尺寸分组。该发动机活塞裙部公称尺寸为100mm。活塞裙部尺寸一致，是要求同组活塞裙部尺寸差小于0.01mm。而加工后标准活塞裙部尺寸为$100_{-0.06}^{0}$mm，公差为0.06mm。所以，加工后的活塞裙部尺寸不符合装配要求，要进行裙部尺寸测量，保证每组尺寸差0.01mm，根据尺寸大小分成6组，每组尺寸的公差为0.01mm，分组情况及各组尺寸见表1-2-1。

发动机标准活塞裙部尺寸分组(mm)　　表1-2-1

组别	尺　寸	组别	尺　寸
1	$100_{-0.06}\sim100_{-0.05}$	4	$100_{-0.03}\sim100_{-0.02}$
2	$100_{-0.05}\sim100_{-0.04}$	5	$100_{-0.02}\sim100_{-0.01}$
3	$100_{-0.04}\sim100_{-0.03}$	6	$100_{-0.01}\sim100$

②活塞销孔尺寸分组。该发动机活塞销和销孔的配合要求为－0.0025～＋0.0025mm，配合公差为0.005mm，也就是说活塞销和活塞销孔的公差的和为0.005mm。将配合公差均分，即活塞销和销孔的公差为均为0.0025mm。制造厂家加工合格活塞销孔和活塞销的尺寸为$\phi28_{-0.01}^{0}$mm，加工公差为0.01mm，活塞销孔和活塞销的尺寸都为公差为0.01mm，所以要进行测量分组，分为4组，保证每组公差为0.0025mm。活塞销孔和活塞销分组后的尺寸见表1-2-2。

发动机活塞销孔和活塞销尺寸分组(mm)　　表1-2-2

组别	销孔尺寸	活塞销尺寸	配　合	颜　色
1	$28_{-0.0100}\sim28_{-0.0075}$	$28_{-0.0100}\sim28_{-0.0075}$	－0.0025～＋0.0025	红
2	$28_{-0.0075}\sim28_{-0.0050}$	$28_{-0.0075}\sim28_{-0.0050}$	－0.0025～＋0.0025	黄
3	$28_{-0.0050}\sim28_{-0.0025}$	$28_{-0.0050}\sim28_{-0.0025}$	－0.0025～＋0.0025	绿
4	$28_{-0.0025}\sim28$	$28_{-0.0025}\sim28$	－0.0025～＋0.0025	白

(2)质量分组。该发动机要求活塞质量差不超过8g。该活塞加工后的质量为735～775g，质量公差为40g，不能满足装配要求，必须进行称重分组，保证每组质量差小于8g。活塞质量分组见表1-2-3。

发动机标准活塞质量分组　　表1-2-3

组别	1	2	3	4	5
质量范围(g)	735～743	743～751	751～759	759～767	767～775

所以，加工后的活塞要经过以上三次分组，保证同组活塞裙部尺寸差小于0.01mm，销孔尺寸差小于0.0025mm，质量差小于8g。

二、活塞环的损伤与选配

1. 活塞环的损伤

活塞环在长期使用中所表现出的耗损形式，主要是弹力下降、侧面磨损和外圆表面磨损。活塞环外圆磨损、侧面磨损，使活塞环的开口间隙、边隙和背隙增大，使活塞环靠自身弹力压靠汽缸壁上的作用力减弱，从而无法保证良好的密封性，使发动机的动力性和经济性变差，同时增加活塞环的泵油量，使润滑油消耗增加。

2. 活塞环的选配

选配活塞环时要根据汽缸修理尺寸选配，选配与汽缸同级修理尺寸的活塞环。选配活塞环时重点要检查活塞环的端隙、侧隙、背隙和弹力。

三、连杆的检修

1. 连杆的损伤

连杆的常见损伤为杆身变形、裂纹、大头孔磨损和大头两端磨损。

发动机大修时，连杆及连杆螺栓应进行磁力探伤，若有裂纹应报废。连杆螺栓及螺母应无滑牙和变形。

连杆轴承承孔圆度、圆柱度误差应符合原厂规定，一般不大于0.025mm。连杆大端两侧面与曲柄之间的间隙符合原厂规定，一般应不大于0.025～0.500mm，超过时应更换连杆。

2. 连杆的检验与修理

1)连杆衬套的修配

(1)活塞销与连杆衬套的配合要求。活塞销与连杆小头衬套有较高的配合精度，常温下一般配合间隙为0.005～0.010mm。

(2)连杆衬套的修配。

①连杆衬套压入。

连杆衬套与承孔应有规定的过盈量，一般为0.10～0.20mm。衬套压入后内孔应有一定的加工余量，以保证通过加工满足与活塞销的配合。

压出或压入衬套，最好在气、液动或手动压力设备(如台钳)上进行。压入新衬套时，衬套在连杆小头孔中必须放正，不得歪斜。新衬套压入连杆小头承孔后，衬套和连杆上的油孔应对正；衬套若为两段式，则应压至与连杆小头油孔边平齐处，应锉除连杆小头两侧多余的衬套。

②连杆衬套的修配方法。

发动机更换衬套后以及维护换用加大尺寸的活塞销后，均需对衬套内孔进行加工。一般通过铰削连杆衬套的方法实现衬套与活塞销的配合，如图1-2-1所示。

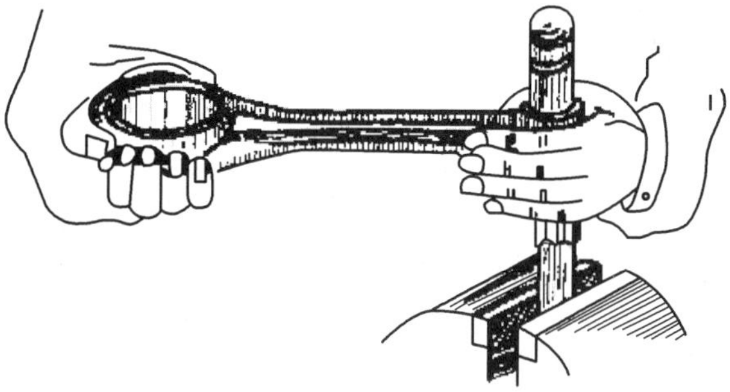

图 1-2-1　连杆衬套的铰削

2）连杆弯扭变形的检验

（1）连杆弯、扭变形的检验。

连杆弯、扭变形会引起活塞偏缸。连杆检验一般在连杆检验器上进行，如图 1-2-2 所示。

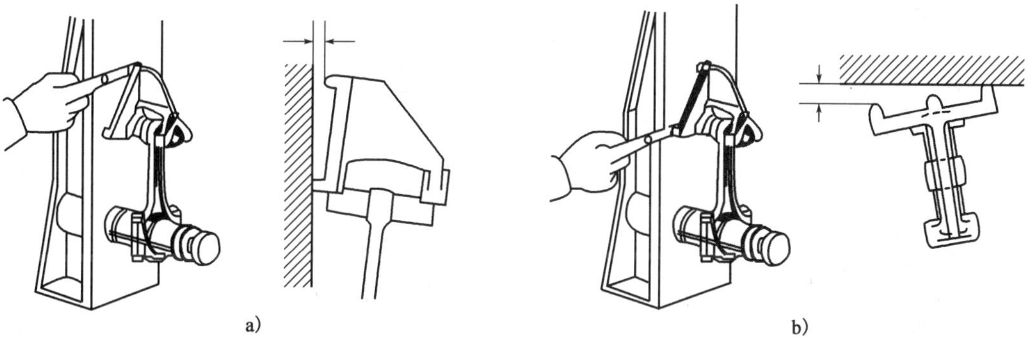

图 1-2-2　连杆弯曲和扭曲检验

①将连杆大头的轴承盖装好（不装轴承），按规定力矩拧紧连杆螺栓，然后检查连杆大头孔的圆度和圆柱度，应符合要求。

将活塞销装入连杆衬套内。

②把连杆大头装在检验器的横轴上，拧紧调整螺钉使定心块向外扩张，把连杆固定在检验器上。

③将 V 形检验块两端的 V 形定位面靠在活塞销上，观察 V 形检验块的三个接触点与检验仪平面的接触情况，即可检验出连杆弯、扭方向和大小。例如，检验块的下端两支点与平面接触，而上端支点有间隙，表明连杆向外弯曲，其弯曲量可用厚薄规测量上支点与平板之间的间隙（图 1-2-6a），其值即为每 100mm 的弯曲量。如果检验块的下端两点与平板间隙不等，表明连杆有扭曲变形，用厚薄规测量两下支点与平板之间的间隙，间隙差即为连杆每 100mm 的扭曲量，如图 1-2-6b）所示。一般要求连杆的弯曲量不超过 0.03/100，扭曲量不超过 0.06/100。

（2）连杆变形的校正。

连杆变形超过规定，应记住弯曲和扭曲的方向，并予以校正。连杆校正可以在连杆校正器上进行，如图 1-2-3 所示。校正量较小时，可以直接施力校正，为防止弹性后效，施力应保持一段时间；校正量较大时，可用喷灯稍许加温。

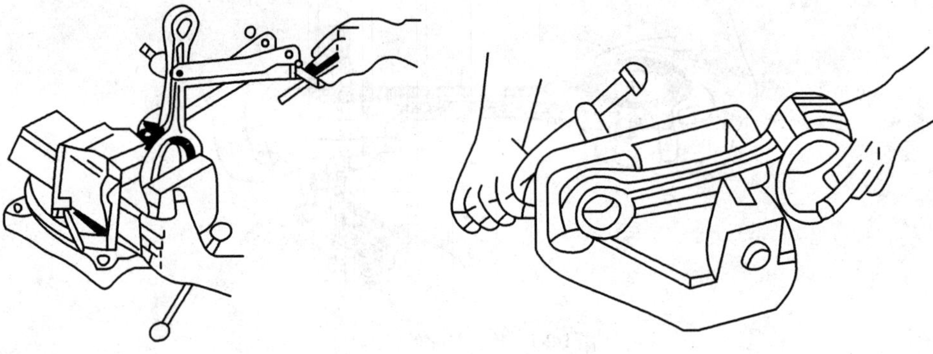

图 1-2-3 连杆变形校正

任务实施

一、询问

维修人员向驾驶员询问,驾驶员反映最近发动机机油消耗明显增加,有轻微的冒蓝烟现象。发动机动力性稍有降低,无其他异常。

二、诊断过程

(1)检查发动机外部,没发现机油泄漏。

(2)检查曲轴箱通风管和单向阀,通风管和单向阀畅通无卡死。

(3)拆下火花塞检查,火花塞积炭较多。

(4)测量汽缸压力,汽缸压力稍有降低。

(5)拆下气门室罩,检查气门油封,各油封没有损坏迹象。

初步判断为活塞环损坏,决定对发动机进行解体。

三、活塞的检验

1. 活塞测量的要求

(1)对活塞外观、裙部尺寸、环槽尺寸和裙部的圆度进行全面检验。

(2)对检验结果进行判断,确定活塞能否继续使用。

2. 仪器设备

(1)千分尺一个。

(2)游标卡尺一个。

3. 检查步骤

(1)活塞外观检查。

活塞外观不能有缺损、烧伤和拉伤现象。

(2)活塞尺寸的测量。

活塞裙部尺寸在垂直于活塞销座孔中心线方向测量直径。

各种型号发动机活塞直径的测量部位不同,应在厂家规定的部位测量(图 1-2-4)。

图 1-2-4　活塞的测量部位

四、活塞环的检查

1. 活塞环检验的要求

(1)对活塞环的弹性及各处间隙进行检验。

(2)对检验结果进行正确的判断,确定活塞环能否继续使用。

2. 仪器设备

(1)活塞环弹力检验仪一个。

(2)厚薄规一个。

3. 检查步骤

1)活塞环开口间隙检查

(1)用活塞顶将活塞环推入汽缸距汽缸体上平面 15mm 处(图 1-2-8),保证活塞环断面与汽缸孔轴线垂直。

(2)用厚薄规检验活塞环端口间隙,如图 1-2-5 所示。

2)活塞环边隙和背隙的检查

(1)将活塞环装入环槽内,用厚薄规插入环与环槽侧面检查侧隙,其值应符合原厂规定,如图 1-2-6 所示。

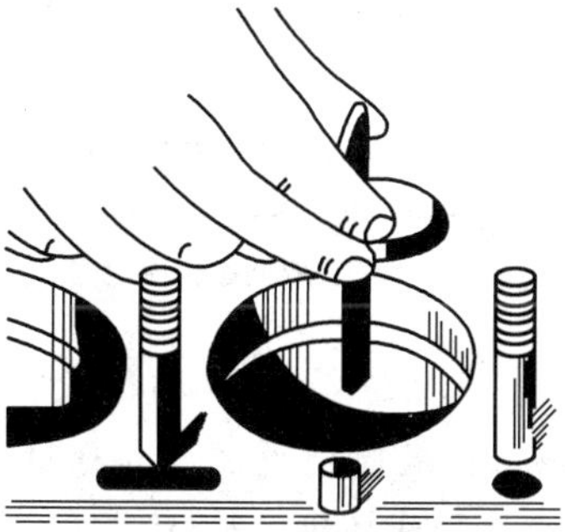

图 1-2-5　活塞环端隙检查

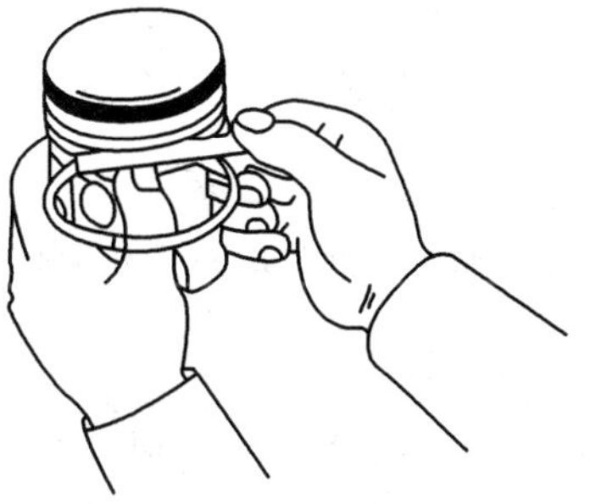

图 1-2-6　活塞环的边隙检查

(2)将活塞环放入环槽底部,活塞环不高出槽岸说明活塞环背隙为合适。

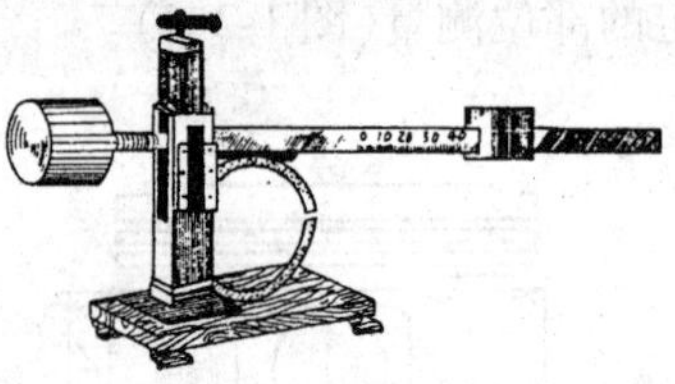

图 1-2-7 活塞环弹力检查

3)活塞环的弹力检验

(1)将活塞环置于检验仪台板的凹槽里,使活塞环的开口处于水平方向。

(2)沿称杆移动量块,使活塞环开口间隙达规定值。

(3)读取量块在称杆上的位置(在活塞环开口的垂直方向所施加的集中载荷,见图 1-2-7),该值应符合规定。

知识拓展

零件隐伤的检验

汽车零件出现裂纹,特别是出现疲劳裂纹,在裂纹的扩展阶段用肉眼很难发现,需要借助一定的技术手段和设备进行检验。汽车大修标准规定,对严重威胁行车安全或断裂将造成严重经济损失的零件,必须进行探伤,如连杆、连杆螺栓、曲轴和转向节等。

一、磁力探伤

磁力探伤是利用电磁原理来检验铁磁零件的隐蔽缺陷,当电磁通过被检零件时,若零件内部有裂纹,则在裂纹部位会由于磁力线的外泄形成局部磁极,产生一对有 S 极、N 极的局部磁场,如图 1-2-8 所示。若在零件表面上撒以磁性铁粉,或将铁粉与油的混合液通过零件表面,铁粉就会被磁化,并吸附在裂纹处,从而显现出裂纹的位置、大小和方向。

磁力探伤时,必须使磁力线垂直地通过裂纹,因为裂纹平行于磁场时,磁力线偏散很小,就难以发现裂纹。用磁力探伤法检查零件时,根据裂纹可能产生的位置和方向,可采用纵向磁化法、周向磁化法和联合磁化法。

1. 纵向磁化法

纵向磁化法是将被检零件置于马蹄形电磁铁的两极之间,如图 1-2-9 所示。当线圈绕组通以电流时,电磁铁产生磁场,经过零件形成封闭磁路,在零件内产生平行于零件轴线的纵向磁场。纵向磁化可以发现横向裂纹。

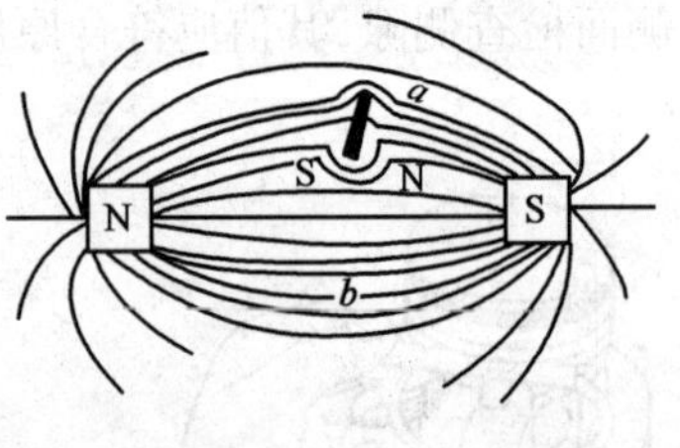

图 1-2-8 磁场在缺陷边缘的分布和磁极的形成

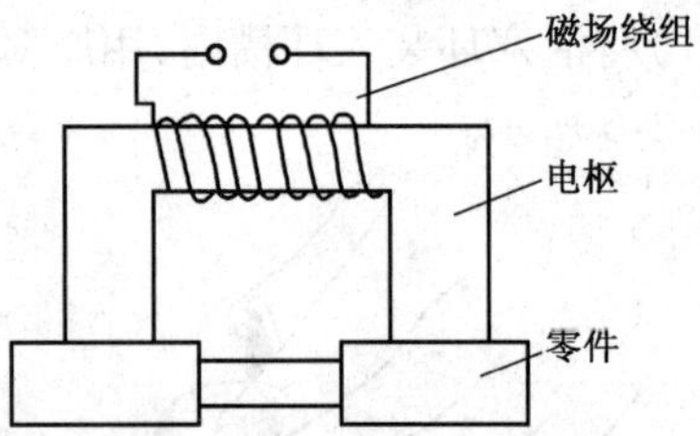

图 1-2-9 纵向磁化原理

2. 周向磁化法

周向磁化法是利用电流通过零件时产生的环形磁场。检验时使电流直接通过零件,在零件圆周表面产生环形横向磁场,便可发现零件表层平行于轴线的纵向裂纹。

3. 联合磁化法

如果将纵向和环形磁化方法同时作用在零件上，则会在零件表面形成合成磁场向量 H_0，通过调整纵向磁场向量 H_m 和环形磁场向量 H_n，就可获得任意角度的合成磁场向量 H_0，如图 1-2-10 所示。

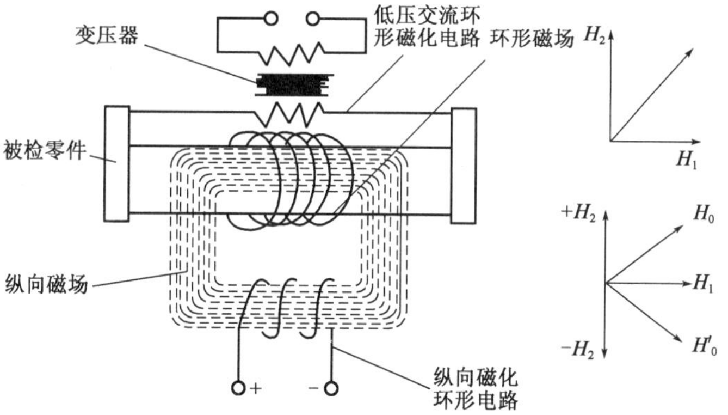

图 1-2-10　联合磁化原理

零件磁力探伤后应进行退磁，目的是使零件内的剩磁减少到不妨碍使用的程度。若不进行退磁，则探伤零件的剩余磁场在使用中可能吸附铁磁性磨料颗粒，加剧零件磨损。

退磁方法有交流退磁和直流退磁两种。交流退磁，就是将零件置于交变磁场中，并使磁场的幅值由大到小逐渐降到零，将其剩余磁场退掉。其方法为将零件从磁场逐渐减小的通电线圈中慢慢退出，也可向零件直接通以逐渐减小的电流，并需重复进行 2 ~3 次。

直流退磁，就是将零件放在直流磁场中，不断改变电流的方向，以获得交变的退磁磁场，达到退磁的效果。

用交流电磁化的零件，可用交流退磁，也可用直流电退磁；而用直流电磁化的零件，只能用直流电退磁。

二、荧光探伤

荧光探伤是用荧光物质在紫外线照射下发光的特性来探伤的。

将零件浸泡在荧光液中浸泡一段时间，然后取出并清洗干净。如果零件表面有裂纹，荧光物质就会残存在裂纹中。经荧光液浸泡的零件烘干或自然晾干后，用紫外灯照射，就可以发现裂纹的位置、大小和方向。和磁力探伤相比，这种方法的缺点是仅仅能够发现零件表面裂纹，优点是工艺简单。

练一练

1. 填空题

(1) 发动机大修时，应用(　　)方法检查连杆裂纹。

(2) 活塞环在汽缸中有端隙、侧隙和背隙，其中对汽缸密封性影响最大的是(　　)。

(3) 一般要求同组活塞裙部尺寸差不超过(　　) mm。

(4) 连杆(　　)变形，会引起活塞偏缸。

(5)中型汽车发动机同组活塞的质量差不超过(　　)g。

2. 选择题

(1)活塞环卡死在环槽内可能造成(　　)。

A. 汽缸磨损　　B. 活塞拉断　　C. 连杆弯曲　　D. 发动机爆震

(2)活塞直径测量的部位为(　　)

A. 活塞头部　　B. 活塞最下部

C. 活塞裙部　　D. 任何位置均可

(3)在连杆检验器上检验连杆变形时,V 形检验块的上触点与检验仪平面接触,下面两个触点与平面不接触,而且下面两个触点与平面的距离相等,说明连杆有(　　)变形。

A. 扭曲　　B. 弯、扭

C. 弯曲　　D. 以上三种都不对

3. 判断题

(1)连杆裂纹可以用电弧冷焊修理。(　　)

(2)活塞环开口间隙过大,不会造成活塞环在汽缸中卡死。(　　)

(3)活塞裙部磨损会引起敲缸。(　　)

(4)中型汽车发动机同组活塞质量差不超过 8g。(　　)

(5)周向磁化可以发现横向裂纹。(　　)

4. 问答题

(1)活塞常见损伤有哪些?浅谈各种损伤对发动机工作的影响。

(2)简单叙述活塞环的检验内容和检验方法。

(3)分析活塞环与环槽侧隙过小的影响及后果。

(4)简述磁力探伤的原理。

做一做

由学生进行现场操作,由教师根据评分标准进行打分,评定教学质量。

1. 活塞的检查

每三人一组,完成活塞的检验。

2. 活塞环的检查

每三人一组,完成活塞环的检验。

任务评价

活塞检查评价、活塞环检查评价,见表 1-2-4、表 1-2-5。

活塞检查评价表　　表 1-2-4

序号	内容及要求	评分	评 分 标 准	自评	组评	师评	得分
1	准备	10	未准备千分尺扣 5 分 未准备游标卡尺扣 5 分				
2	清洁	10	未清洁活塞扣 4 分 未清游标卡尺扣 3 分 未清洁千分尺扣 3 分				
3	检验	30	检验方法不正确扣 30 分				
4	检验结果	30	检验结果不正确扣 10 分				
5	结论	10	结论不正确扣 10 分				
6	安全文明生产	10	检验结束后不清洁扣 5 分 检验后工量具不归位扣 5 分 量具落地或有碰撞，此项不得分				

活塞环检查评价表　　表 1-2-5

序号	内容及要求	评分	评 分 标 准	自评	组评	师评	得分
1	准备	10	未准备厚薄规扣 3 分 未准备活塞扣 3 分 未准备活塞环检验仪台扣 4 分				
2	清洁	10	未清洁活塞环和活塞扣 2 分 未清洁活塞环扣 2 分 未清洁厚薄规扣 3 分 未清活塞环检验仪台扣 3 分				
3	检验方法	30	侧隙检验不正确扣 10 分 端隙检验不正确扣 10 分 侧弹力检验不正确扣 10 分				
4	检验结果	30	一处检验结果不正确扣 10 分				
5	结论	10	结论不正确扣 10 分				
6	安全文明生产	10	检验结束后不清洁扣 5 分 检验后工量具不归位扣 5 分 量具落地或有碰撞，此项不得分				

教学提示

教学提示见表 1-2-6。

教 学 提 示　　表 1-2-6

项目一任务 2	活塞连杆组的检测与维修	学时	4
学习目标	1. 掌握活塞与连杆的常见损伤； 2. 能对活塞、活塞环和连杆进行检验检测，并对检测结果进行正确的判断； 3. 能进行活塞和活塞环进行正确选配		

续上表

<table>
<tr><th>学习内容</th><th colspan="2">教学方法与建议</th></tr>
<tr><td>1. 活塞连杆组零部件的常见损伤；
2. 连杆的检验与校正；
3. 活塞和活塞环的检验；
4. 活塞和活塞环的选配</td><td colspan="2">通过项目教学法实施教学：
1. 将活塞连杆组的维修划分为：任务目标、任务导入、知识准备、任务实施、知识拓展、做一做、任务评价等内容，在老师的指导下制定方案并实施，最终进行评价；
2. 学生通过7个具体的过程，将理论知识融入实际操作中；
3. 教学过程中体现以学生为主体，教师进行适当讲解，并进行引导、督促和评估；
4. 教师应提前准备好各种多媒体资料、任务工单、教学课件，并准备教学场地和设备</td></tr>
<tr><th>教学媒体与设备</th><th>学生已有的知识、能力要求</th><th>教师执教的要求</th></tr>
<tr><td>1. 实训设备：活塞连杆组；
2. 千分尺、厚薄规、活塞环检验仪；
3. 多媒体教学设备；
4. 多媒体教学课件、软件；
5. 网络教学资源；
6. 活塞连杆组考核任务单</td><td>1. 安全操作知识；
2. 发动机构造与拆装；
3. 量具的使用方法</td><td>1. 能够根据教学方法合理设计教学情境；
2. 熟悉活塞连杆组零件检验的安全操作规程；
3. 能够完成活塞和活塞环的检验；
4. 具备协调各方、处理学生误操作的能力</td></tr>
</table>

任务3 曲轴-飞轮组的检测与维修

任务目标

（1）对曲轴的轴颈、变形和裂纹进行检验，判断曲轴可否继续使用。对不能继续使用的曲轴制定修理方案。

（2）对曲轴轴承进行选配和检验。

任务导入

一轿车行驶中发动机突然有很大的“咔、咔、咔”响声，驾驶员急忙停车，打救援电话求救。救援人员到达现场后，起动发动机发现“咔、咔、咔”响声很大，然后马上熄火。救援人员认为故障不能现场排除，随即将车拖到修理厂进行修理。

任务准备

曲轴承受很大的冲击载荷、很大的扭转应力和剪切应力，其常见耗损是轴颈磨损、弯曲变形、扭转变形和断裂。

一、曲轴裂纹和变形的检验

1. 曲轴裂纹的检验

发动机大修时应进行磁力探伤，如有裂纹应报废。

2. 曲轴弯曲变形的检验与校正

(1)曲轴弯曲变形检验。曲轴弯曲变形会影响曲轴与轴承的配合，加速轴承与轴颈的磨损。曲轴弯曲严重时会与轴承发生运动干涉，轻则擦伤轴承合金，重则引起曲轴断裂，所以维修时要注意曲轴弯曲的检查。

曲轴弯曲变形的技术标准：曲轴中间主轴颈相对于两端主轴颈的径向圆跳动不大于0.06mm。

从以上技术标准可以看出，曲轴弯曲变形检验的测量基准为曲轴两端主轴颈。所以检验曲轴中间主轴颈径向圆跳动时，要以两端主轴颈为测量基准。

(2)曲轴弯曲变形的校正。当曲轴中间主轴颈相对于两端主轴颈的径向圆跳动大于0.06mm时，应进行校正。需要磨削的曲轴轴颈，如中间主轴颈的径向圆跳动误差小于0.12mm时，可直接进行磨削，通过磨轴修正其弯曲变形；否则，应先校正弯曲，然后再磨轴。

曲轴弯曲变形一般采用压力校正。曲轴形状复杂，校正会在曲轴内产生很大的应力集中，所以不能反复校正，校正次数不超过3次。曲轴变形应在压力机上采用静压力进行校正，校正时曲轴反变形量一般不超过1.0mm，否则，极易引起曲轴断裂。

二、曲轴轴颈磨损检验及曲轴磨削

1. 曲轴轴颈磨损检验

(1)曲轴轴颈的磨损规律。曲轴轴颈圆周方向磨损呈椭圆，连杆轴颈磨损严重部位为靠近主轴颈的一侧，主轴颈磨损严重部位在靠近连杆轴颈的一侧。或者说曲轴主轴颈与连杆轴颈磨损严重部位径向相对，即在曲柄方向磨损严重，垂直于曲柄方向磨损较轻。

曲轴轴颈轴向磨损呈一端大一端小的锥形。

(2)曲轴轴颈磨损的检验。曲轴轴颈的技术要求是：曲轴轴颈表面不能有沟槽，圆柱度误差小于0.005mm。

从曲轴磨损规律可以看出，连杆轴颈和主轴颈的最小直径肯定在曲柄方向，最大直径肯定在垂直于曲柄的方向。所以，曲轴轴颈磨损测量时，应在每个轴颈两端的两个横截面，分别测量曲柄方向和垂直于曲柄方向的直径，如图1-3-1所示。这样共测得四个直径，最大直径与最小直径差值的一半即为该轴颈的圆柱度误差。

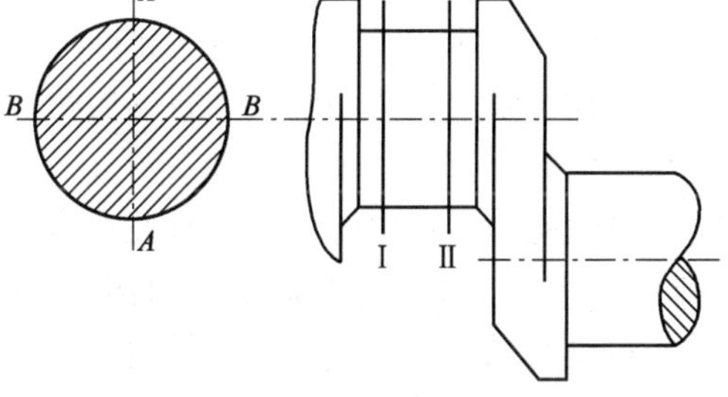

图1-3-1　曲轴轴颈磨损检验

2. 曲轴轴颈的磨削

曲轴轴颈的磨削须在专用曲轴磨床上进行。曲轴的磨削应掌握以下几个原则：

(1)当轴颈表面完好、无损伤，轴颈的圆度、圆柱度误差小于0.005时，曲轴可继续使用，不需磨轴。

(2)曲轴主轴颈和连杆轴颈的圆度和圆柱度误差大于0.005mm，或表面有沟痕、烧伤时，应进行磨削修理。

(3)需要磨削的曲轴，当中间主轴颈的径向圆跳动误差小于0.12mm时，可直接进行磨削，并通过磨轴修正其弯曲变形；否则，应先校正弯曲，然后再磨轴。

(4)有些进口汽车采用软氮化工艺强化的曲轴，表面具有很好的耐磨性，强化层深度一般为0.20mm，一旦硬化层磨去后，耐磨性会大大降低，这种曲轴不能磨削修理。

(5)根据轴承内孔尺寸磨轴颈。磨削曲轴轴颈时，确定轴颈修理尺寸后，首先选配轴承，然后将各道轴承按规定装入座孔，对轴承内孔尺寸进行测量，根据轴承内孔尺寸确定各道轴颈的尺寸，保证轴承间隙符合标准。

三、曲轴轴承损伤与选配

1. 曲轴轴承耗损的主要形式

曲轴轴承耗损的主要形式是磨损、疲劳剥落和腐蚀。磨损的特点是：连杆轴承的上瓦片和主轴承的下瓦片磨损量较大。轴承使用后期，轴承径向间隙变大，导致机油压力降低，可能破坏正常的润滑；另外，由于冲击载荷的加大，会使轴承的合金层与钢背分离而出现肉眼可见的疲劳剥落，甚至产生粘着咬死现象（俗称“抱瓦”）。随着曲轴轴颈和轴承的磨损，轴承间隙越来越大，当间隙接近规定的限值时，会出现“瓦响”，应立即停车检修。二级维护时，应检查轴瓦间隙，当其接近或超过限值时，即应更换轴瓦。发动机大修时，应更换全部曲轴轴承。

2. 曲轴轴承的选配

曲轴轴承的选配原则是：根据曲轴轴颈选配轴承，选择与曲轴轴颈同级修理尺寸的轴承。

现代汽车发动机普遍采用薄型多层合金(3~5层)的轴承。表面是一层很薄的减磨合金镀层，使轴承具有良好的抗咬性、顺应性、镶藏性、亲油性和耐腐蚀性等表面性能。原则上曲轴轴承修理时不能加工，不允许镗削和刮削，否则会使轴承失去表面减磨合金，使轴承的耐磨性和耐腐蚀性大大降低。选配曲轴轴承时，要进行以下检查：

(1)检验轴承钢背和定位凸舌的质量。钢背应光整无损，定位凸舌完好，与承孔定位槽配合严密。

(2)检验轴承自由弹开量。轴瓦在自由状态的曲率半径略大于承孔半径，二者的差值称为自由弹开量。轴瓦的弹开量：汽油机一般为0.8~1.5mm、柴油机一般为1.5~2.5mm。

(3)检验轴承高出量：轴承的周长应大于座孔的周长，保证轴承装入座孔后有比较大的压缩量，产生比较大的过盈量，使瓦背和座孔之间产生很大的摩擦力，保证发动机运转中轴承的位置不变。如果该长度不够，瓦背与座孔的摩擦力不够，工作中轴承可能随曲轴的转动而慢慢转动，一旦将机油道堵死，将造成轴承与轴颈的粘着，同时也使该道汽缸和活塞得不到润滑和冷却，严重时可能会造成活塞高温而卡死在汽缸中，有可能将活塞拉断而引起捣缸的严重后果；轴承长度过大，压缩量过大，会使轴承合金出现皱褶，甚至造成合金脱落。

轴承长度标准：轴承放入座孔后，每端应高出轴承盖接合面0.03～0.05mm。

检查方法：将轴瓦装入座孔后，将有吐舌一端压紧，在另一端施加一定压力，使轴瓦贴紧座孔，此时测量该端高出座孔平面的高度（该高度常常称为“余面高度”），如图1-3-2所示。

（4）检查轴承内孔直径和形状。检查轴承内孔直径和形状，以判断轴承座孔有无椭圆和锥形。

用内径表测量轴承内孔的尺寸和形状（见图1-3-3），如果内孔有椭圆或锥形，一般为座孔有变形，应查明原因并进行修理。

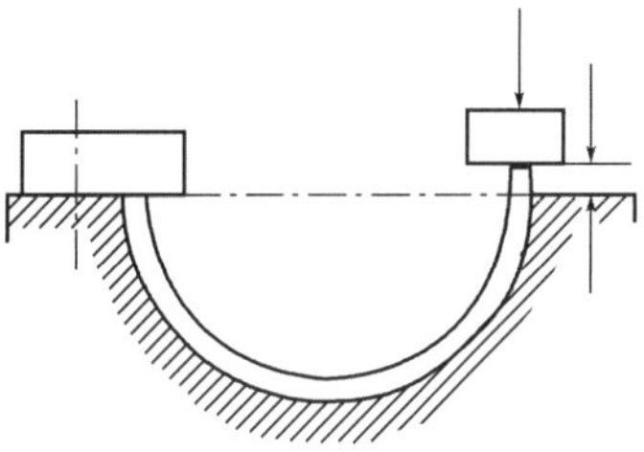

图1-3-2　轴承长度（余面高度）检查

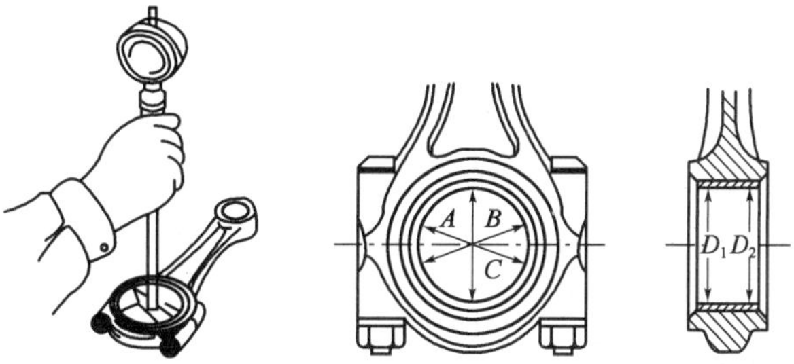

图1-3-3　轴承内孔的测量

四、飞轮的检修

飞轮的常见损伤是齿轮磨损、崩齿和端面损伤。

飞轮齿圈的齿面磨损后，可将齿圈翻转再用。齿圈与飞轮是过盈配合，过盈量一般是0.3～0.6mm。齿圈与飞轮装配时需将齿圈加热至623～673K（不要使齿轮发生相变），趁热压于飞轮上。

当飞轮端面磨损呈波浪形或起槽，且深度超过0.5mm时，应更换飞轮。飞轮端面的平面度误差不得大于0.10mm，飞轮后端面相对于曲轴轴线的端面圆跳动误差不得大于0.15mm。

五、曲轴、飞轮、离合器总成组装后的动平衡检验

曲轮、飞轮、离合器总成组装后，组件的动不平衡量应不大于原厂规定：重型汽车一般不大于100g · cm，国产轻型货车、客车及进口货车一般不大于70g · cm，轿车一般不大于于30g · cm。

组件动不平衡量超差，可能会引起共振，导致发动机振动、引起曲轴早期疲劳断裂；引起飞轮壳早期产生裂纹，甚至引起手动变速器直接挡自动脱挡等故障。因此，在更换飞轮、齿圈、离合器压盘或总成之后，都应重新进行组件的动平衡试验。

任务实施

一、询问

维修人员向驾驶员询问,驾驶员反映运行中,发动机突然有“咔、咔、咔”的响声,之前没有异常。

二、诊断过程

起动发动机,发动机“咔、咔、咔”的响声非常大,维修人员马上将发动机熄火。根据发动机的响声,维修人员初步确定为发动机曲轴与轴承发生了粘着磨损(抱瓦),决定对发动机进行解体检查、修理。

发动机解体时,当拆下第三道主轴承瓦盖时,发现轴承在工作中有转动,已将油孔堵死,由于该道轴承得不到润滑而引起抱瓦。

三、曲轴与曲轴轴承的检测

1. 曲轴变形的测量

1)曲轴变形检测的要求

(1)对曲轴进行变形检验。

(2)对检验结果进行正确的判断,并确定曲轴轴颈的修理尺寸。

2)仪器设备

(1)螺旋千分尺一个。

(2)带磁力表座的百分表一套。

(3)检验平台一个。

(4)方箱一个。

3)检查步骤

(1)将第一道和最后一道曲轴主轴颈支撑在V形铁上,如图1-3-4所示。

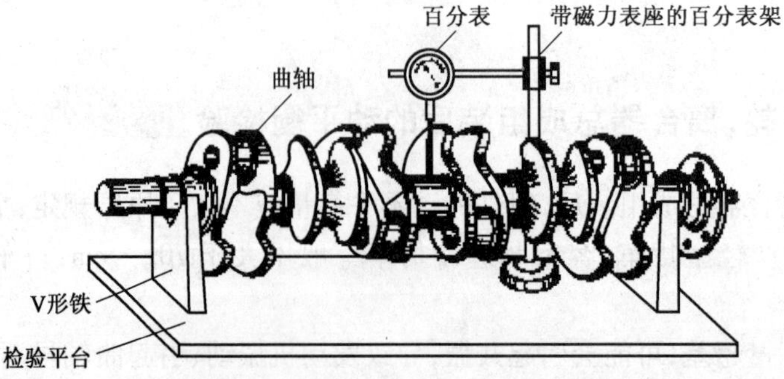

图1-3-4 曲轴变形的检验

(2)将带磁力表座的百分表表头垂直地顶在中间主轴颈的最高点上。注意表头避开油孔,百分表不要和曲柄干涉,百分表压缩1~2mm。

(3)转动曲轴一周,百分表表针的摆动量即为曲轴的径向圆跳动量。

(4)同样的方法,检验皮带轮轴颈、正时齿轮轴颈、后端凸缘外圆的径向圆跳动量。

(5)用方箱顶住曲轴前端,将百分表表头垂直顶在曲轴后端凸缘后端面最大半径处,转动曲轴一周,百分表表针摆动量即为后端凸缘后端面相对于曲轴轴颈的端面圆跳动量。

2. 曲轴轴颈的测量

1)曲轴轴颈测量的要求

(1)测量曲轴轴颈,并计算其圆柱度。

(2)对检验结果和计算结果进行判断,确定曲轴可否继续使用;对于不能使用的曲轴,确定修理尺寸。

2)仪器设备

千分尺一个。

3)检查步骤

用千分尺测量每道轴颈两端两个截面曲柄方向和垂直于曲柄方向的直径。这样,每个轴颈测量出四个直径,最大直径减最小直径的一半即为该轴颈的圆柱度误差。将测量结果和计算结果填入表1-3-1。

曲轴轴颈测量记录表　　表1-3-1

项目	第一道		第二道		第三道		第四道		第五道		第六道	
位置	前端	后端	前端	后端	前端	后端	前端	后端	前端	后端	前端	后端
主轴颈												
连杆轴颈												
圆柱度												
修理级别												

各道轴颈的圆柱度误差均应小于0.005mm,否则,应修磨曲轴。

3. 曲轴轴承的测量

1)曲轴轴承测量的要求

(1)对曲轴轴承进行测量。

(2)对检验结果进行正确的判断,判断轴承可否继续使用。

2)仪器设备

(1)螺旋千分尺一个。

(2)内径表一个。

(3)厚薄规一个。

(4)游标卡尺。

(5)扭力扳手一个。

(6)套筒一套。

3)检查步骤

(1)将曲轴轴承按规定放入轴承座内,在轴承一端施压,使轴承端面与轴承盖接合面平齐,用游标卡尺测量轴承另一端高出轴承盖接合面的高出度,应为0.06~0.75mm。

(2)按规定将轴承装入对应的轴承孔,按照规定拧紧轴承盖螺栓,用内径表测量各道轴承内孔的尺寸,并计算其圆柱度误差(图1-3-17),应符合标准。

如果轴承内孔的圆度和圆柱度误差超过标准,一般为轴承座孔圆度和圆柱度误差过大引起,一般应更换连杆或缸体。

(3)根据测量的轴颈尺寸和对应的轴承内孔尺寸,计算出轴承间隙,应符合标准。

知识拓展

零件校正

汽车零件在使用过程中往往会发生变形,修理中需进行校正。常需校正的汽车零件有汽车前轴、车架零部件、曲轴、凸轮轴、传动轴、连杆等等。

在汽车修理生产中,常采用静压校正、敲击校正和火焰校正三种方法。

1.静压校正

绝大多数零件是在冷状态下静压校正的。轴类零件弯曲的静压校正方法,如图1-3-5所示。将轴支承在两V形铁上,用压力机在轴上施加压力,压力方向与轴弯曲的方向相反。轴受压后的变形量可由置于轴下的百分表读取。

校正时要注意观察百分表的读数,一般压缩量为原来变形量的10~15倍。如果压缩量过小,由于零件的弹性作用,可能达不到彻底校正的目的;如果压缩的变形量过大,会使零件的疲劳强度降低。对于曲轴,每次压力校正可能使曲轴的疲劳强度降低15%左右,所以曲轴校正不要超过3次。为了提高零件校正的稳定性和加强承载能力,对容易产生疲劳断裂的零件,校正后需要进行热处理,以消除这一应力,例如连杆、前轴、车架等。

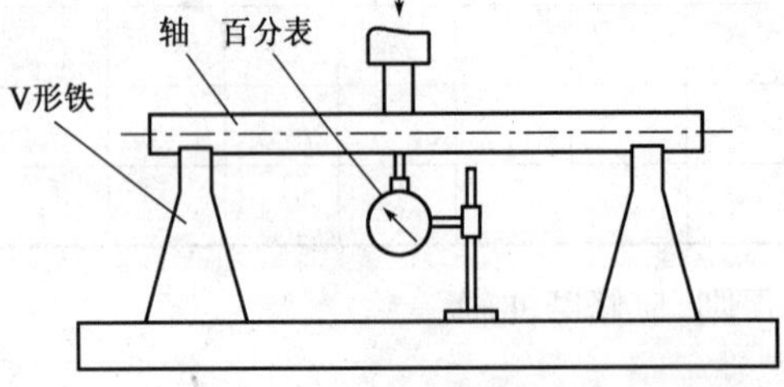

图1-3-5 轴的压力校正

2.敲击校正

敲击校正法是利用有圆形敲击头的气锤对零件非工作表面进行连续敲击,如校正曲轴时敲击曲柄臂(图1-3-6)。敲击校正法不存在静压校正法所固有的缺点,具有校正稳定性好、校正精度高、对零件的疲劳强度没有影响等优点。敲击校正的关键是正确地选择敲击部位。当敲击零件需要延伸表面时,被敲击点对周围材料产生挤压应力,当被敲击点的挤压应力的合力大于零件的屈服极限时,被敲击面就会发生延展变形,使零件达到校正的目的。所以敲击校正时要敲击需要延伸的部位，即敲击零件的凹面。

3. 火焰校正

火焰校正是用氧-乙炔校正的简称，是一种比较先进的校正方法。它的校直效果较好、效率高。尤其适用于一些尺寸较大、形状复杂的零件。火焰校正零件的变形稳定，对疲劳强度影响较小，是一种值得推广的方法。

火焰校正是利用气焊炬迅速加热工件弯曲凸起处的某一点或几点后，再急剧冷却的校正方法，如图 1-3-7 所示。

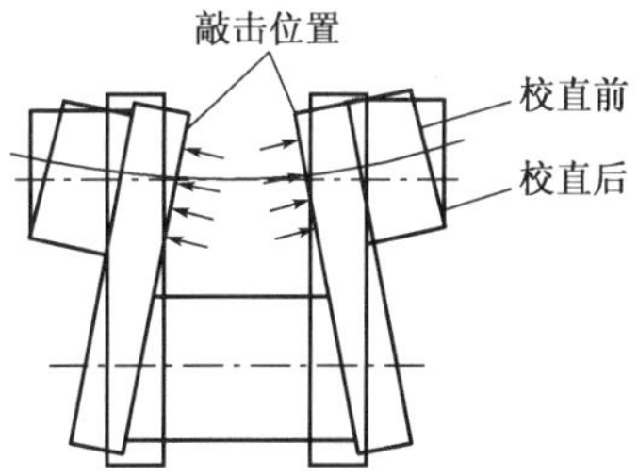

图 1-3-6 曲轴敲击校正

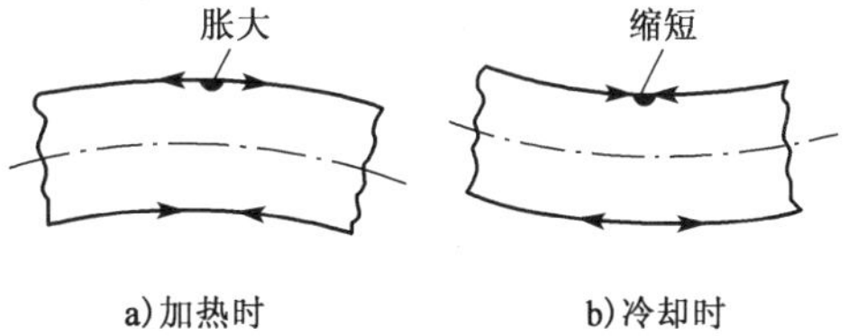

图 1-3-7 火焰校正的应力及变形

火焰校正的机理是：当加热零件凸起部位时，被加热点受热膨胀，由于受到周围材料的挤压而不能自由膨胀，而冷却时被加热点的强度越来越高，收缩时对周围的材料产生很大的拉应力，当拉应力的合力大于零件的屈服极限时，零件即发生变形，达到校正的目的。

火焰校正时工作支承在 V 型块上，用百分表检查弯曲情况并用粉笔做好记号，然后使工作凸点向上，用火焰将凸点迅速加热到 700 ~ 800℃，立即用水迅速冷却。校正时，可在凸起处多烧几点，直至校直为止。

对于塑性较差的合金钢零件、球墨铸铁及弯曲较大的工件，宜多选几个加热点。每点加热温度可稍低些，使工件均匀校直，不可使某一点温度过高。另外，对铸铁件校正时不宜用水冷却，应自然冷却，以防应力过大而断裂。

火焰校正的关键是加热点温度要迅速地上升，焊炬热量要大，加热面积要小。如果加热时间拖长，加热面积过大，整个工件断面的温度都升高了，就降低了校正效果。

加热长度一般不宜超过工件长度的 70%。加热温度，根据零件宜用 200 ~ 800℃，最高不超过 1000℃。加热深度不得超过零件厚度的 60%，以 30% ~50% 为最好。实际工作中的加热深度只能凭经验掌握。

练一练

1. 填空题

(1)敲击校正应该敲击零件需要(　　)的部位。

(2)火焰校正应该叫热零件需要(　　)的部位。

(3)曲轴轴承外圆应该比轴承座孔长(　　)mm。

(4)曲轴中间主轴颈相对于两端轴颈的径向圆跳动不超过(　　)mm。

2. 选择题

(1)曲轴轴颈的圆柱度误差应小于(　　)mm。

A. 0.001　　B. 0.002

C. 0.003　　D. 0.005

(2)曲轴校正时反变形量应小于(　　)mm。

A. 0.50　　B. 1.00

C. 1.50　　D. 2.00

(3)测量曲轴轴承内孔尺寸及形状时,应该测量轴承内孔的(　　)。

A. 一端　　B. 中间

C. 两端　　D. 以上都不对

3. 判断题

(1)测量曲轴轴颈圆柱度误差时应测量轴颈两端两个截面。(　　)

(2)压力校正会使零件的疲劳强度降低。(　　)

(3)曲轴径向圆跳动的检验基准为曲轴两端主轴颈。(　　)

(4)曲轴中间主轴颈相对于两端主轴颈的径向圆跳动大于0.06mm,应先校正后磨削。(　　)

4. 简单题

(1)火焰校正的机理是什么?

(2)敲击校正的机理是什么?

(3)曲轴轴承与座孔的过盈量过大过小有什么影响?

(4)查阅资料,全面分析发动机抱瓦的主要原因,简述防止抱瓦的使用维修措施。

做一做

由学生进行现场操作,由教师根据评分标准进行打分,评定教学质量。

1. 曲轴变形测量

每三人一组,完成曲轴变形测量。

2. 曲轴轴颈测量

每三人一组完成曲轴轴颈的测量。

3. 曲轴轴承的测量

每三人一组完成曲轴轴颈的测量。

任务评价

曲轴变形测量评价、曲轴轴颈测量评价,曲轴轴承测量评价见表1-3-2 ~ 表1-3-4。

曲轴变形测量评价表

表 1-3-2

序号	内容及要求	评分	评 分 标 准	自评	组评	师评	得分
1	准备	10	未准备 V 形铁扣 5 分 未准备带磁力表座的百分表扣 5 分				
2	清洁	10	未清洁曲轴扣 5 分; 未清洁带磁力表座的百分表扣 5 分				
3	磁力表座安装	10	安装不正确扣 10 分				
4	变形检验	30	共 5 个测量位置,少一处扣 6 分				
5	结论	30	一处结论不正确扣 10 分,扣完为止				
6	安全文明生产	10	检验结束后不清洁扣 5 分 检验后工量具不归位扣 5 分 量具落地或有碰撞,此项不得分				

曲轴轴颈测量评价表

表 1-3-3

序号	内容及要求	评分	评 分 标 准	自评	组评	师评	得分
1	准备	5	未准备千分尺扣 5 分				
2	清洁	10	未清洁千分尺扣 5 分 未清洁轴颈扣 5 分				
3	轴颈测量(连杆轴颈和主轴颈各测量一个)	40	共测量 8 个直径,一个测量不正确扣 5 分				
4	计算圆柱度误差	20	计算不正确扣 20 分				
5	结论	15	结论不正确扣 15 分				
6	安全文明生产	10	检验结束后不清洁扣两句 5 分 检验后工量具不归位扣 5 分 量具落地或有碰撞,不得分				

曲轴轴承测量评价表

表 1-3-4

序号	内容及要求	评分	评 分 标 准	自评	组评	师评	得分
1	准备	10	未准备千分尺扣 2 分 未准备内径表扣 2 分 未准备厚薄规 1 分 未准备扭力扳手 2 分 未准备套筒 1 分 未准备游标卡尺扣 2 分				
2	清洁	5	未清洁工量具扣 2 分 未清洁轴承座孔扣 1 分 未清洁轴承内孔扣 2 分				

续上表

序号	内容及要求	评分	评分标准	自评	组评	师评	得分
3	内径表安装	15	百分表安装不正确扣5分,接杆选择不正确扣5分,接杆安装不正确扣5分				
4	轴承长度测量	15	轴承安装不正确扣5分 拧紧力矩不准确扣5分 轴承长度测量不正确扣5分				
5	轴承内孔测量(测一道)	20	每处测量不正确扣5分				
6	圆柱度计算	10	一个不正确扣5分				
7	轴承间隙计算	5	确定不正确扣5分				
8	确定轴承可否继续使用	10	不正确扣10分				
9	安全文明生产	10	检验结束后不清洁扣5分 检验后工量具不归位扣5分 量具落地或有碰撞,不得分				

教学提示

教学提示见表1-3-5。

教 学 提 示 表1-3-5

项目一任务3	曲轴-飞轮组的检测与维修	学时	4
学习目标	1. 掌握曲轴与轴承的常见损伤; 2. 能对曲轴轴颈和弯曲变形进行检测,并对检测结果进行正确判断; 3. 能进行曲轴轴承进行选配		
学习内容	教学方法与建议		
1. 曲轴与轴承的常见损伤; 2. 曲轴与轴承的检验; 3. 零件的校正	通过项目教学法实施教学: 1. 将曲轴飞轮组件的检测与维修划分为:任务目标、任务导入、知识准备、任务实施、知识拓展、做一做、任务评价等内容,在老师的指导下制定方案并实施,最终进行评价; 2. 学生通过7个具体的过程,将理论知识融入实际操作中; 3. 教学过程中体现以学生为主体,教师进行适当讲解,并进行引导、督促和评估; 4. 教师应提前准备好各种多媒体资料、任务工单、教学课件,并准备教学场地和设备		
教学媒体与设备	学生已有的知识、能力要求	教师执教的要求	
1. 实训设备:曲轴飞轮组件; 2. 千分尺、带磁力表座的百分表、内径表、平台、V形铁、拆装工具一套; 3. 多媒体教学设备; 4. 多媒体教学课件、软件; 5. 网络教学资源; 6. 曲轴飞轮组件考核任务单	1. 安全操作知识; 2. 汽车构造与拆装; 3. 量具的使用方法	1. 能够根据教学方法合理设计教学情境; 2. 熟悉曲轴飞轮组件的检测与维修的安全操作规程; 3. 能够完成曲轴、轴承的检测; 4. 能正确地选配曲轴轴承; 5. 具备协调各方、处理学生误操作的能力	

项目小结

(1)本项目实施涉及形位误差检验。形位误差检验是汽车零件检验的重点,也是检验的难点。很多企业没有基本的检测量具,也没有合适的检验人员,所以很多检验项目得不到正确的检验,使很多疑难症得不到解决。如曲轴周期性断裂,可能由于曲轴轴承座孔不同轴引起;汽缸磨损严重,可能是由于汽缸轴线与曲轴轴承座孔轴线不垂直所致;变速器壳或离合器壳反复出现裂纹,可能是由于汽缸体后端面与曲轴轴承座孔不垂直所致。由于维修人员缺乏形位误差的基本理论和检验能力,而使以上故障一直找不到原因,更谈不上故障排除。所以这些内容要在课堂中重点讲授,而且要加强检验实训。本部分教学中要注意以下几个问题:

①形位误差理论比较抽象,很多学生已经淡忘,所以要安排学生对形位误差相关理论进行复习。

②形位误差检验理论教学和实训教学中要注意理论联系实际,一是要紧密结合形位误差理论的应用,用形位误差理论指导检验;二是要结合汽车零件检验,强调形位误差理论的应用,达到举一反三、事半功倍的教学效果。

③注意分析缸体、缸盖、曲轴和连杆变形对总成、零部件工作的影响,培养学生分析问题、排除疑难症的能力。

(2)活塞、活塞环和曲轴轴承是发动机的易损件,其正确选配和检验是活塞连杆组和曲轴组件教学的重点。活塞和曲轴轴承一般采用分组选配法,要注意介绍分组选配方法,并与互换性的基本理论的结合。

(3)当前镗缸、磨曲轴一般都由专业的厂家进行,在教学中简单介绍其修磨方法即可,不做重点介绍,可简单介绍修理后的技术要求。

项目二
配气机构的检测与维修

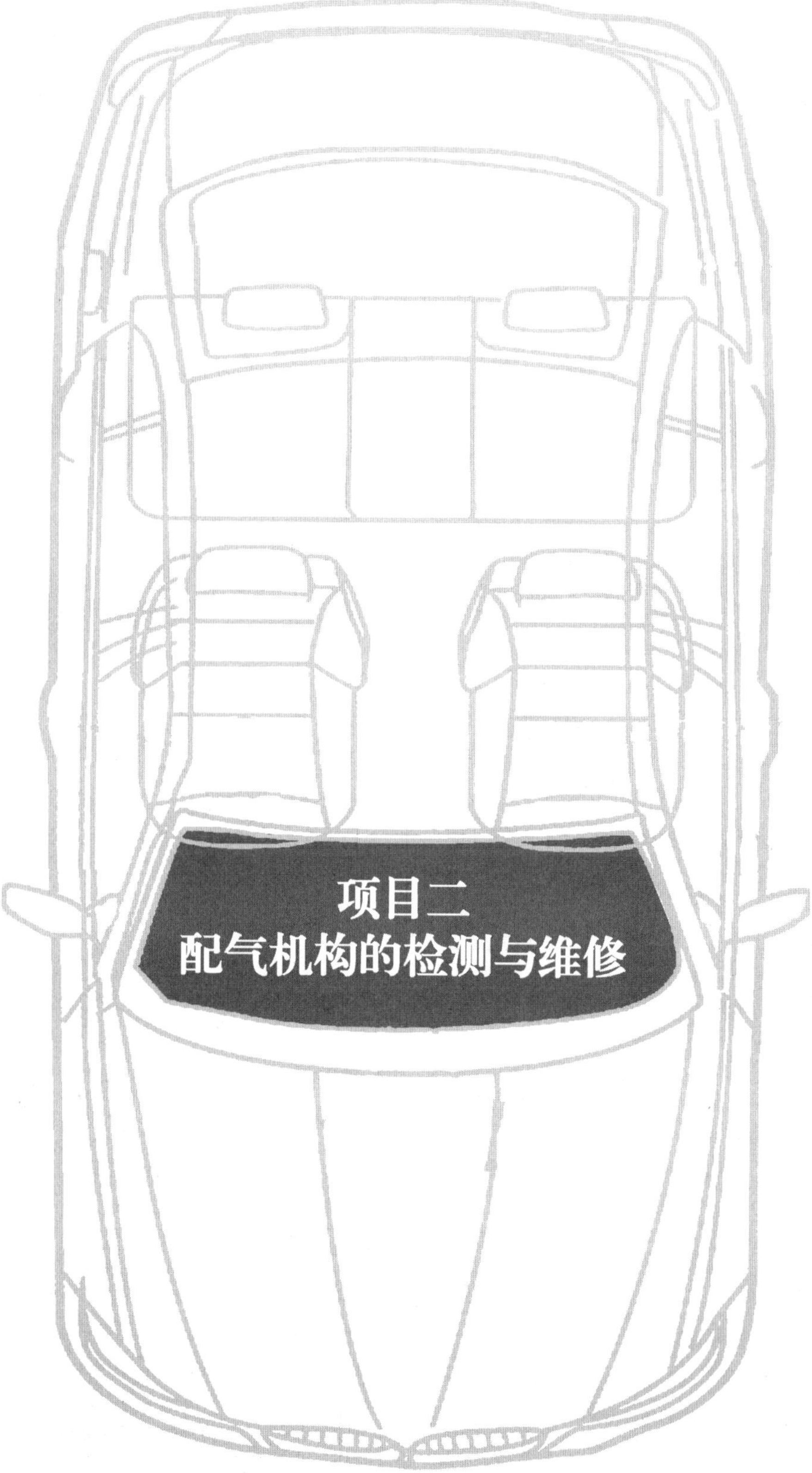

项目描述

配气机构的组成随其传动形式不同而异，主要由凸轮轴、正时机构、气门组件等组成。对配气机构的主要要求是要按时地打开和关闭进、排气门，保证气门升程足够，以保证进气充分、排气彻底、密封良好。

配气机构常见故障是气门关闭不严、气门升程不够、配气正时不正确。

在修理配气机构时，要特别重视配气正时正确。配气正时不正确，轻则引起发动机发抖（对于正时带和正时链传动，差一个齿就能引起发动机发抖），重则顶弯气门，甚至顶裂汽缸盖、顶弯连杆。特别严重时，弯曲的连杆可能将缸体顶碎（捣缸）。

任务1　气门组件的检测与维修

任务目标

（1）气门、气门弹簧、气门导管、气门座圈检验，并制定零件的修理方案。

（2）对气门与气门座圈、气门导管进行检修与更换。

任务导入

一辆轿车行驶无力，提速困难，发动机运转发抖，到修理厂进行修理。

任务准备

一、气门的常见损伤

进、排气门的耗损，主要有气门密封面受冲击应力作用而造成工作锥面疲劳脱落、起槽、密封锥面变宽和烧伤，导致气门关闭不严；另外，还有气门杆弯曲、与导管磨损和断裂等等损伤。气门杆与气门导管之间的配合间隙过大，会使气门开闭时出现晃动，气门落座时与座圈不同轴，造成气门关闭不严。进气门杆与导管孔配合间隙增大后，还会因机油下吸进入汽缸，产生结胶和积炭而使气门运动不畅、机油烧损以及气门密封不严而使发动机运转不稳。排气门与导管孔间隙过大时，会因传热不良而导致气门过热而烧蚀。气门杆弯曲可能会导致气门卡死在导管中，导致顶活塞。

二、气门座圈的损伤与检修

1. 气门座圈的主要损伤

气门座圈的主要损伤是工作锥面磨损和座圈脱落。气门座圈磨损使密封带变宽或出现麻点，会影响气门的密封性。气门座圈松脱落入燃烧室，会顶活塞，可能将汽缸盖顶裂，严重时会将连杆顶弯，引起捣缸的严重后果。

2. 气门座圈的检修

气门座密封带磨损变宽超过 2mm，工作锥面烧蚀出现麻点和凹陷时，应进行铰削与修磨。

气门座经多次铰磨后，密封锥面必然下降，当气门在气门座圈上下陷到一定深度后，会影响充气系数和降低气门弹簧的弹力。因此，气门下沉 1.5mm 或原镶的座圈有裂纹、松动以及严重烧蚀时，均应重镶气门座圈。

气门座圈与缸盖上承孔的配合为过盈配合，过盈量比较大（为重级过盈配合），以保证气门座圈不松脱。所以常用温差法镶入气门座圈，否则镶入时可能会挤裂缸盖或者挤碎座圈。

热镶法：把座圈承孔加温到 100℃左右，然后将座圈外面涂以甘油与黄丹粉混合的密封剂，垫以软金属，迅速地将座圈冲入。

冷镶法：把座圈放在液态氮罐中，在 -196℃条件下冷缩一段时间后镶入。

镶入后，座圈上端面应与汽缸盖平面平齐，否则应修整座圈的高出部分。

按照规定，镶换气门导管或气门座圈后，应对缸盖做水压试验，检验镶换过程中是否引起缸盖裂纹。

任务实施

一、询问

维修人员向驾驶员询问，驾驶员反映最近一段时间发动机动力性不足，燃油消耗也有明显的增加，发动机正常运转中有轻微的抖动，怠速时抖动最为严重。

二、诊断过程

根据驾驶员反映，全面检查发动机线路连接和真空管连接，均连接可靠；测量汽缸压力，各缸压力均较低，1、3、4 缸压力均在 700kPa 左右，2 缸压力低于 600kPa；用听诊器检测各缸声响，无明显敲缸声音。综合以上检测分析，初步诊断为气门关闭不严，确定对发动机汽缸盖进行解体检查。

三、气门的检测

1. 气门检验的要求

（1）对气门进行检验，检验气门密封带、气门弯曲、气门杆与气门导管的间隙。

（2）对检验结果进行正确的判断，并确定气门可否使用。

2. 仪器设备

（1）平台一个。

（2）V 形铁一对。

(3)带磁力表座的百分表一个。

(4)顶针两个。

3. 检查步骤

(1)目视气门工作锥面,观察密封带宽度,观察密封带有无麻点,如果密封带有麻点,应研磨气门;如果密封带过宽(大于2.0mm),应铰削气门座圈。

(2)用V形铁将气门杆光滑表面的两端支撑在平台上(图2-1-1)。

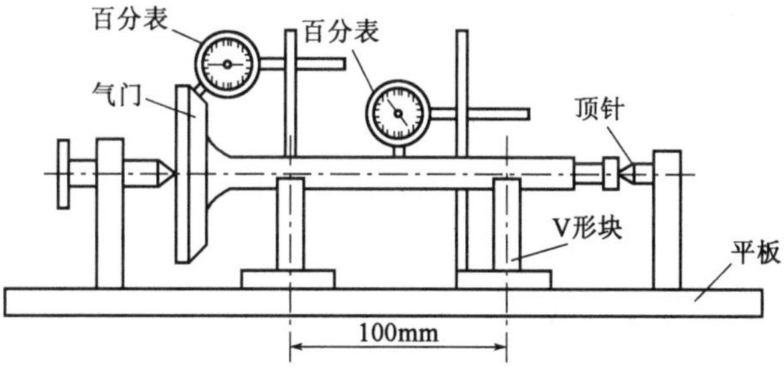

图2-1-1　气门变形的测量

(3)将百分表垂直地顶在气门杆光滑表面的中间位置。

(4)转动气门一周,百分表摆动量的一半即为气门杆的直线度误差,应小于0.04mm。

(5)将百分表垂直地顶到气门的工作锥面上,转动气门一周,百分表的摆动量即为工作锥面相对于气门杆轴线的径向圆跳动误差,应小于0.02mm。

(6)将气门放入缸盖,提起气门大约10mm,将百分表垂直顶在气门头部的圆柱面上,摆动气门,百分表的摆动量应小于1.0mm。汽车修理中一般这样检查气门与气门杆之间的配合间隙,只要百分表摆动量不超过1.0mm,就能保证气门密封性能。

四、气门座的检修

1. 气门座检验的要求

(1)检验气门座圈的密封带有无麻点、有无松动和裂纹、密封带是否过宽。

(2)对检验结果进行正确的判断,并确定气门座可否使用,并铰研工作锥面。

2. 仪器设备

(1)铰刀一套。

(2)气门捻子一个。

(3)红丹油若干。

(4)粗、细研磨砂若干。

3. 检查步骤

(1)将气门座清理干净,目视座圈工作锥面,如果密封带磨损变宽超过2mm,工作面烧蚀出现麻点和凹陷时,应进行铰削与修磨。

(2)用与座圈工作锥面角度相等的铰刀(一般为45°)铰削工作锥面(图2-1-2)。

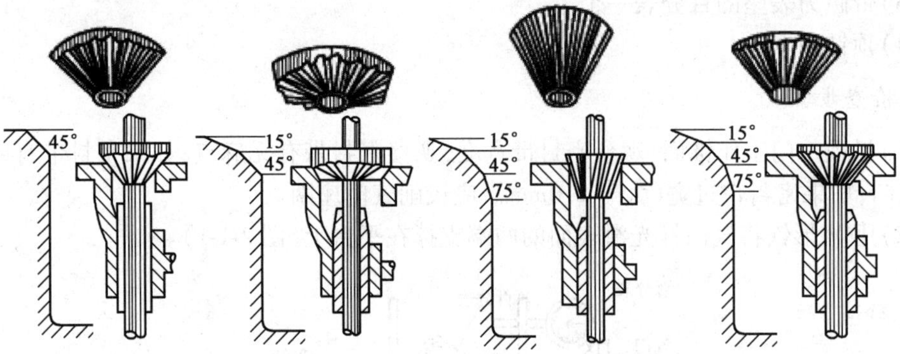

图 2-1-2 气门座铰削

(3)在座圈工作锥面上涂红丹油,放入气门,转动气门一周。

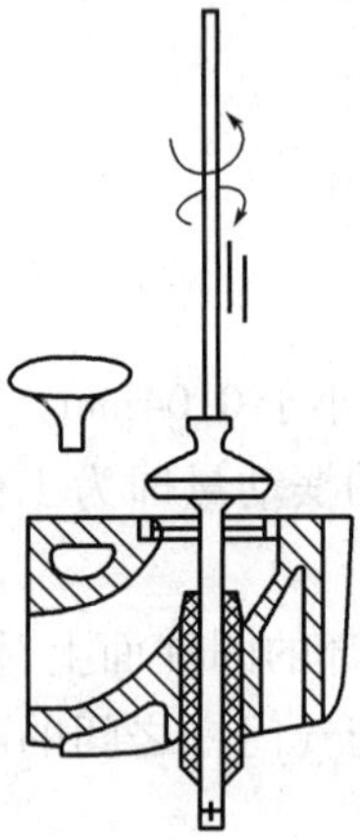

图 2-1-3 气门与座圈的手工研磨

(4)取出气门,观察密封带的位置和宽度。密封带应在气门工作锥面的中下部,密封带宽度应为 1.0mm 左右。

(5)根据气门密封带的位置,铰削座圈的下口或上口。如果密封带太靠近锥面的小端,用 75°铰刀铰削;如果密封带太靠近锥面的大端,用 15°铰刀铰削。直到密封带的宽度和位置都符合要求。

(6)在气门工作锥面上涂粗研磨砂,用气门捻子对气门和座圈的工作锥面进行研磨,如图 2-1-3 所示。

(7)当座圈工作锥面上的麻点全被研磨掉后,擦去粗研磨砂,涂细研磨砂继续研磨,直到工作面上出现一条整齐的灰色无光的环带。洗去研磨砂,涂以机油,再研磨几分钟。

(8)将汽缸盖倒放在检测平台上,装上气门和火花塞,然后向燃烧室内注入煤油,5min 内气门与座圈接触处无渗漏现象,表明气门密封良好。

知识拓展

气门断裂的原因分析和预防措施

1. 气门断裂的原因

气门断裂可能是制造的原因,也可能是使用的原因。

(1)在加工和热处理过程中,气门已经产生裂纹。制造原因造成的断裂部位常为气门头与杆身过渡处,如图 2-1-4 所示。

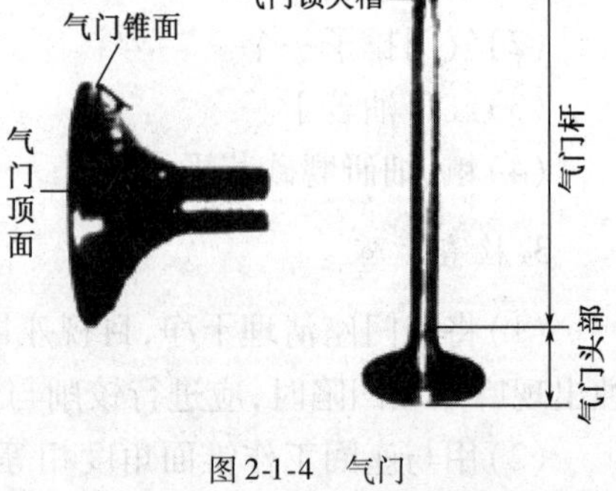

图 2-1-4 气门

(2)气门座工作锥面与气门导管孔轴线不垂直,使气门工作中承受较大的弯曲应力。

(3)由于配气相位不准,正时带撸齿(一般超过

2～3个齿)，或者凸轮轴抱死，造成发动机运转过程中活塞顶气门，将气门顶弯甚至顶断。

(4)气门头部温度过高，而且温度分布不均匀产生热应力而引起气门断裂。

2. 气门杆断裂的预防措施

为了防止气门早期磨损、烧损及断裂，应注意以下几个方面：

(1)严格控制气门机构的机油量，过多易生成积炭，过少则会加速磨损。

(2)气门座工作锥面轴线和气门导管轴线应严格保证同轴。

(3)保证正确的配气相位，防止气门碰活塞。

(4)按照厂家的规定，按期更换正时带，防止正时带撸齿或者断裂。

练一练

1. 填空题

(1)气门座圈与气门导管孔不同轴，容易引起气门(　　)。

(2)气门密封面应该在气门的(　　)部位。

(3)镶入气门座圈时可以加热(　　)，或者冷却气门座圈。

2. 选择题

(1)气门座圈铰研后密封带宽度一般为(　　)mm。

A. 0.50　　B. 1.00　　C. 1.50　　D. 2.00

(2)渗漏法检验气门密封性时，(　　)min 内柴油不准泄漏。

A. 3　　B. 5　　C. 7　　D. 9

(3)容易造成气门断裂的原因是(　　)。

A. 气门工作锥面磨损太严重　　B. 气门杆与导管孔间隙过大

C. 气门座圈与气门导管孔不同轴　　D. 以上三个都不可能。

3. 判断题

(1)排气门油封损坏容易造成烧机油。　　(　　)

(2)气门导管与导管孔的间隙过大不会影响气门密封性。　　(　　)

(3)气门座圈脱落有可能引起捣缸的严重后果。　　(　　)

(4)镶换气门座圈时应该用温差法镶入。　　(　　)

4. 问答题

(1)气门断裂的常见原因是什么?

(2)查阅资料，计算某车型气门座圈与承孔的过盈量。

做一做

气门座圈的铰削与研磨。

每三人一组，完成气门座铰研，保证气门密封。

由学生进行现场操作，由教师根据评分标准进行打分，评定教学质量。

任务评价

气门座铰研评分，见表2-1-1。

气门座铰研评分表　　表2-1-1

序号	内容及要求	评分	评分标准	自评	组评	师评	得分
1	准备	10	未准备气门铰刀扣2分 未准备气门捻子扣2分 未准备红丹油扣2分 未准备粗、细研磨砂扣4分				
2	清洁	10	未清洁气门座圈扣3分 未清洁铰刀和刀杆扣3分 未清洁捻子及气门杆、导管孔扣4分				
3	铰削工作锥面	20	铰刀杆调整不当扣10分 铰完后有麻点或者铰削太多扣10				
4	修正密封带位置和宽度	20	密封带位置不正确扣10分 密封带宽度不正确扣10分				
5	研磨气门	15	没用粗研磨砂研磨扣5分 没用细研磨砂研磨扣5分 没用机油研磨扣5分				
6	研磨质量	15	没有进行渗漏检查扣5分 密封不良扣10分				
7	安全文明生产	10	结束后不清洁扣5分 工量具不归位扣5分 工具落地或有碰撞，不得分				

教学提示

教学提示见表2-1-2。

教学提示　　表2-1-2

项目二任务1	气门组件的检测与维修	学时	4
学习目标	1. 掌握气门组件主要零件的常见损伤； 2. 能对气门组件的主要零件进行检验，并对检测结果进行正确判断		
学习内容	教学方法与建议		
1. 气门组件的常见损伤； 2. 气门组件主要零件的检验； 3. 气门座的铰削、研磨与密封性检测	通过项目教学法实施教学： 1. 将气门组件的检验与维修分为：任务目标、任务导入、知识准备、任务实施、知识拓展、做一做、练一练、任务评价等内容，在老师的指导下制定方案并实施，最终进行评价； 2. 学生通过8个具体的过程，将理论知识融入实际操作中； 3. 教学过程中体现以学生为主体，教师进行适当讲解，并进行引导、督促和评估； 4. 教师应提前准备好各种多媒体资料、任务工单、教学课件，并准备教学场地和设备		

续上表

教学媒体与设备	学生已有的知识、能力要求	教师执教的要求
1. 实训设备：装配齐全的汽缸盖总成； 2. 平台、千分尺，带磁力表座的百分表、顶针、气门座铰刀、气门研磨工具、研磨砂、红丹油等； 3. 多媒体教学设备； 4. 多媒体教学课件、软件； 5. 网络教学资源； 6. 气门组件检测维修考核任务单	1. 安全操作知识； 2. 汽车构造与拆装； 3. 量具的使用方法	1. 能够根据教学方法合理设计教学情境； 2. 熟悉气门组件的检测与维修安全操作规程； 3. 能够气门和气门座圈的检修工作； 4. 具备协调各方、处理学生误操作的能力

任务2 气门传动机构的检测与维修

任务目标

（1）对凸轮轴、正时机构进行检验。

（2）正确判断正式带（链）、张紧机构和凸轮轴能否继续使用。

任务导入

一轿车发动机运转发抖，提速困难，最高车速仅仅达到70km/h，到修理厂进行修理。

任务准备

一、气门传动机构主要零件的损伤及影响

1. 凸轮轴的常见损伤

凸轮轴的常见损伤主要有凸轮磨损、轴颈磨损、弯曲和扭曲。凸轮磨损使气门的升程变小，影响进、排气量；轴颈磨损使轴承间隙变大，引起机械响声，伴随着机油的泄漏，引起机油压力降低。凸轮轴扭曲变形比较少见，但一些细长的凸轮轴有时也发生扭曲变形，引起配气相位变化，造成发动机的动力性、经济性降低。

2. 正时带或正时链的常见损伤

（1）正时带（链）的常见损伤。正时皮带是一个非常重要的部件，必须按照厂家的规定按期进行检查和更换。正时皮带任何损伤、缺陷都将导致发动机产生严重故障，并且有可能造成重大的损失。正时皮带在工作中承受很大的冲击载荷，而且承受着高温，长时间工作将

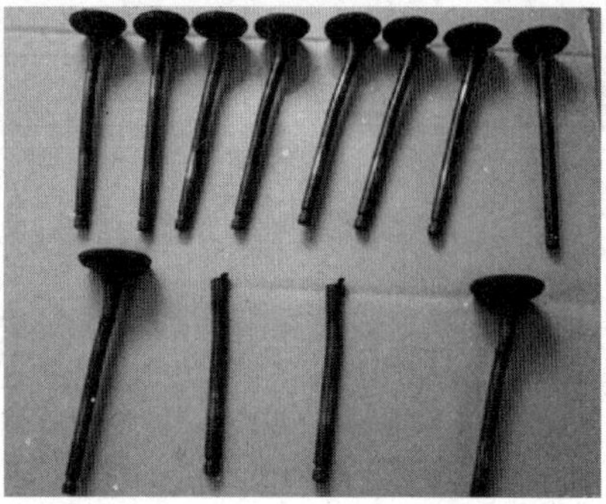
图 2-2-1 顶弯、顶断的气门

导致皮带老化、破裂、拉伸过度、脱齿，甚至出现裂纹。因此，应关注和重视正时系统的维护。

正时皮带脱齿和断裂，将造成活塞顶气门，轻则顶弯、顶断气门（图 2-2-1），重则顶裂缸盖，甚至因为顶弯连杆而引起捣缸的严重后果。

（2）正时链的常见损伤。正时链的主要损伤是链节磨损松旷、链条变长。链节磨损松旷、链条变长会产生异响。链条变长还会使链条变松，工作中很容易跳齿而破坏配气相位，因此，要定期地进行检查。

二、正时带或正时链的检查与更换

1. 正时链的检查

正时链的检查主要包括拉伸长度和绕轮直径检查，当链条长度或链轮直径不符合要求时要更换。

2. 正时皮带和正时链的更换

正时皮带的养护主要是定期更换，汽车厂家会根据设计及实际情况来确定正时带的使用寿命，在汽车使用手册中明确说明，到达相应时间或里程必须更换。出于安全考虑，汽车厂家推荐的更换周期其实是有一定余量的，皮带的实际使用寿命要比厂家推荐的长，所以有些车主常常心存侥幸心理，推迟更换或者干脆不更换。这样做具有很大的风险性，当里程数或者使用时间达到规定，正时皮带一定要及时更换。

更换正时皮带时要注意检查张紧轮、惰轮的状况。张紧轮或者惰轮轴承损坏，会产生刺耳的尖叫，而且会加速正时带的损坏；张紧轮过度使用，张紧力会下降甚至消失，导致皮带松动，很容易引起正时带工作中跳齿，进而改变配气相位，影响发动机的工作。

更换正时带或正时链的关键是保证配气正时对正（正时记号对正）、保证正时皮带或者正时链的紧度合适。对于正时皮带，要保证清洁，而且要检查曲轴和凸轮轴油封的状况，若发现油封漏油，则应及时更换油封，防止机油污染皮带。

三、气门挺杆的损伤与检验

1. 机械挺杆

机械式气门挺杆下面与凸轮接触的是一个球面，其主要损伤是球面磨损，使球面变平。

该球面磨损变平，挺杆工作时将失去旋转力矩，常常造成挺杆响声。另外，由挺杆的受力状况可知，与挺杆架接触的圆柱表面将产生腰鼓形磨损，与承孔的配合间隙变大，会使挺杆响声增大。

2. 液力挺杆

液力挺杆主要损伤是其柱塞与壳体间产生磨损，当其磨损过大时，会因泄油过多而影响气门升程，同时也可能因机油补偿不及时或不足而产生气门脚响，此时应更换。

液力挺杆对机油的清洁程度和机油压力要求较高。机油过脏、单向阀泄压或油道堵塞，机油无法充满高压室，不能消除间隙，发动机运转中会出现“哒、哒”的响声；机油压力不够也会造成这种情况。

液压挺杆的检验：将挺柱浸入发动机机油中，抽动柱塞若干次，排出挺杆内的空气。用漏降测试表在挺柱柱塞上施加规定的压力，在柱塞滑下 2mm 左右以后，再测它下降 1mm 所需的时间，此值应在 7 ~ 10s 之间，如图 2-2-2 所示。若小于 7s，说明柱塞与柱塞套配合间隙过大；若大于 10s，说明柱塞有卡滞现象。泄漏回降试验不符合标准，应换用新的液压挺杆。

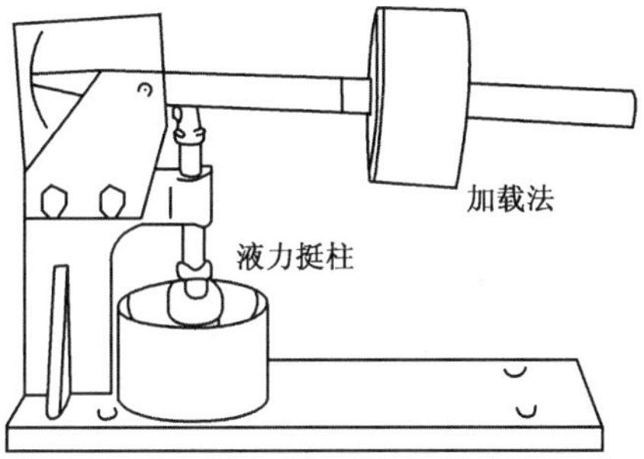

图 2-2-2 液力挺杆泄漏检查

四、张紧轮或其他惰轮的检查

张紧轮在长时间运动中，轴承会产生磨损，张紧轮磨损产生频率很高的机械异响。如果在行驶过程中，张紧轮轴承因磨损卡死，有可能造成正时皮带断裂，会导致顶气门。另外，张紧轮过度使用，张紧力会下降甚至消失，导致皮带松动，很容易引起正时带工作中跳齿，改变配气相位，影响发动机的工作。张紧轮和其他惰轮轴承损坏，应及时更换。很多车型规定更换正时皮带的同时更换张紧轮。

任务实施

一、询问

维修人员向驾驶员询问，驾驶员反映最近一段时间发动机动力性不足，燃油消耗也有明显的增加，机油消耗正常，没有烧机油现象。

二、诊断过程

根据驾驶员反映，全面检查发动机线路连接和真空管连接，连接均可靠。测量汽缸压力，各缸压力均在 750 ~ 800kPa，各缸压力均偏低；检测点火时间正常，点火能量足够。对电控系统检测，电控各系统工作正常。打开正时室盖检查配气正时，配气正时无误。综合以上检测分析，初步怀疑凸轮轴凸轮磨损，确定对发动机汽缸盖进行解体检查。

三、凸轮轴的测量

1. 凸轮轴检验的要求

(1)检验凸轮轴的凸轮尺寸、凸轮轴的弯曲变形。

(2)对检验结果进行正确的判断，并确定凸轮轴可否使用。

2. 仪器设备

(1)平台一个。

(2)V 形铁一对。

(3)带磁力表座的百分表一个。

(4)千分尺一个。

(5)内径表一个。

3. 检查步骤

(1)用千分尺测量凸轮轴凸轮高度和基圆直径,基圆直径和凸轮高度应符合标准,二者之差不小于 4mm,如图 2-2-3 所示。

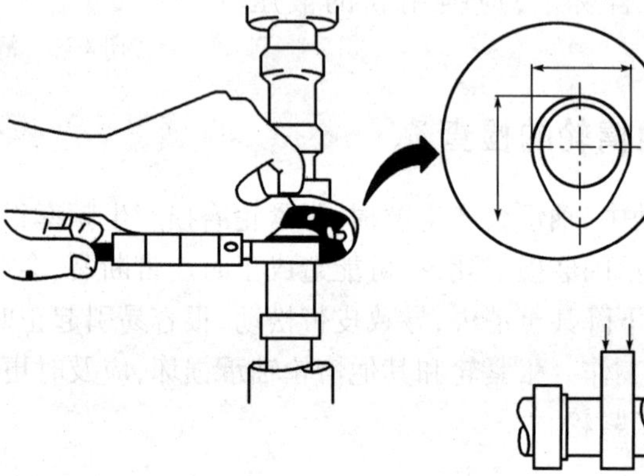

图 2-2-3　凸轮测量

(2)用千分尺测量轴颈的圆度及圆柱度误差,凸轮轴轴颈的圆度误差大于 0. 015mm,如图 2-2-4 所示。

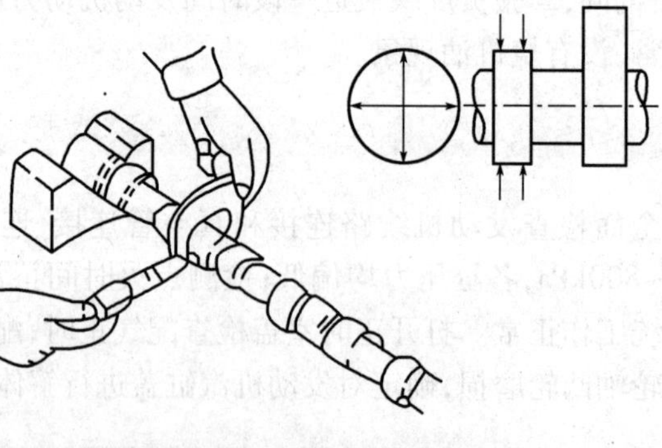

图 2-2-4　凸轮轴轴颈的测量

(3)用一对 V 形铁将凸轮轴两端轴颈支撑在平台上,将百分表垂直地顶在凸轮轴中间轴颈上,转动凸轮轴一周,百分表的摆动量为凸轮轴的径向圆跳动量,应小于 0. 08mm。

(4)用内径表测量凸轮轴轴承内径(图 2-2-5)。凸轮轴轴承内径与凸轮轴轴颈尺寸之差为凸轮轴轴承间隙。凸轮轴轴承与轴颈的配合标准间隙为 0. 020 ~ 0. 063mm,间隙超过 0. 5mm时应更换轴承或凸轮轴。

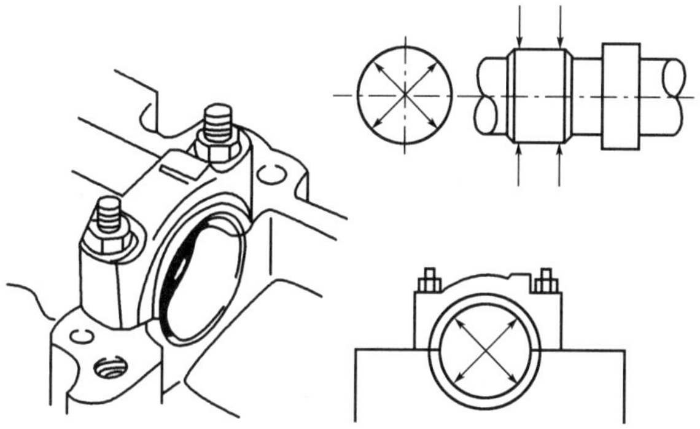

图 2-2-5　凸轮轴轴承间隙测量

四、正时链条、链轮的检查

1. 正时链条、链轮检验的要求

(1)检验链条长度。

(2)检查链轮的磨损。

(3)判断链条、链轮可否继续使用。

(4)对检验结果进行正确的判断,并确定凸轮轴可否使用。

2. 仪器设备

(1)拉力器一个。

(2)游标卡尺一个。

3. 检查步骤

1)正时链条长度测量。

(1)将正时链条装在拉器上,用 147N 的拉力将链条拉紧,用游标卡尺测量规定链节的长度,应符合标准,如图 2-2-6 所示。

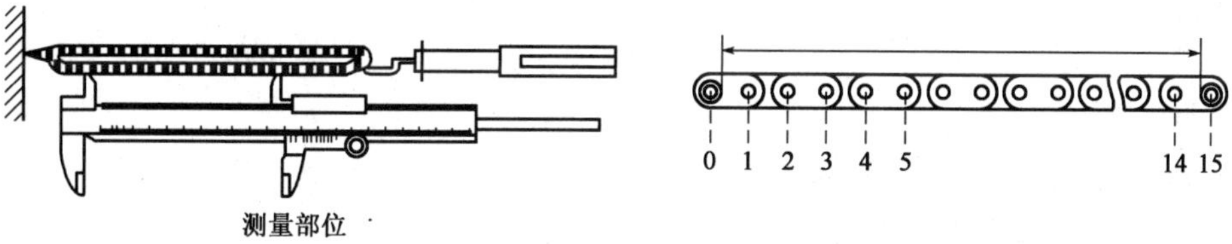

图 2-2-6　正时链条长度测量

(2)用同样办法测量正时链条其他 2 个位置的长度。

(3)计算三次测量长度的平均值,应小于标准,否则,应更换正时链条。

2)正时链轮的测量

(1)将正时链条绕在曲轴正时链轮上。

(2)用游标卡尺测量链条和链轮直径,如图 2-2-7 所示。链轮直径应符合标准,否则,应同时更换链条和链轮。

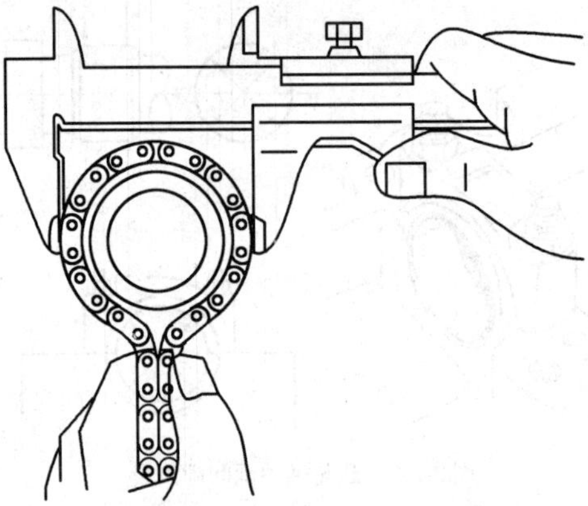

图 2-2-7　曲轴正时链轮测量

知识拓展

对错正时故障案例

一辆风度轿车发动机前部有异响,经诊断为正时链条张紧器轴承损坏。更换正时链条张紧器后,发动机不能起动,但起动中偶尔有点火的声音。

维修人员怀疑在更换张紧器时正时发生了变化,于是拆下正时室盖检查正时,发现正时错 3 个链节。

将正时对好后,发动机能起动,但有"突、突、突"的声音,加速无力,发动机动力性严重不足。

对发动机各个系统进行检查,均没有问题,于是决定对发动机进行解体。

经解体检验,发现气门已经被顶弯,四个连杆也被顶弯。

此案例是典型的因正时没有对好引起的顶气门故障,所以在更换正时链(带)以及相关零件时,一定要检查正时,确保正时对好。

练一练

1. 填空题

(1)正时链条磨损通过测量(　　)进行检查。

(2)正时链轮磨损通过测量(　　)进行检查。

(3)检查凸轮轴凸轮时,要测量(　　)和(　　)。

2. 选择题

(1)更换正时链(带)时,对好正时后应最少转动曲轴(　　)周,进一步检查正时是否对正。

A. 1　　　B. 2　　　C. 3　　　D. 4

（2）用漏降测试表在液力挺柱柱塞上施加规定的压力，在柱塞滑下 2mm 左右以后，再测它下降 1mm 所需的时间，此值应在（　　）之间。

A. 1～6　　B. 2～7　　C. 3～8　　D. 4～9

（3）所谓顶气门，是指气门与（　　）相撞。

A. 气门座圈　　B. 火花塞

C. 活塞　　D. 以上三个都不对

3. 判断题

（1）凸轮升程是指凸轮高度与轴身直径之差。（　　）

（2）正时带油污会加速正时带损坏。（　　）

（3）液力挺杆是否正常工作与发动机机油压力无关。（　　）

4. 问答题

（1）查阅资料，制定某车型更换正时带的工艺规程。

（2）分析正时没有对好对发动机工作的影响，分析其原因。

做一做

由学生进行现场操作，由教师根据评分标准进行打分，评定教学质量。

1. 正时链条的检查

每三人一组，完成正时链条的测量。

2. 凸轮轴的检查

每三人一组，完成凸轮轴的测量。

任务评价

正时链条检验评分、凸轮轴评分表，见表 2-2-1、表 2-2-2。

正时链条检验评分表　　表 2-2-1

序号	内容及要求	评分	评分标准	自评	组评	师评	得分
1	准备	10	未准备拉力器扣 5 分 未准备游标卡尺扣 5 分				
2	清洁	10	未清洁正时链条扣 5 分 未清洁游标卡尺扣 5 分				
3	测量正时链条长度	70	拉力不对扣 10 分 测量的链节数不对扣 20 分 没有测量三个位置扣 10 分 未计算平均值扣 20 分 判断不对扣 10 分				
4	安全文明生产	10	结束后不清洁扣 5 分 工量具不归位扣 5 分 工具落地或有碰撞，不得分				

凸轮轴评分表

表 2-2-2

序号	内容及要求	评分	评分标准	自评	组评	师评	得分
1	准备	10	未准备千分尺扣 3 分 未准备带磁力表座百分表扣 5 分 未准备 V 形铁扣 2 分				
2	清洁	10	未清洁千分尺扣 3 分 未清洁带磁力表座百分表扣 5 分 未清洁 V 形铁扣 2 分				
3	测量凸轮	30	测量凸轮高度不对扣 10 分 测量凸轮基圆尺寸不对扣 5 分 凸轮升程计算不对扣 10 分 判断不对扣 5 分				
4	测量凸轮轴轴颈	20	测量位置不对扣 10 分 计算轴颈圆柱度不对扣 5 分 判断不对扣 5 分				
5	测量凸轮轴弯曲	20	凸轮轴支撑不对扣 5 分 测量位置不对扣 10 分 判断不对扣 5 分				
6	安全文明生产	10	结束后不清洁扣 5 分 工量具不归位扣 5 分 工具落地或有碰撞，不得分				

教学提示

教学提示见表 2-2-3。

教学提示

表 2-2-3

项目二任务 2	气门传动机构的检测与维修	学时	4
学习目标	1. 掌握气门传动机构主要零件的常见损伤； 2. 能对凸轮轴、正式链条、链轮进行检验，并对检验结果进行判断		
学习内容	教学方法与建议		
1. 气门传动机构主要零件的损伤； 2. 气门传动机构主要零件的检验	通过项目教学法实施教学： 1. 将气门传动机构的检测与维修划分为：任务目标、任务导入、知识准备、任务实施、知识拓展、练一练、做一做、任务评价等内容，在老师的指导下制定方案并实施，最终进行评价； 2. 学生通过 8 个具体的过程，将理论知识融入实际操作中； 3. 教学过程中体现以学生为主体，教师进行适当讲解，并进行引导、督促和评估； 4. 教师应提前准备好各种多媒体资料、任务工单、教学课件，并准备教学场地和设备		

续上表

教学媒体与设备	学生已有的知识、能力要求	教师执教的要求
1. 实训设备：凸轮轴、正时链、链轮等； 2. 千分尺、游标卡尺、内径表、平台、带磁力表座的百分表等； 3. 多媒体教学设备； 4. 多媒体教学课件、软件； 5. 网络教学资源； 6. 气门传动机构检测维修考核任务单	1. 安全操作知识； 2. 发动机结构与拆装； 3. 量具的使用方法	1. 能够根据教学方法合理设计教学情境； 2. 掌握气门传动机构检测维修的安全操作规程； 3. 能够完成气门传动机构检测维修工作； 4. 具备协调各方、处理学生误操作的能力

四 项目小结

(1)配气机构常常出现的故障有气门关闭不严、气门升程不够和配气相位不正确，会使发动机的动力性和经济性降低，并伴随发动机抖动。配气相位不正确还可能造成顶气门的严重后果。

(2)汽车维修中常常忽略凸轮轴扭曲检查。凸轮轴扭曲会改变发动机的配气相位，会影响发动机的动力性和经济性。

(3)发动机装配中要特别注意保证正时记号对准，否则，可能会造成发动机机械故障，甚至引起捣缸的严重后果。

(4)在维修生产中，常常不检验气门杆与导管孔的间隙。如果该间隙变大超过标准，气门在上下运动中受凸轮偏心驱动的影响，气门会一边上下运动一边摆动，加速气门油封的损坏。进气门杆与气门导管间隙过大，还会引起机油烧损，使机油消耗增加。当气门油封反复损坏时，要注意检查气门杆与导管孔的间隙。

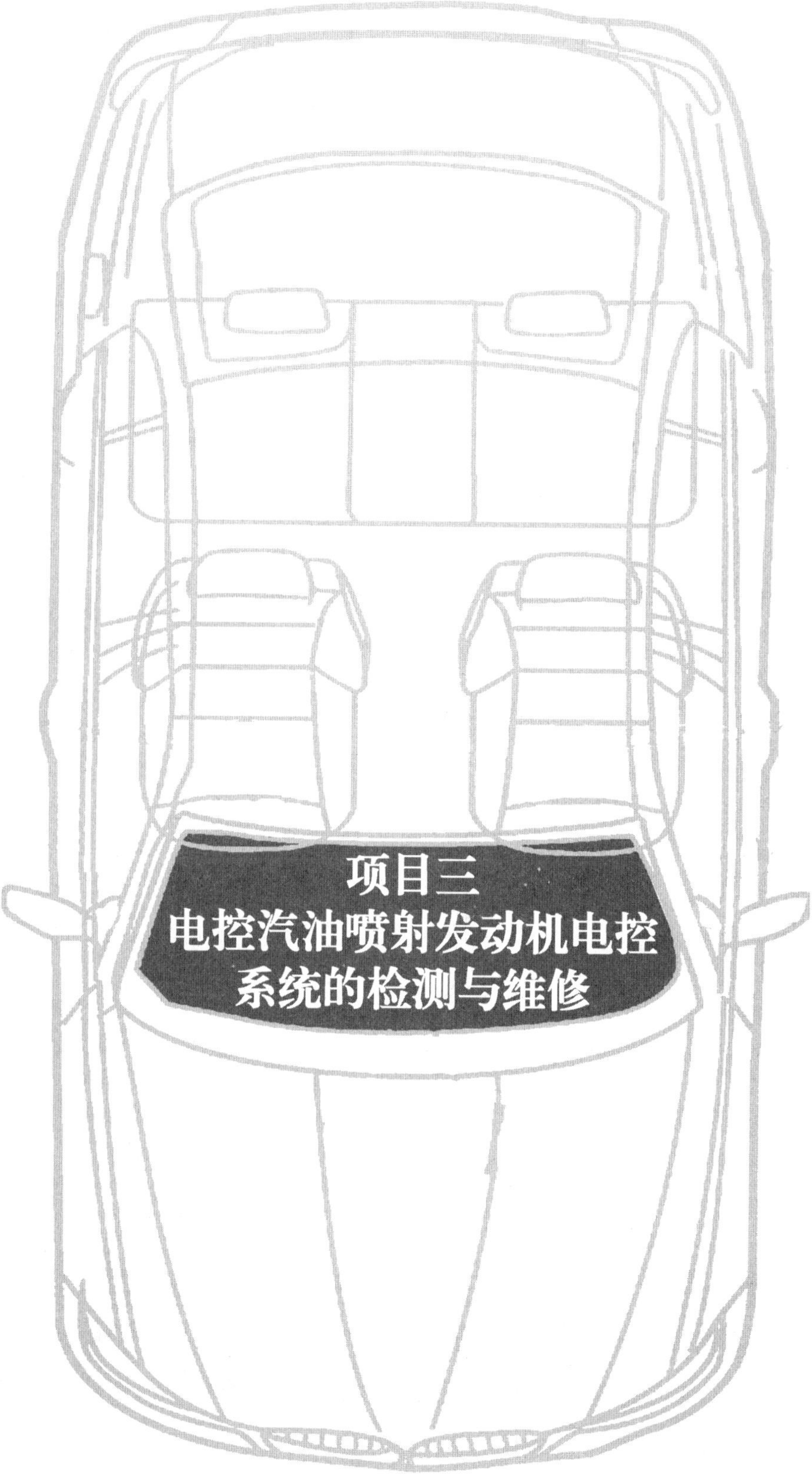

项目三
电控汽油喷射发动机电控系统的检测与维修

项目描述

电控汽油喷射发动机由传感器、执行器和电控单元组成，其常见故障为发动机起动困难、抖动、怠速不稳、加速不良、冒黑烟等。电控汽油喷射发动机检修时要严格按照规定的程序进行，一般首先检查线路连接和真空管连接是否可靠，然后进行电控系统的检测诊断。电控系统检查主要有万用表检测、电脑检测仪检测和示波器检测。

任务1　电控燃油喷射发动机的检测与诊断

任务目标

(1)对电控燃油喷射系统进行检测诊断，分析诊断故障原因，确定故障部位。

(2)对发动机故障进行排除。

任务导入

一辆科鲁兹轿车行驶98000km，出现起动困难、加速无力的故障，于是进厂修理。

任务准备

汽车电控发动机的电控系统故障诊断通常有“故障码”、“数据流”、“波形”三种手段。当通过诊断仪获取到上述信息后，需要根据电控系统的工作原理及相关的控制关系分析故障的原因，进一步对电控元件和电控单元进行检查，最终确定故障点。

一、发动机电控系统检测维修注意事项

(1)注意检查搭铁线的状况，其电阻值应 $<2\Omega$。

(2)拆卸或安装传感器及执行器的连接器前，应先将点火开关关闭。

(3)拆卸或安装ECU的连接器前，应先将点火开关关闭，然后拆下蓄电池负极电缆，因为有的发动机ECU上只有从点火开关来的火线，有的发动机ECU不仅有从点火开关来的火线，还有从蓄电池来的常火线。

(4)蓄电池的正负极不可接反，严禁在发动机运转时将蓄电池从电路中断开，以防产生瞬时过电压将ECU和传感器损坏。

(5)不能用起动电源帮助起动，否则，会损坏ECU及其他电子元器件，用其他蓄电池辅助起动时应先将点火开关关闭再连接跨接电缆，另外起动时不可猛踩加速踏板。

(6)不可用水冲洗发动机舱。

(7)检修电控单元控制的电路时，不可用汽车上的灯泡直接作为试灯(电流太大，容易烧毁电控单元)，但可用 330Ω 电阻串联一个发光二极管自制一个试灯。

(8)检测电控系统时应使用高阻抗数字万用表或汽车专用万用表。

(9)不可用"刮火"的方法来判断是否有电。

(10)晴天拆卸、安装 ECU 时,应先使自己皮肤可靠搭铁释放静电,以防静电对电控单元造成损坏。

(11)车上如必须安装功率超过 8W 的无线电台时,天线应尽量远离发动机控制系统。

(12)如需在车上进行钣金或电弧焊作业时,应拆下 ECU 或断开蓄电池负极线。

二、故障码的基本知识

1. 电控系统故障码

现代汽车电控系统都具有故障自诊断功能,当系统出现故障时,"CHECK ENGIN"灯(故障灯)点亮,同时 ECU 将故障信息存入存储器。通过一定的程序将故障码从 ECU 中调出,根据故障码所显示的内容,迅速准确地确定故障的性质和部位,有针对性地检测有关部件、元件和线路,将故障排除。因此,调取故障码诊断微机控制系统故障,是检修现代汽车故障的基本方法。

故障码诊断有"获取方便、目的性强、信息广泛"的特点,在电控系统诊断过程中,常常被认为是电控系统诊断的"第一把斧"。

根据故障码与当前系统之间的状态关系,故障码有以下三种:

(1)当前故障码——当前系统存在故障,故障码与当前故障有直接或间接的关系。

(2)历史故障码——过去系统曾经出现故障,但当前系统状态与该故障码无关或系统正常。

(3)偶发故障码——该故障偶发一次或者几次,但还没有达到触发故障报警的限值。这种故障码的产生通常是因为插接器连接松动或进水腐蚀、电磁干扰、车辆颠簸等偶发性因素。

2. 故障码的含义

现在车辆所用的故障码基本上都符合"OBD"规则。所谓 OBD 是英文 On - Board Diagnostic 的缩写,中文翻译为"车载诊断系统",是由美国汽车工程师协会(SAE)提出的汽车自诊断系统的标准规范。这个系统随时监控发动机的运行状况和尾气处理系统的工作状态,一旦电控系统出现故障或发现排放超标时,故障灯(MIL)或检查发动机(Check Engine)警告灯亮(图 3-1-1),同时 OBD 系统会将故障信息存入存储器。维修时通过标准的诊断仪器连接车辆诊断接口,便可以读取故障码,获得故障信息。根据故障码的提示,维修人员能迅速准确地确定故障的性质和部位。

3. 第二代随车诊断系统 OBDⅡ的特点

1996 年以后生产的所有轻型车辆都必须采用第二代随车诊断系统(OBDⅡ)。OBDⅡ的主要目的是降低排放污染。OBDⅡ法规要求该系统不仅要测试传感器,而且要测试所有的排放控制装置,并要查证排放装置是否正常工作。OBDⅡ系统具有以下三项主要特点:

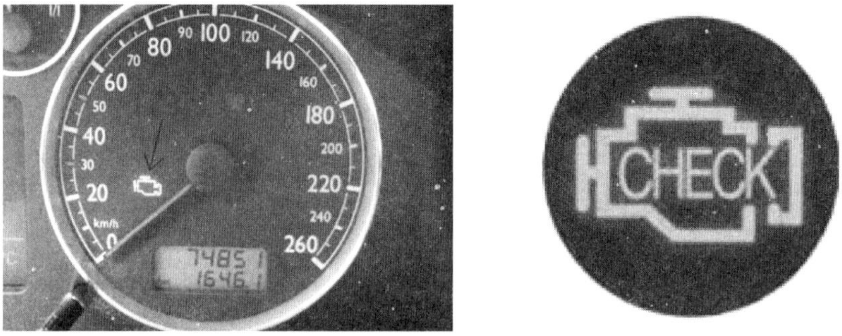

图 3-1-1　发动机故障报警灯

(1)能检测出与排放相关元器件的工作情况,提示驾驶员对与排放相关的系统进行检测维修。OBD Ⅱ系统有连续监测和不连续监测两种监测过程。连续监测包括检查发动机间歇不点火、燃油系统的检测(燃油修正)和全面的元器件监视。非连续监测内容有催化转换器监测、废气再循环和燃油蒸发系统的监测、氧/空燃比传感器监测、氧传感器加热器检测和二次空气喷射系统监测。有些 2000 年以后生产的车辆,OBD Ⅱ系统还需监测节温器。2002 年以后生产的车辆还需要监测曲轴箱窜气通风装置系统的工作状况。

(2)能使用统一协议的检测工具,采用国际标准化的 16 针诊断座(DLC)进行检测,如图 3-1-2所示。

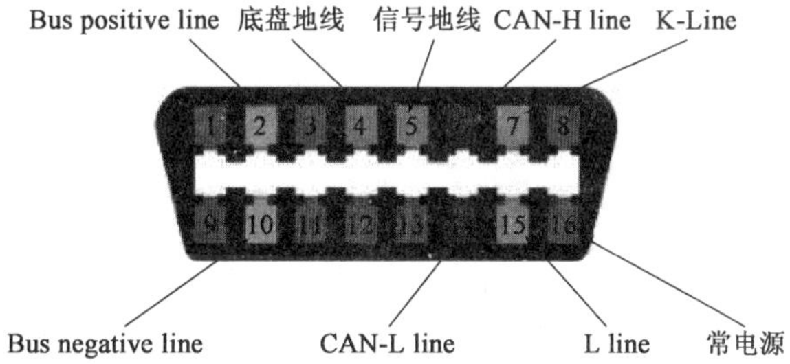

图 3-1-2　标准化的 16 针诊断座(DLC)

采用这种标准化的诊断接口,所有的诊断仪就可以采用一种接口与车辆连接,这样大大方便了车辆修理人员通过诊断接口读取车辆电控单元的相关信息。数据接口统一,有助于减少诊断接头的数目,提高诊断可靠性。现在常用的标准化的 16 针诊断座(DLC)各个针脚的作用,如表 3-1-1 所示。

诊断接口各个针脚的定义　　表 3-1-1

1	厂家自定义	9	厂家自定义
2	SAE－J1850 资料传输	10	SAE－J1850 资料传输
3	厂家自定义	11	厂家自定义
4	车身搭铁	12	厂家自定义
5	信号回路搭铁	13	厂家自定义
6	CAN_H(高位)	14	CAN_L(低位)
7	K 线	15	L 线
8	厂家自定义	16	接蓄电池正极

对于采用 OBD Ⅱ标准化的 16 针诊断座的车辆，不但诊断接口统一，部分主要故障码的含义和编制规则也是统一的，一般的 OBD 故障码的编制规则如图 3-1-3 所示。

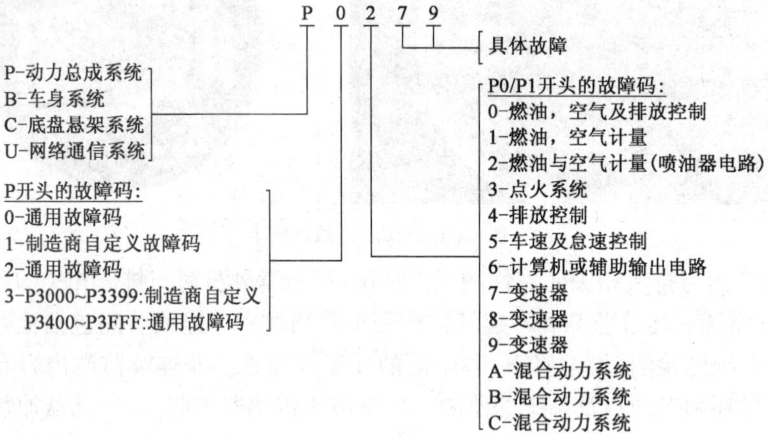

图 3-1-3 OBD Ⅱ故障码编制规则

(3)诊断信息多样化。除可获得故障码外，OBD Ⅱ还可提供传感器检测数值、控制状态、控制参数和执行器通断等信息。

(4)具有重新显示记忆故障码的功能。

(5)具有可由仪器直接清除故障码功能。电控单元中的故障码可直接由诊断仪进行故障码的读取和清除。

4. OBD Ⅱ诊断接口的位置

读取故障码的第一步是要将故障诊断仪与车辆上的诊断座(DLC)连接。一般情况下，OBD Ⅱ诊断接头在以转向盘为中心的 50cm 范围内，通常在驾驶员脚部上方位置，如图 3-1-4 所示。

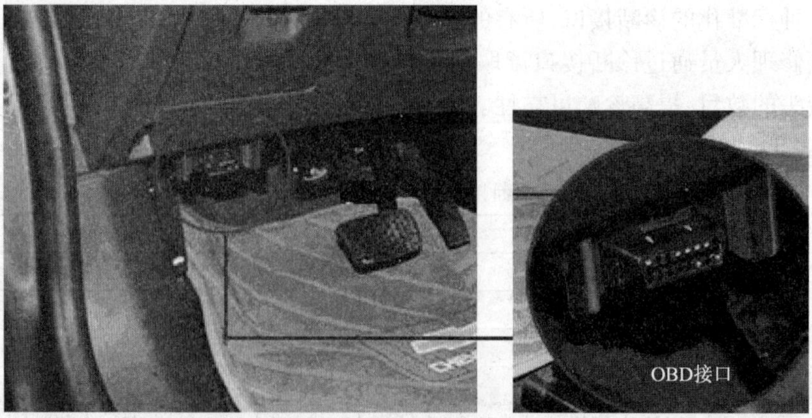

图 3-1-4 诊断座位置

5. 故障码的分析

故障码指示的是某个原件或者某个系统的工作状态，当通过诊断仪获取到某个或多个故障码时，需要对获取到的故障码结合故障现象进行判断，以便确定该故障码是相关故障码还是无关故障码。

例如，当通过诊断仪获取到“P0131，氧传感器信号电压低”故障码，故障现象却是“冷车起动困难，热车起动正常”。发动机在冷起动时，由于氧传感器的温度很低，并不能进行正常工作，所以冷起动时电控系统并不采用氧传感器信号。另外，在起动时，电控系统采用空燃比开环控制策略，也不会对电控系统造成影响，所以判断该故障码为无关故障码。

还是上面冷起动困难的故障，如果我们读取到的故障码是“P0117，水温传感器电路电压过低”。从电控系统的工作原理知道，在冷起动时，电控系统根据发动机转速确定基本喷油量，根据冷却液温度传感器确定修正喷油量。如果冷却液温度传感器出现问题，那么修正喷油量肯定会不正确，影响混合气的浓度，从而导致起动困难，所以该故障码就是相关故障码。

三、数据流的基本知识

1. 数据流

汽车数据流是指电子控制单元、传感器和执行器交流的数据参数，通过诊断接口由专用诊断仪读取，并直接显示的数据。

2. 数据流的作用

汽车电子控制单元（ECU）中所记忆的数据流，真实地反映了各传感器和执行器的工作电压和状态，为汽车故障诊断提供依据。数据流只能通过专用诊断仪器进行读取。汽车数据流作为汽车 ECU 的输入输出控制数据的实时显示，使维修人员可以直观、准确地了解汽车的工作状况，及时诊断汽车的故障，图 3-1-5 为发动机部分数据流。

3. 数据流的获取

数据流可用故障诊断仪的“读取数据流”功能实现，并且能分项目的读取车辆的各个系统的数据。

相对而言，故障码只能反映该系统是否正常，而数据流却能实时显示该系统的工作状态，所以数据流比故障码更能准确地反映故障状态。我们在判断故障时，一般获取到故障码后，必须要读取与该故障码相关的数据流，以便进一步判断该故障的方向。

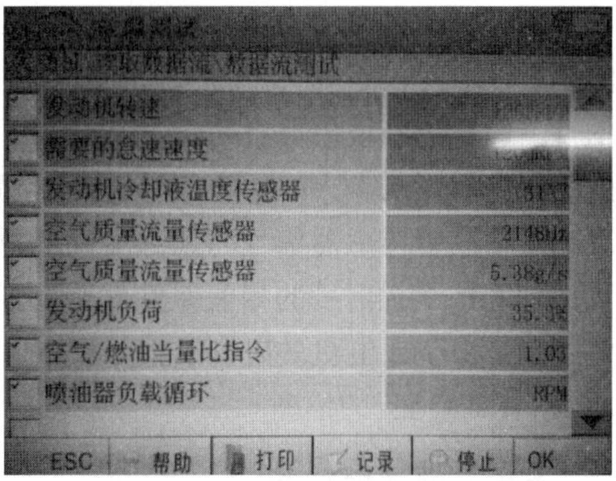

图 3-1-5　发动机部分数据流

4. 数据流分析

数据流作为具体数值，可通过系统正常工作时的标准值与实际获取的数值进行比对，确定该数值是否正常，然后根据电控系统的工作原理分析影响到该数值的相关因素，并对这些因素进行逐个检查排除，进而确定故障发生的部位。

例如某车的冷却液温度传感器出现信号漂移的故障，但并没有故障码。此时读取数据流显示冷却液温度一直为37℃，但用红外线测温仪测量散热器回水口处的冷却液温度为67.2℃，并且随着发动机运行时间的增长而逐步升高，由此就可以判断该车的故障方向为冷却液温度传感器的相关故障。

确定好故障方向后，就可以用万用表对该车的冷却液温度传感器本身及冷却液温度传感器相关线路进行检查，最终确定故障点。这就是借助数据流的功能来发现无故障码却有故障现象的很好的例子。

四、信号波形的基本知识

1. 信号波形

信号波形是在屏面上显示出被测信号瞬时值的变化曲线。利用示波器能观察各种不同信号在一段时间内随时间变化的波形曲线，并且测试各种不同的电量，如电压、电流、频率、相位差、调幅度等等。相对于万用表而言，万用表测量的只是某个时间点的数据，而波形却显示的是一个时间段的数据。示波器所读取的数据，是连续的不间断的 N 个数据所连成的一条线。所以示波器在诊断偶发性故障时，会有不可替代的作用。

2. 波形的作用

简单来说，数据流是显示的数字，而波形则是将一段时间的数字连成一条线并显示出来，所以波形能全面地显示某个元件或者某个系统的工作状态。合理地使用示波器和分析波形，对于捕捉一些偶发性故障非常有利。另外，对于霍尔性质的传感器及其内部带处理电路的传感器，对这些部件进行检测的时候，必须依靠示波器读取波形才能判断其是否正常，从而避免了以往的“配件替换法”检测故障的盲目性。

例如，某车出现“怠速不稳，加速发闯，有时排气管放炮”的故障，读取故障码显示“无故障码”。由于导致这种故障的原因非常多，如果逐项排查的话，肯定像大海捞针一样没有目的性。但从故障现象分析来看，肯定是某些个传感器出现错误的信号，引起点火不正常导致的。于是对影响点火的相关信号(曲轴位置传感器和凸轮轴位置传感器)进行波形检测，发现凸轮轴位置传感器信号的顶部出现不规则的“锯齿”(图3-1-6)，一般为信号干扰所致，而且出现这种干扰信号的相关原件就是发电机和点火线圈。通过对上述两个原件的检测，最终发现是由于发电机的电刷磨损导致的电磁干扰造成的。这就是利用示波器波形分析进行所谓“疑难杂症”的诊断。

3. 波形的分析方法

获取到波形后，怎样判断这个波形是正常还是不正常呢？通常有两种方法：一种是对比法，即将获取到的波形与标准波形对比，以此来判断是否正常；二是分析法，比如获取到喷油器波形后，可根据喷油器波形的各个阶段的波形进行分析。并对其波形的频率、幅值和形状等参数进行定性和定量的分析，进而判断故障。

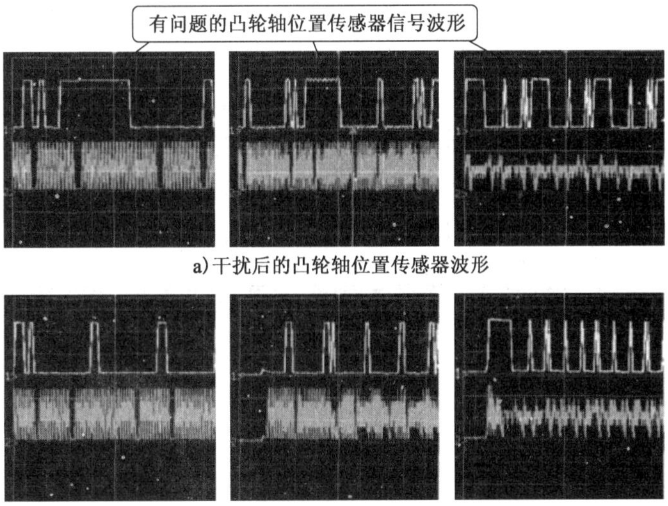

a)干扰后的凸轮轴位置传感器波形

b)正常的凸轮轴位置传感器波形

图 3-1-6　凸轮轴位置传感器干扰波形与正常波形的比较

图 3-1-7 是经常测试的喷油器波形。喷油器波形分析常常观察其幅值、时间(频率)和形状。每个区域所对应的关系如下:

A 区:喷油器关闭区,此时 A 区的波形幅值高度应该等于蓄电池的电压。从图中可以看出,此时 A 区的电压高度为 14V 左右(为发电机运行时的输出电压)。如果这个电压过低,说明发电机供电不足或者从蓄电池正极至喷油器线路存在电阻过大的情况。

B 区:喷油器开启持续区,此区域主要观察其开启持续时间。从图中可以看出,每格的时间是 1ms,那么 B 区所对应的开启持续时间就是 2ms 左右,说明此时喷油器的开启时间为 2ms,这个数值应该与发动机数据流中的“喷油脉宽”数值是对应的。如果“喷油脉宽”显示喷油器时间短,而示波器显示喷油器打开时间长,说明电控单元控制喷油器的功率三极管存在响应性故障。

C 区:峰值区。这个区是因电控单元切断喷油器的控制回路,喷油器电磁线圈的电磁突

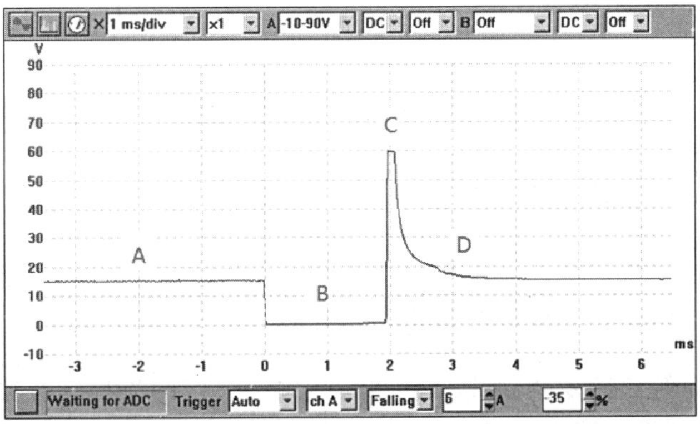

图 3-1-7　喷油器波形

变所感应出的高压电。这个电压正常值应该在 60 ~ 100V,有的电控单元为了防止电压过高对控制系统造成影响,使用钳位二极管将这个电压控制在 60V 左右,如果这个电压过低,说明喷油器线圈匝间存在短路现象。

D 区:喷油器关闭区。这一区域的电压呈现缓慢下降的趋势,这种趋势跟电控单元所采用的控制方式有关,但 D 区域在末端应该回到与 A 区域同等的电压高度。

如图 3-1-8 所示的喷油器故障波形,该波形显示喷油器峰值电压在 30V 左右,明显低于 60 ~ 100V 的峰值电压标准。峰值电压过低,则说明喷油器线圈存在匝间短路。

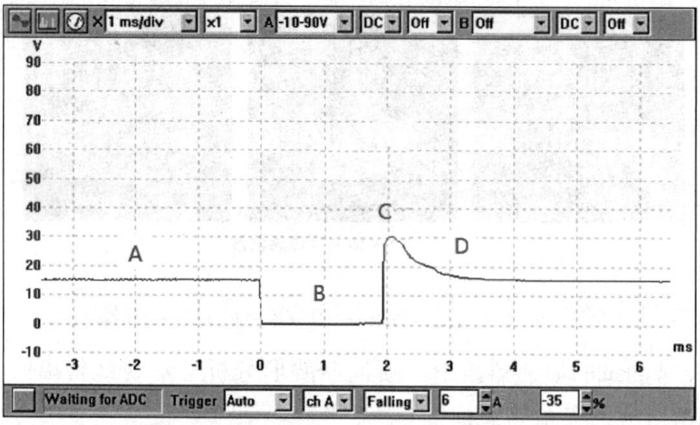

图 3-1-8 喷油器波形分析

4. 波形的获取

波形的获取有两种途径:一是用示波器直接测量,例如 OTC、KT600 等就没有此功能;另一种是诊断仪的“波形功能”,将一段时间所获取的数据汇总生成波形,例如车博士 V30、元征 GOLO 等诊断仪。

从严格意义上说,这种由数据流生产的波形相对于直接观察数据流的变化区别不大。因为这种波形完全就是采集多个数据流后由仪器绘制的波形,这种波形的准确度直接受仪器的采样频率影响。但是这种波形采集非常方便,不需要连接线路。

任务实施

一、询问

向驾驶员询问,驾驶员反映汽车行驶无力、提速慢、抖动,燃油消耗明显增加,且发动机转速表没有转速显示。

二、诊断过程

由于汽车电控系统比较复杂,所以其诊断需要遵循一定的流程。在故障诊断过程中,无论故障简单与否,必须按照策略流程进行,不得进行跨越式操作。一般通用车系故障诊断策略如图 3-1-9 所示。

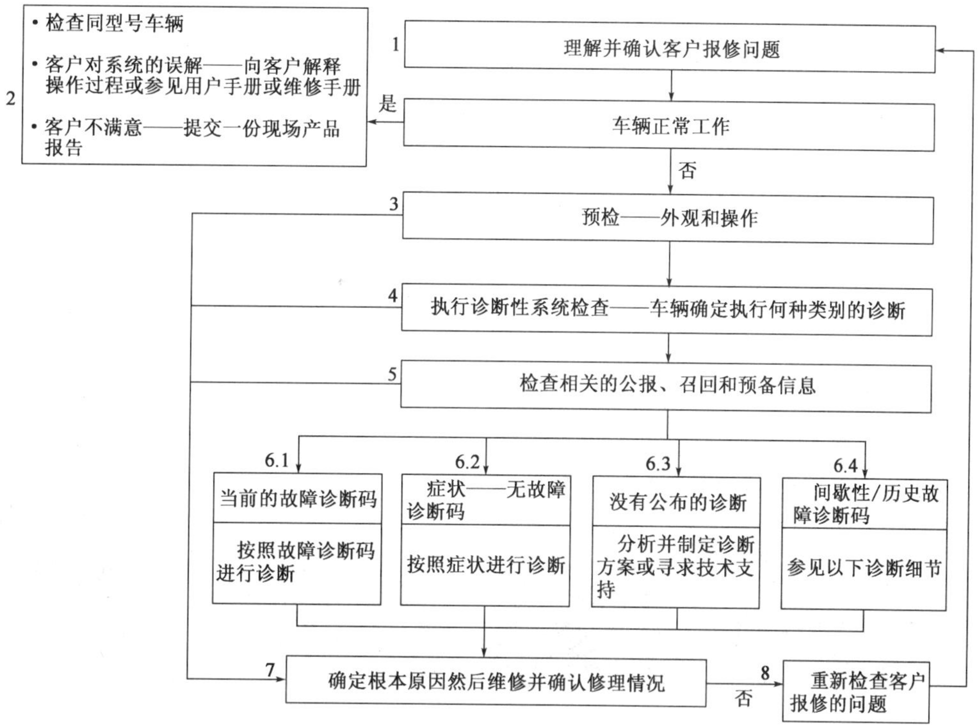

图 3-1-9　通用诊断策略流程图

1. 发动机电控系统外部检测

1）发动机电控系统外部检测要求

（1）记录车辆型号及信息（VIN）。

（2）检查发动机冷却液。

（3）检查发动机机油。

（4）检查发动机蓄电池。

（5）检查发动机线路及真空管连接。

2）仪器准备

（1）拆装工具一套。

（2）冰点测试仪。

（3）汽车万用表。

3）检查步骤

针对电控系统，当确认故障现象和故障事实后，首先需要对发动机外观进行初步检查。

（1）记录车辆型号及信息（VIN）。VIN，英文全称为 Vehicle Identification Number，中文意思为车辆识别码。因为 SAE 标准规定：VIN 码由 17 位字符组成，所以俗称十七位编码。它包含了车辆的生产厂家、年代、车型、车身形式及代码、发动机代码及组装地点等信息。正确解读 VIN 码，对于正确地识别车型，以致进行正确地诊断和维修都是十分重要的。

车辆信息（VIN 码）一般在车门门框内侧、仪表台左下角（通过前风窗玻璃看）、发动机舱等部位，如图3-1-10所示。记录VIN码的目的就是通过VIN码第十位确定车辆生产年份，是数字0～9，字母A代表2010年开始，以此类推。图中第十位为D，则表示该车生产年份为2013年。车辆的生产年限决定了车辆所采用的控制电脑的版本、厂家、型号等信息，只有确定车辆的生产年限，才能使诊断仪正确地选择诊断程序。

(2)检查发动机冷却液液位高度。

①将车辆停稳，保持车辆处于水平状态。

②打开发动机舱盖，找到车辆的膨胀水箱。

③观察膨胀水箱冷却液液位。通常膨胀水箱上面会有冷却液最高和最低刻度，如图3-1-11所示。

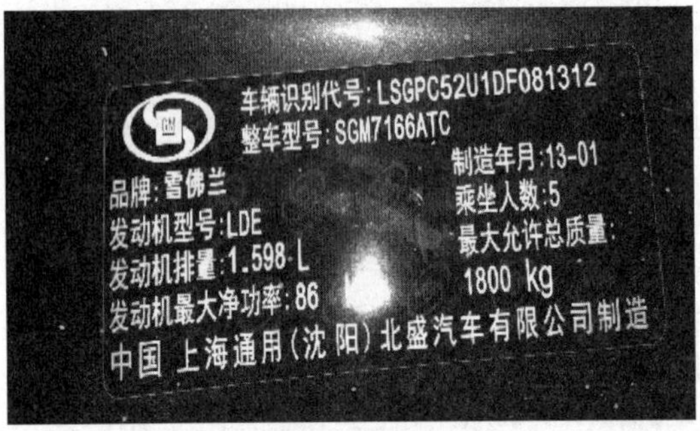

图3-1-10　车辆信息标签

图3-1-11　科鲁兹轿车膨胀水箱

如果膨胀水箱上面没有明确的标示刻度，应查阅维修手册，确认冷却液液位的标准位置，科鲁兹汽车发动机冷却液液位标准如图3-1-12所示。

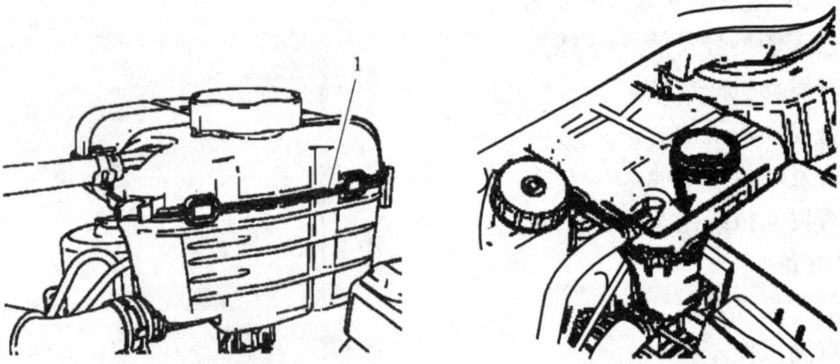

a)冷却液最低液位标志　　b)冷却液液位最高标志

图3-1-12　科鲁兹轿车冷却液液位标志

有的车辆在膨胀水箱上面直接标出了液位最高(MAX)和最低(MIN)位置，这样可以直接判断冷却液液位高度是否正常，如图3-1-13所示。

(3)检测冷却液冰点。冷却液的冰点测试要使用冰点测试仪，这种测试仪通常和电解液密度测试仪合为一体，是根据不同浓度的液体具有不同的折射率这一原理设计的，广泛应用于化工、汽车等行业。冰点仪的外观如图3-1-14所示。

图 3-1-13　某轿车发动机冷却液液位图

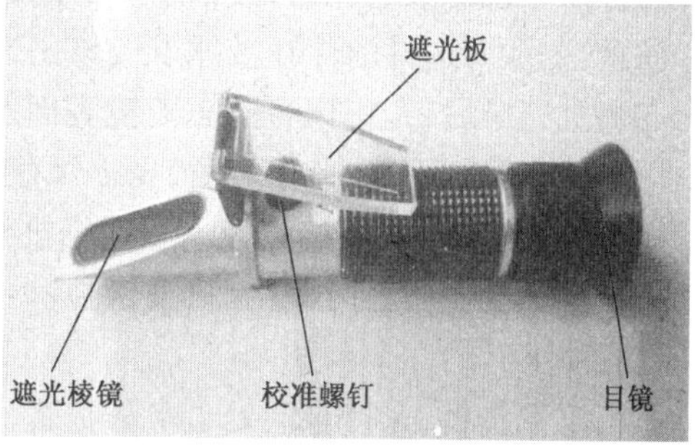

图 3-1-14　冰点测试仪

①将折光棱镜对准光亮方向，调节目镜视度环，直到标线清晰为止。掀开盖板，然后取1～2滴标准液（盒内的小瓶液体）滴于折光棱镜上；用手轻轻按压盖板；将折光棱镜对准光亮方向，观察目镜，得出一条明暗分界线，如图 3-1-15 所示。

如果冰点仪的分界线与零点刻线不对齐，可用小螺丝刀调整零位刻线位置，如图 3-1-16 所示。

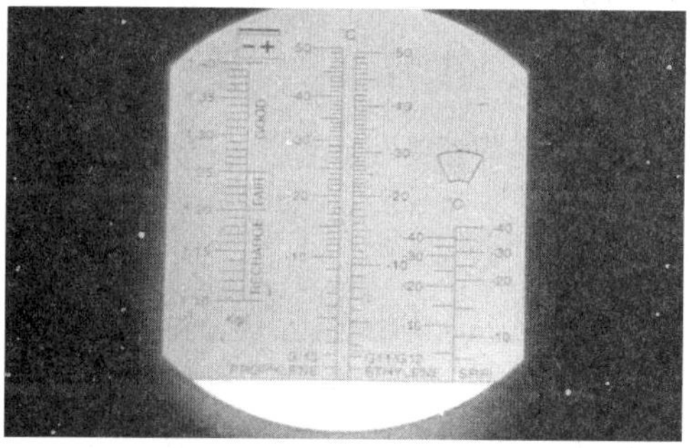

图 3-1-15　冰点仪校准画面

图 3-1-16　冰点测试仪调零

②用吸管吸取被测车辆的冷却液，如图 3-1-17 所示。

③将吸管中的冷却液滴一到两滴在冰点仪折射镜上，如图 3-1-18 所示。

图 3-1-17　用吸管吸取冷却液

图 3-1-18　将冷却液滴在冰点仪上

④将冰点仪对准亮光处，读取冷却液的冰点刻度，如图 3-1-19 所示。

注意：一般所选择的冷却液冰点应该比当地最低气温低 15℃左右。

⑤测量完毕后，先用抹布擦去棱镜表面及盖板上的附着物，再用清水清洗棱镜表面，最后用潮湿绒布擦拭干净，待干燥后，妥善保存起来。

(4)检查发动机机油的液位。发动机机油液位关系到发动机能否正常工作。现在很多发动机带有可变气门正时机构，机油液位和机油质量可能会影响该系统工作。检查机油液位的过程如下：

①将车辆停稳，保持车辆处于水平状态，使发动机热车至正常工作温度(85℃以上)。

②打开发动机舱盖，找到车辆发动机的机油标尺。

③将机油标尺拔出擦干净。

④将机油标尺完全插入发动机机油标尺管中。

⑤缓慢拔出机油尺，让机油尺垂直。

⑥观察机油尺上完全沾有机油的位置是否在机油标尺的“最高位”和“最低位”之间，如图 3-1-20 所示。

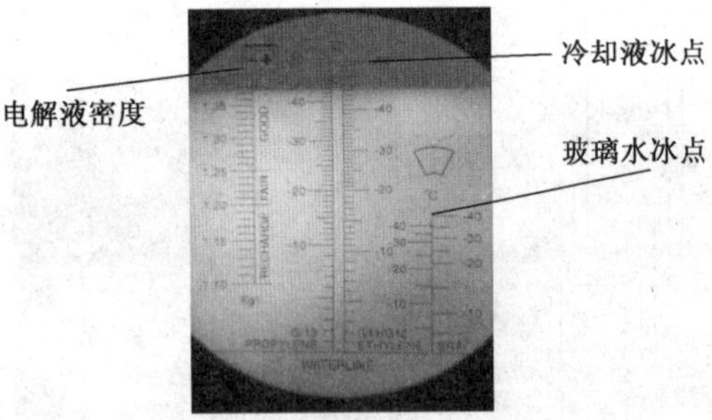

图 3-1-19　冰点仪读取画面

图 3-1-20　检查科鲁兹轿车机油液位

科鲁兹轿车的机油尺有 5 个刻度位置，如图 3-1-21 所示。

(5)检查蓄电池端子有无腐蚀和松动。

①检查蓄电池端子有无松动。用手捏住蓄电池端子左右晃动，应牢固无松动，如图 3-1-22 所示。

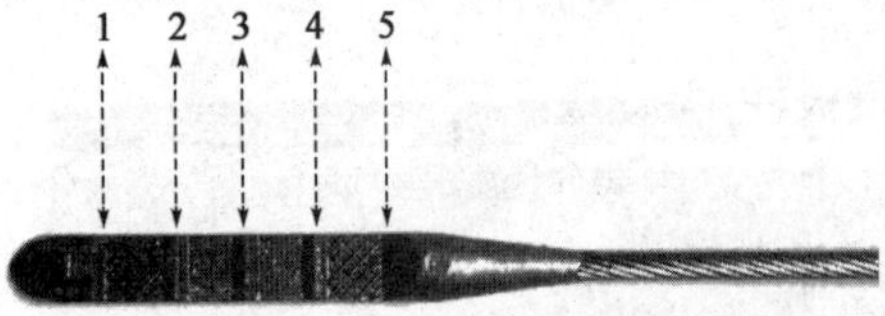

图 3-1-21　科鲁兹机油尺刻度

1～2-低温最低液位；3～1-中等液位；4～5-最高液位

②检查蓄电池端子有无腐蚀。如果蓄电池端子有严重腐蚀会导致接触不良，如图 3-1-23 所示。

如果蓄电池端子氧化严重，最常用的办法就是用刚烧开的水浇端子腐蚀处即可。将腐蚀端子处理完毕后，可在腐蚀处涂抹润滑脂保护，以防止继续腐蚀。

(6)测量蓄电池电压。一般蓄电池静态电压指的是车辆不起动，并且关闭所有用电设备后所测量的蓄电池电压，要求不低于 11.5V。动态电压指的是在车辆起动发动机，加速发动机至 1500r/min 时所测量的蓄电池电压，动态电压应在 13.4～14.3V。值得注意的是，当前部分车辆带有蓄电池充电模式控制系统，最高电压可能到 15.5V，这是正常的控制策略，并不是故障。

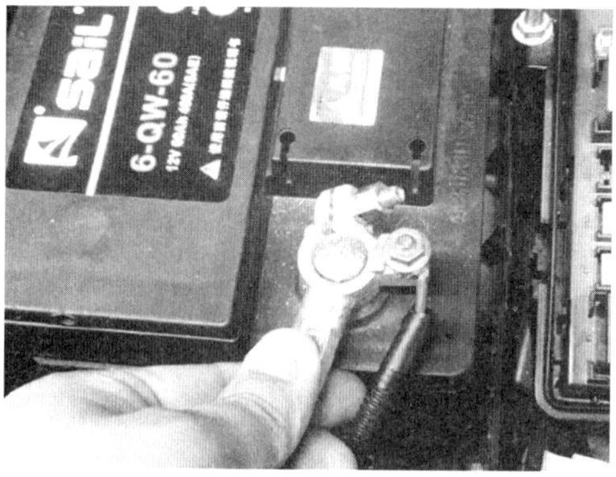

图 3-1-22　检查蓄电池连接端子是否松动

图 3-1-23　腐蚀氧化的蓄电池端子

①选择万用表为欧姆挡，将万用表的红、黑表笔连接，检查万用表是否正常，如图 3-1-24 所示。

②将万用表挡位调至直流电压挡（图 3-1-25），挡位选择一般以比所测量电压高一个等级为准。如果事前不知道被测电压，则应从万用表电压挡最高量程逐级递减测量。

图 3-1-24　欧姆挡万用表校表

图 3-1-25　调至万用表挡位

③将万用表的红、黑表笔分别接触蓄电池的正、负极柱，并读取电压值（图 3-1-26）。

（7）检查各传感器连接插接器有无松脱。检查发动机舱中表面能看得到的各个传感器的插头有无松动和进水及油污。各车辆的插接器位置不同，对于科鲁兹轿车发动机，其可见插接器如图 3-1-27 所示。

检查各传感器连接插接器有无松动的时候，用手轻微拉一下传感器的线束插头，观察插头有无进水、油污和松动。

（8）检查各真空管路、燃油管路、空气管路有无连接松动，如图 3-1-28 所示。

检查各管路时，主要检查以下几个地方：

①进油管路和回油管路接头、燃油压力调节器接头，如果存在漏油现象，应及时处理，如图 3-1-29 所示。

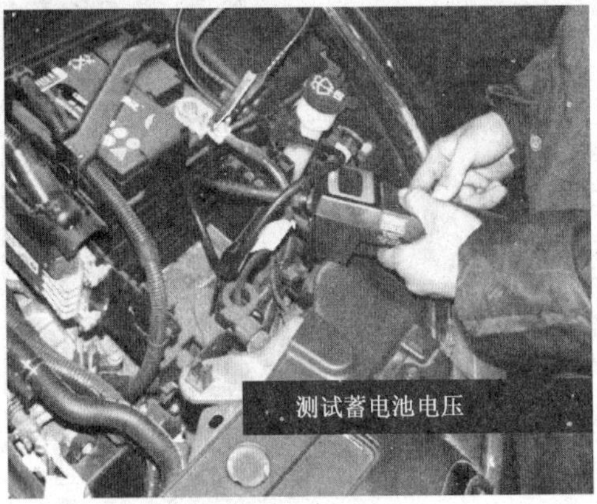

图 3-1-26 测试蓄电池电压

图 3-1-27 检查各传感器插头

②检查真空助力器真空管接头及各个真空管路有无裂纹和破损、脱落,图 3-1-30 为老化破裂的真空管路。

图 3-1-28 检查燃油管路接头有无泄漏

图 3-1-29 漏油的油管接头

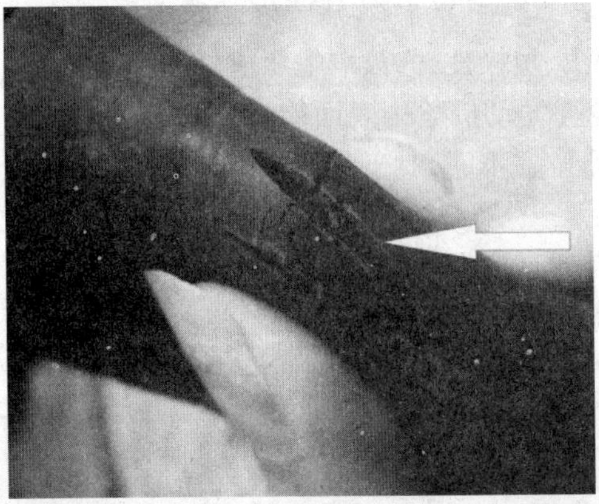

图 3-1-30 裂纹的真空管路

如果发现管路渗漏或者破裂,应及时更换。

2. 故障码读取

故障码读取是发动机电控系统获取故障信息最简单最直观的诊断方法,在此以雪佛兰科鲁兹 1.6AT 天地版轿车为例,说明常见车型故障码的读取方式。

1)故障码读取的要求

(1)连接解码器。

(2)读取故障码。

(3)分析故障码。

2）仪器准备

（1）解码器（KT600）。

（2）示波器。

3）检查步骤

（1）读取故障码。

①组装解码器。连接好仪器的主机与诊断线，根据车型选择相应的诊断接口（一般选择OBDⅡ口或者仪器提示所选用的接口），如图 3-1-31 所示。

a）KT600解码器　　b）诊断电缆　　c）诊断接口

图 3-1-31　KT600 诊断仪

②在车辆上找到诊断接口位置，科鲁兹发动机故障诊断接口在驾驶员加速踏板上方，如图 3-1-32 所示。

③将诊断仪连接到诊断接口上，如图 3-1-33 所示。

图 3-1-32　科鲁兹发动机车辆诊断接口

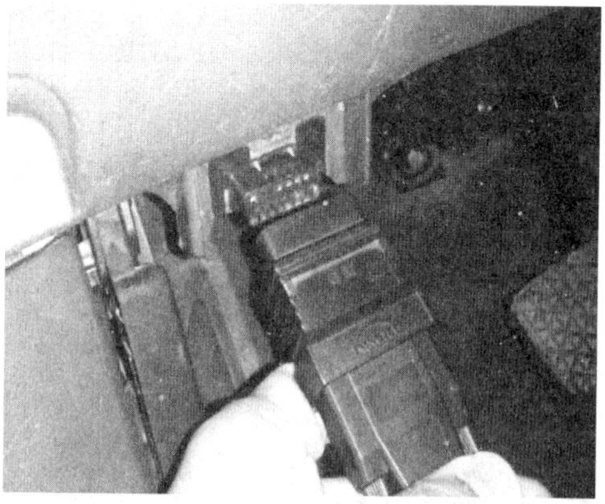

图 3-1-33　连接诊断仪到车辆诊断接口

④打开解码器，如图 3-1-34 所示。

⑤打开车辆点火开关至 ON 挡，仪表盘所有指示灯点亮，如图 3-1-35 所示。

值得注意的是，对于发动机故障指示灯  应特别进行观察。该指示灯在打开点火开关时应点亮（指示灯自检）；起动发动机后，该指示灯应熄灭。否则，即判定指示灯指示不正常。

⑥进入故障诊断界面，如图 3-1-36 所示。

⑦根据车辆品牌选择诊断程序，如图 3-1-37 所示。

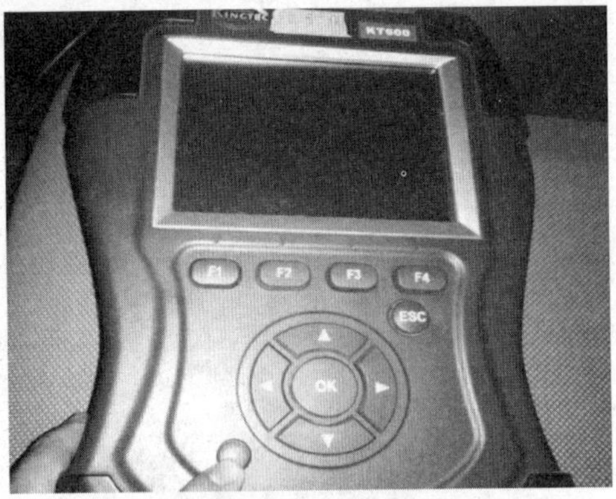

图 3-1-34　按诊断仪开关开启故障诊断仪

图 3-1-35　观察仪表的故障指示灯

图 3-1-36　选择故障诊断菜单

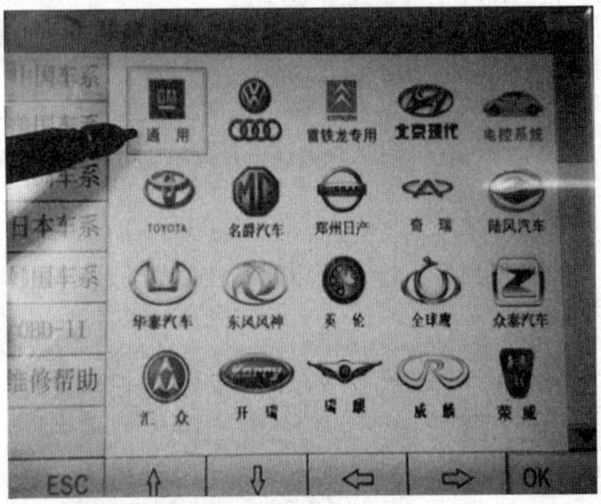

图 3-1-37　选择“通用”车型

⑧根据仪器提示选择车型、年款、变速器类型(与发动机控制系统有关),如图 3-1-38 所示。

因为某些车辆的发动机控制单元和自动变速器控制单元为一体,所以对于手动变速器的车型和自动变速器的车型,其控制电脑的型号不同,所以必须选择变速器类型,如图 3-1-39 所示。

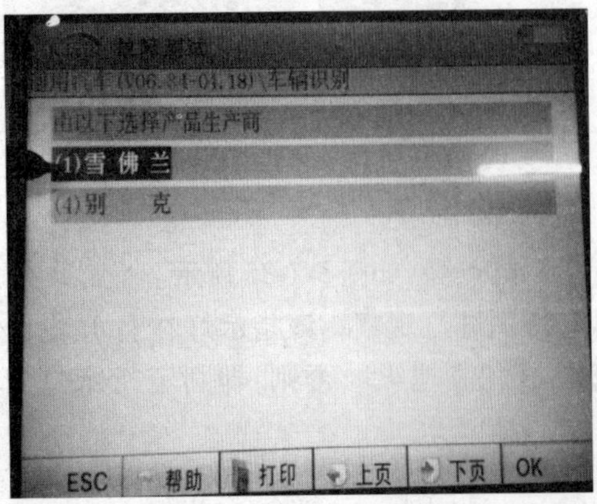

图 3-1-38　选择车型

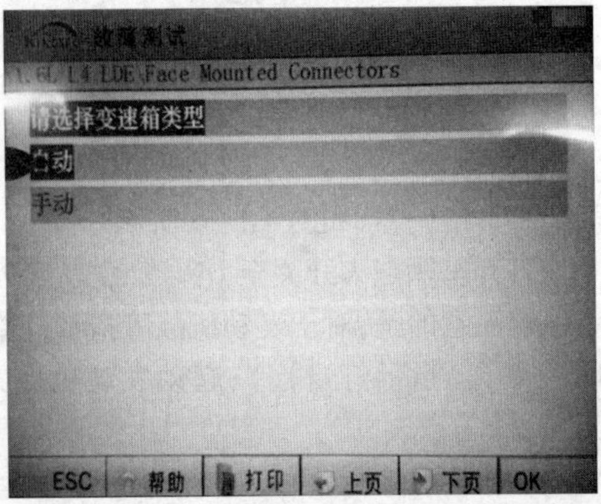

图 3-1-39　选择变速器类型

⑨选择系统。选择所要进行故障诊断的系统。一般诊断仪会将车辆的系统分成“动力系统”、“车身系统”、“舒适系统”等几个大的系统,然后再根据各个控制单元的功能进行归类划分,如图 3-1-40 所示。

⑩选择功能“读取故障码”,如图 3-1-41 所示。

诊断仪的屏幕显示当前故障码,如图 3-1-42 所示。

(2)分析发动机故障码。当前发动机的故障码基本上都符合 OBD Ⅱ 规定,表 3-1-2 为科鲁兹轿车故障码表。

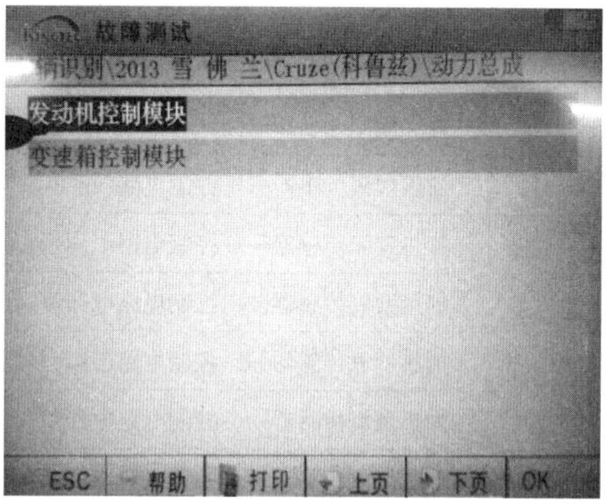

图 3-1-40　选择发动机控制模块

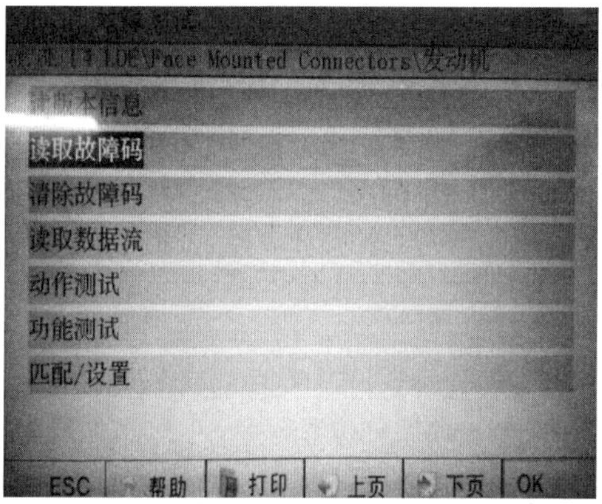

图 3-1-41　选取读取故障码功能

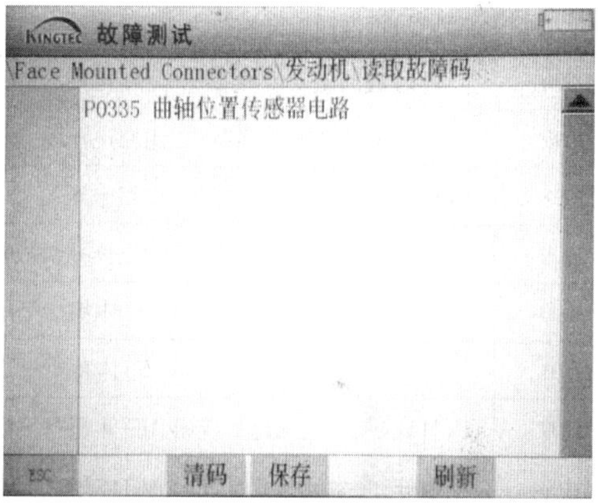

图 3-1-42　故障诊断仪上读取到的故障码

科鲁兹轿车故障码表　　表 3-1-2

P0001	燃油量调节器控制——电路开路
P0002	燃油量调节器控制——电路范围/性能故障
P0010	曲轴位置执行器电路(组 1)——电路故障
P0011	曲轴位置——正时过于提前或系统性能故障(组 1)
P0012	曲轴位置——正时过于延迟(组 1)
P0013	曲轴位置——执行器电路 (组 1)
P0014	曲轴位置——正时过于提前或系统性能故障 (组 1)
P0015	曲轴位置——正时过于延迟 (组 1)
P0016	曲轴位置/曲轴位置相互关系(组 1　传感器 A)
P0017	曲轴位置/曲轴位置相互关系(组 1　传感器 B)
P0020	曲轴位置执行器电路(组 2)
P0026	进气控制电磁阀电路——范围/性能故障(组 1)
P0027	排气控制电磁阀电路——范围/性能故障(组 1)

续上表

P0028	进气控制电磁阀电路——范围/性能故障(组 2)
P0029	排气控制电磁阀电路——范围/性能故障(组 2)
P0030	加热型氧传感器——控制电路(组 1　传感器 1)
P0031	加热型氧传感器——控制电路电压低(组 1　传感器 1)
P0032	加热型氧传感器——控制电路电压高(组 1　传感器 1)
P0036	加热型氧传感器——控制电路(组 1　传感器 2)
P0037	加热型氧传感器——控制电路电压低(组 1　传感器 2)
P0038	加热型氧传感器——控制电路电压高(组 1　传感器 2)
P0068	(MAP)歧管绝对压力/(MAF)质量空气流量——节气门位置关联
P0069	(MAP)歧管绝对压力/(BARO)大气压力关联
P0095	(IAT)进气温度传感器 2　电路故障
P0096	(IAT)进气温度传感器 2　电路范围/性能故障
P0097	(IAT)进气温度传感器 2　电路电压低
P0098	(IAT)进气温度传感器 2　电路电压高
P0099	(IAT)进气温度传感器 2　电路间歇性故障
P0100	(MAF)质量空气流量或(VAF)体积空气流量传感器——电路故障
P0101	(MAF)质量空气流量或(VAF)体积空气流量传感器——电路范围/性能故障
P0102	(MAF)质量空气流量或(VAF)体积空气流量传感器——电路输入电压低
P0103	(MAF)质量空气流量或(VAF)体积空气流量传感器——电路输入电压低
P0104	(MAF)质量空气流量或(VAF)体积空气流量传感器——电路间歇性故障
P0115	发动机冷却液温度传感器——电路故障
P0116	发动机冷却液温度传感器——电路范围/性能故障
P0117	发动机冷却液温度传感器——电路输入电压低
P0118	发动机冷却液温度传感器——电路输入电压高
P0120	节气门/加速踏板位置传感器/开关 A——电路故障
P0121	节气门/加速踏板位置传感器/开关 A——电路范围/性能故障
P0122	节气门/加速踏板位置传感器/开关 A——电路输入电压低
P0123	节气门/加速踏板位置传感器/开关 A——电路输入电压高
P0124	节气门/加速踏板位置传感器/开关 A——电路间歇性故障
P0128	冷却液恒温器(冷却液温度低于恒温器调节温度)
P0129	大气压力过低
P0200	喷油器电路故障
P0201	喷油器 1——电路故障

续上表

P0202	喷油器 2——电路故障
P0203	喷油器 3——电路故障
P0204	喷油器 4——电路故障
P0230	燃油泵继电器——电路故障
P0231	燃油泵继电器——电路电压低
P0232	燃油泵继电器——电路电压高
P0300	任一缸/多缸失火
P0301	汽缸 1——失火
P0302	汽缸 2——失火
P0303	汽缸 3——失火
P0304	汽缸 4——失火
P0315	曲轴位置传感器——变量未学习
P0320	曲轴/发动机转速（RPM）传感器——电路故障
P0321	曲轴/发动机转速（RPM）传感器——范围/性能故障
P0335	曲轴/发动机转速（RPM）传感器——无信号
P0324	爆震控制系统故障
P0325	爆震传感器 1　电路(组 1　或单个传感器)——电路故障
P0326	爆震传感器 1　电路范围/性能故障(组 1　或单个传感器)
P0327	爆震传感器 1　电路输入电压低(组 1　或单个传感器)
P0350	点火线圈初级/次级电路——电路故障
P0351	点火线圈 A　初级/次级电路
P0352	点火线圈 B　初级/次级电路
P0353	点火线圈 C　初级/次级电路
P0354	点火线圈 D　初级/次级电路
P0440	燃油蒸汽排放控制系统
P0441	燃油蒸汽排放控制系统——流量不正确
P0443	燃油蒸汽排放控制系统——净化控制阀电路
P0444	燃油蒸汽排放控制系统——净化控制阀电路开路
P0445	燃油蒸汽排放控制系统——净化控制阀电路短路

当通过诊断仪获取到故障码后，可通过上面的故障码表来查阅该故障的具体含义。另外，现在很多诊断仪在故障码后面都会带有该故障码的含义。另外，如果遇到诊断的故障码与故障码表中的故障码不一致时，则可能是由于设备的通信协议与车辆电控单元的通信协议不匹配导致的，可通过故障码的含义，结合故障现象和数据流去进行故障诊断。

3. 读取数据流

1)读取数据流要求

(1)连接诊断仪。

(2)读取数据流。

2)仪器准备

诊断仪(KT600)。

3)检查步骤

(1)连接诊断仪,进入诊断仪的故障诊断界面,选择“读取数据流”功能,如图 3-1-43 所示。

(2)进入数据流界面后,进行针对性的观察发动机的数据流。数据流显示,该车的发动机转速为 0,且仪表板也无转速显示,如图 3-1-44 所示。

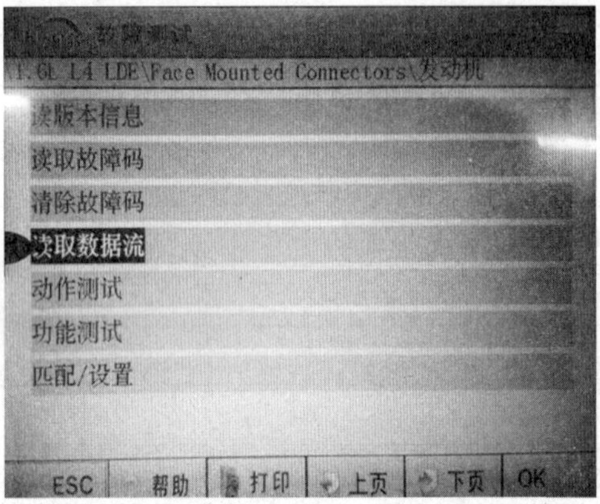

图 3-1-43 选取“数据流”功能

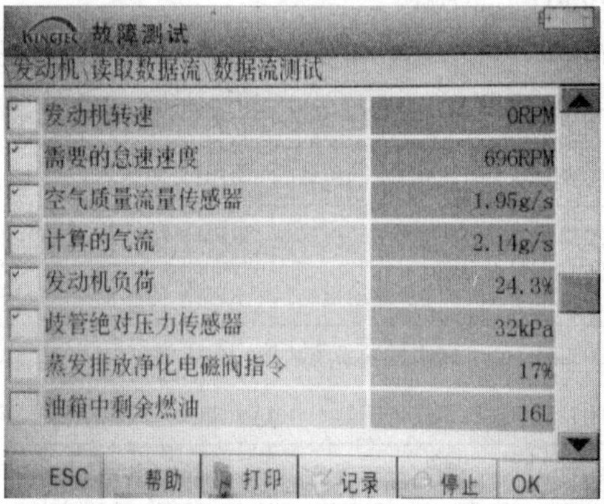

图 3-1-44 故障诊断仪上的数据流显示

(3)查阅资料,分析数据流。根据读取的数据流,初步诊断为发动机曲轴传感器或者相关线路故障。科鲁兹轿车曲轴位置传感器的电路原理图,如图 3-1-45 所示。

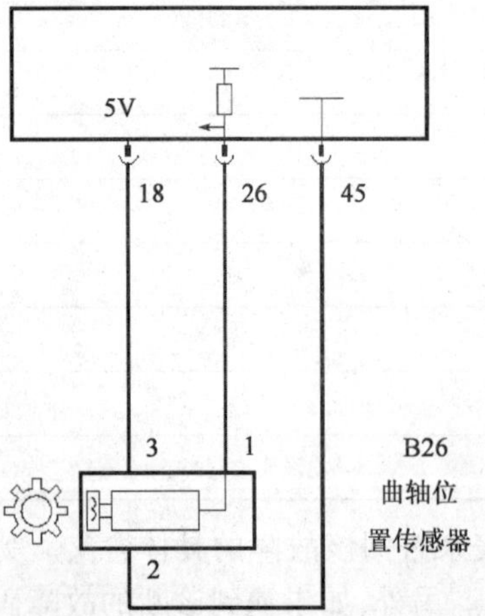

图 3-1-45 科鲁兹曲轴位置传感器电路图

根据资料,确定故障可疑的范围为:

①曲轴位置传感器本身损坏。

②曲轴位置传感器与发动机电控单元之间的线路存在短路和断路。

③传感器安装不当导致传感器与信号轮之间间隙不符合标准。

④传感器信号轮上有铁质异物。

⑤机油中有铁质异物。

⑥发动机正时齿带正时错乱。

4. 检测信号波形

1)检测信号波形的要求

(1)连接诊断仪。

（2）读取信号波形。

2）仪器准备

诊断仪（KT600、车博士 V30）。

3）检查步骤

（1）示波器获取波形。

①打开示波器。按“开机”按钮，打开诊断仪，如图 3-1-46 所示。

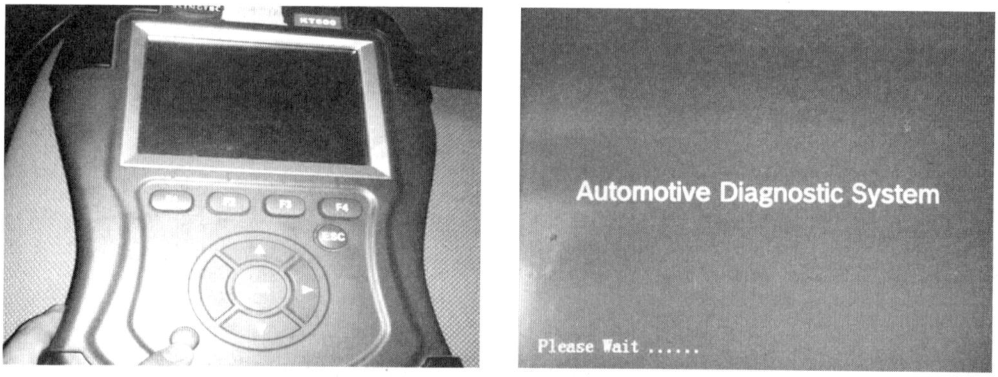

图 3-1-46　开机进入诊断仪界面

②选择“示波分析”功能，如图 3-1-47 所示。

③根据所测试的元件可以选择对应的功能，也可以选择“通用示波器”，此处选择通用示波器，如图 3-1-48 所示。

图 3-1-47　选择示波分析功能

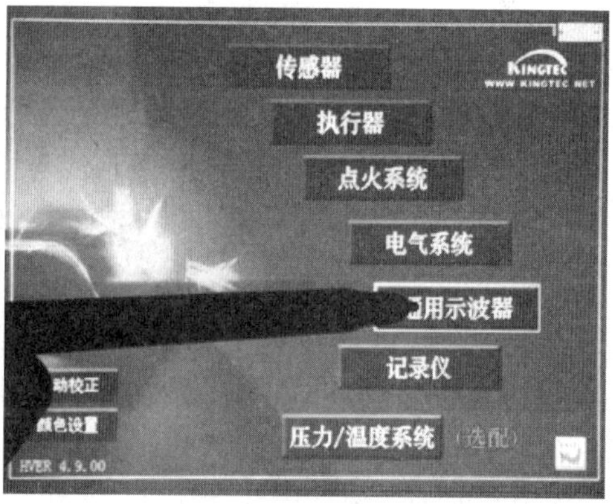

图 3-1-48　选择通用示波器

④进入示波器界面，如图 3-1-49 所示。

⑤选择示波器测试线。常用的示波器测试线有三种，如图 3-1-50 所示。香蕉头测试线、鳄鱼夹测试线和探针测试线，测试线与示波器连接接头为标准的 BNC 接口。

⑥连接测试线至示波器（CH1），如图 3-1-51 所示。

CH 在示波器中是通道的含义，其后面的数字表示通道号。通道号表示了示波器能同时显示的波形的条数。图中示波器为五通道，表示该示波器能同时显示五路波形信息。如果只用一路的话，一般选择通道 1。

⑦连接蓄电池，检验示波器，如图 3-1-52 所示。

此时示波器应该显示一条直线，如图 3-1-53 所示。

屏幕显示一条直线。由示波器参数可以看出，每格电压为 5V，此时直线相对于基准零线高度为 2.4 格，所以其表示的电压为 5×2.4 = 12V，这个电压应该等于蓄电池电压。示波器检验的目的主要是为了测试仪器及连接线是否正常，这与使用万用表等测量仪器前的校准是一个道理，在使用测量仪器前，一定要养成校准仪器的习惯。

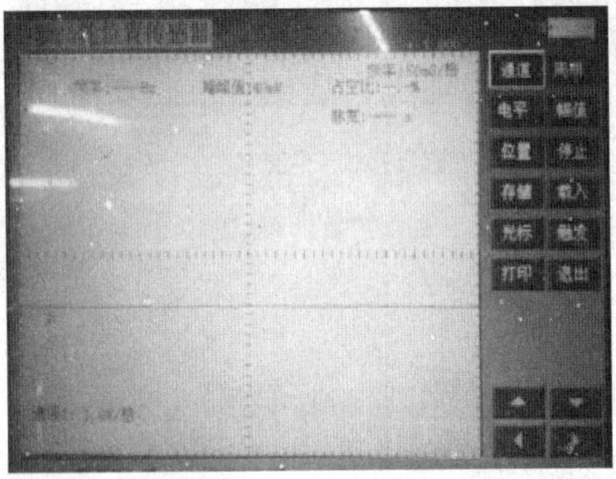

图 3-1-49　示波器界面

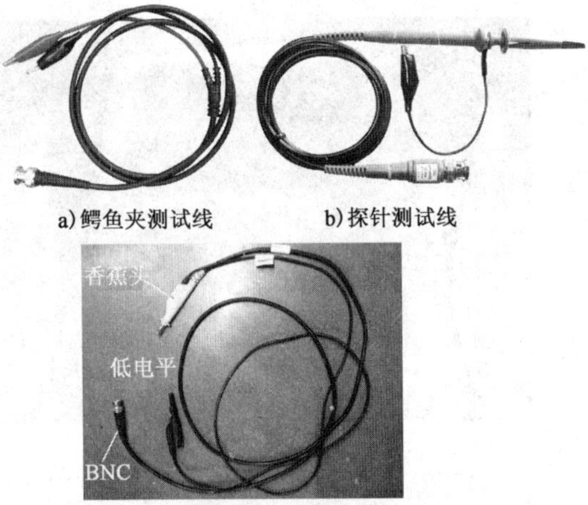

a) 鳄鱼夹测试线　b) 探针测试线

c) 香蕉口测试线

图 3-1-50　常用的示波器测试线类型

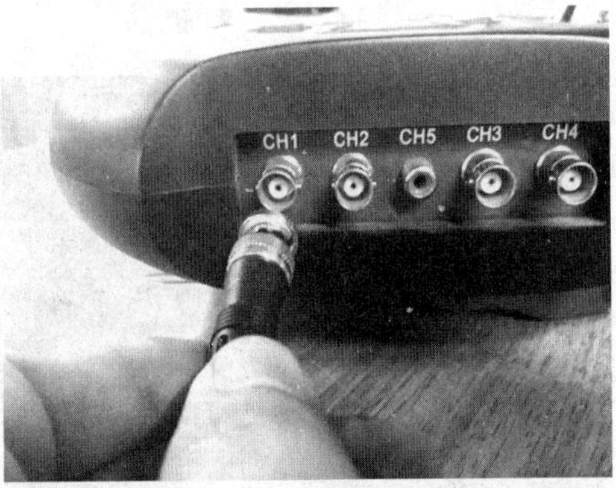

图 3-1-51　连接测试线至示波器

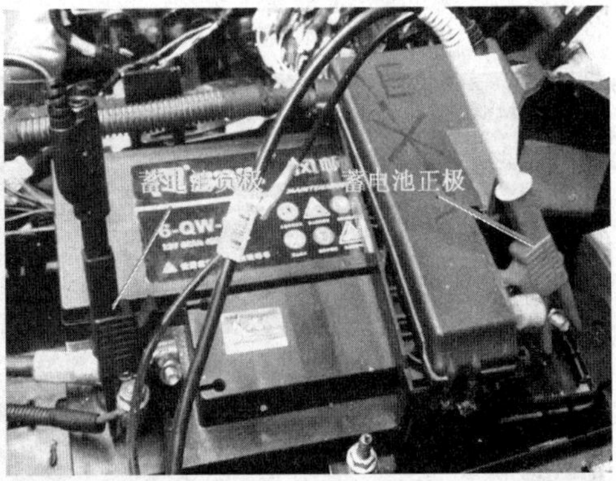

图 3-1-52　示波器蓄电池检验

⑧拔开曲轴位置传感器连接器，如图 3-1-54 所示。

⑨根据线束连接器的端子尺寸，选择合适的测试连接线，如图 3-1-55 所示。测试线的目的是将测试端子引出，以方便测试。

测试连接线的选择一定注意连接线探针的尺寸，必须与所测量的元件端子尺寸一致，否则，可能导致被测线路连接端子尺寸变大，造成接触不良，甚至损坏连接端子，或者由于端子尺寸不合适而导致接触不良造成错误的测量结果。

⑩将测试线连接被测部件的部件端和线束端，如图 3-1-56 所示。目的是通过 T 形线引出测试线，避免破线测量对线束造成损害。

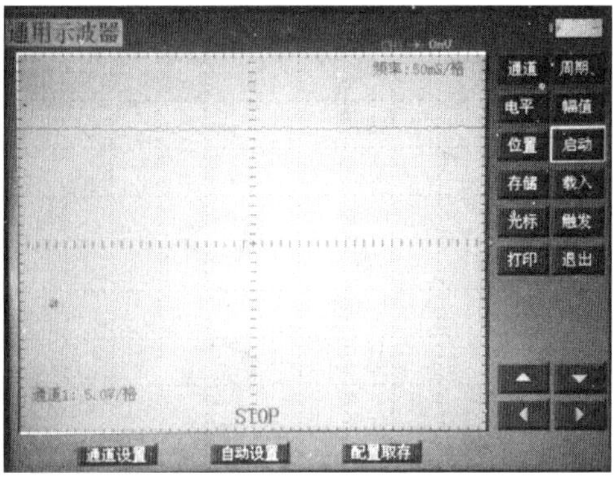

图 3-1-53　示波器蓄电池检测界面

图 3-1-54　拔开曲轴位置传感器插接器

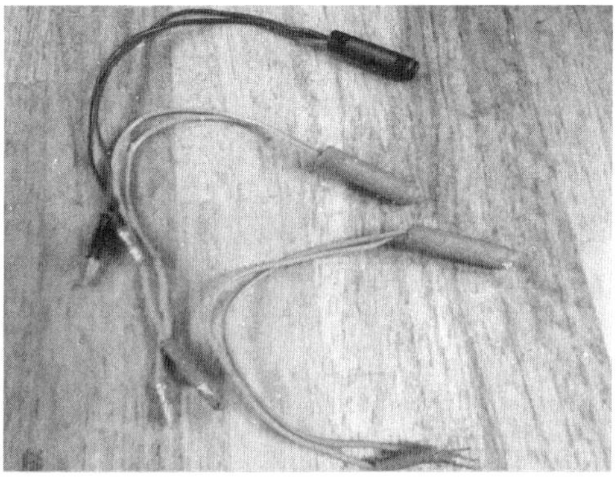

图 3-1-55　选择的 208 测试线

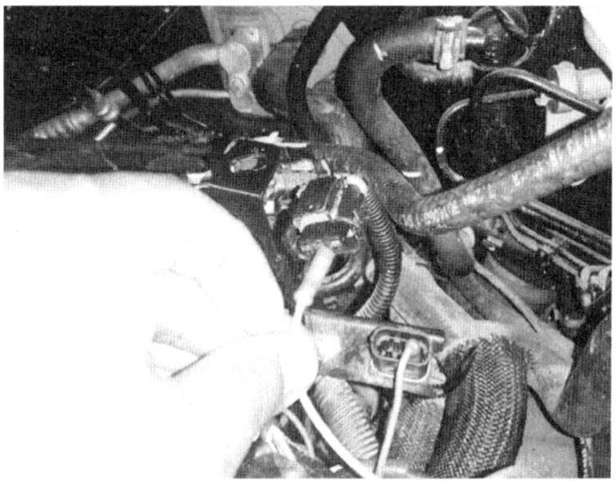

图 3-1-56　用连接线连接曲轴位置传感器与线束

⑪被测部件的线路连接完毕后,连接示波器至测试端子至被测部件的信号线(图中黑色测试线为信号线),如图 3-1-57 所示。

⑫起动发动机,波形便显示在屏幕上,如图 3-1-58 所示。

图 3-1-57　连接示波器测试线至曲轴位置传感器信号线

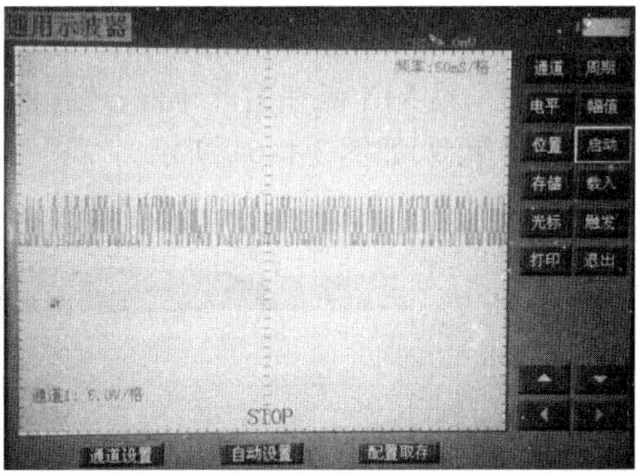

图 3-1-58　曲轴位置传感器波形

(2)诊断仪数据生成波形。

检测车型:科鲁兹 1.6AT 天地版。

①连接诊断仪至车辆诊断接口上,如图 3-1-59 所示。

②打开诊断仪,显示诊断界面,选择“上海通用”车系,如图 3-1-60 所示。

图 3-1-59　连接诊断仪至车辆诊断接口

图 3-1-60　选择上海通用

③选择诊断系统的版本，如图 3-1-61 所示。

诊断仪在升级后，如果原有的版本没有删除，那么会出现几个版本。一般情况下，我们选择级别最高的版本。

④选择手动选择功能，如图 3-1-62 所示。

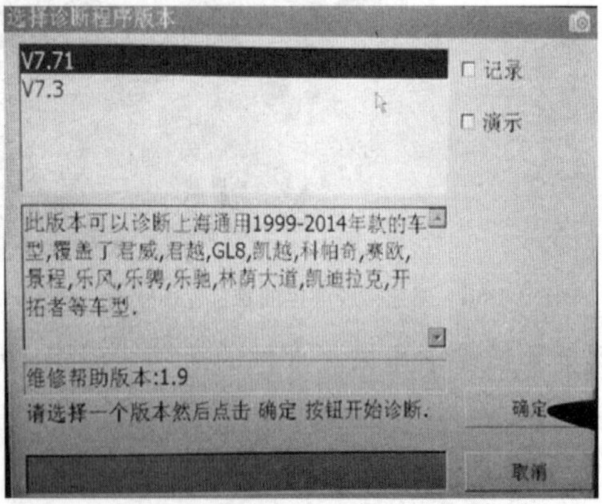

图 3-1-61　选择诊断仪的系统版本

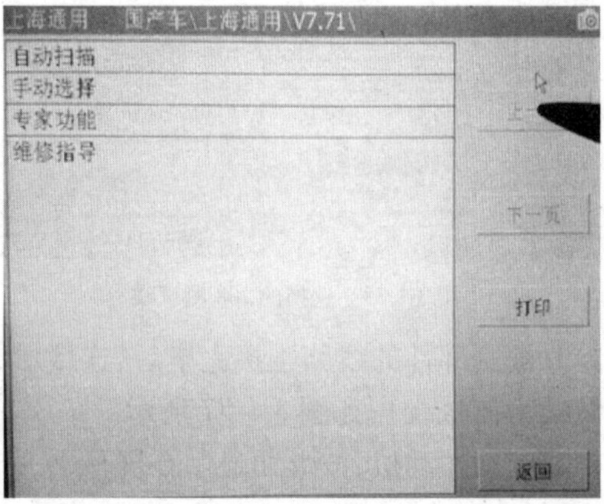

图 3-1-62　选择诊断仪功能

⑤根据车辆 VIN 码和生产年份，选择所要进入的系统，如图 3-1-63 所示。

⑥选择车型，如图 3-1-64 所示。

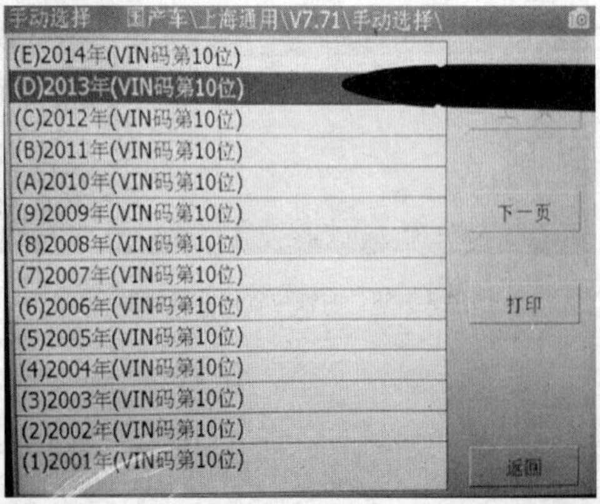

图 3-1-63　根据车辆年限选择进入的系统

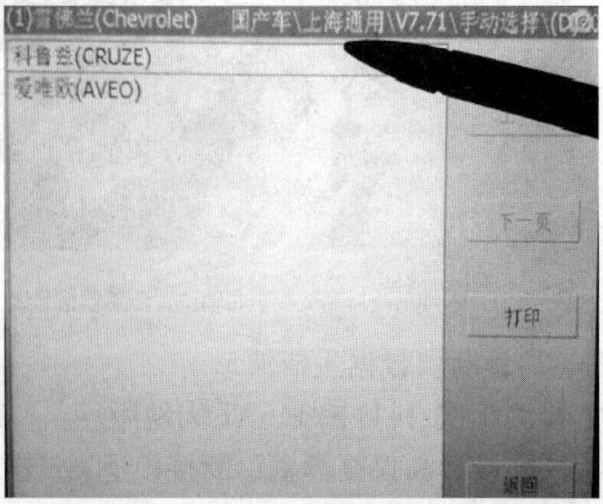

图 3-1-64　选择车型

⑦选择所要进入的控制单元，如图 3-1-65 所示。

⑧选择“数据流显示”功能，如图 3-1-66 所示。

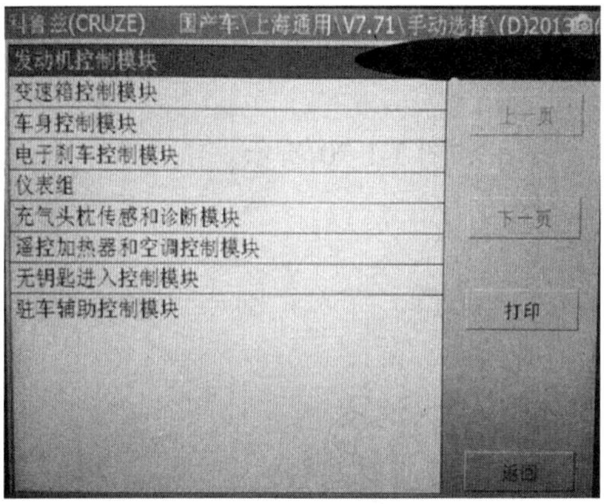

图 3-1-65　选择所要进入的控制单元

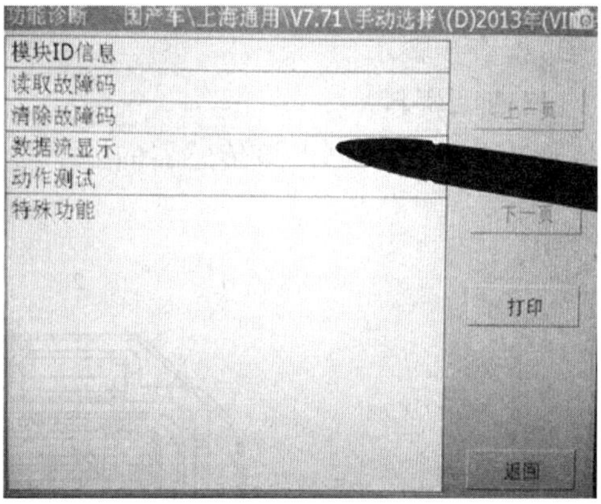

图 3-1-66　选择数据流功能

⑨进入“数据流显示”功能，选择所要测量的传感器或执行器，此处以氧传感器为例，如图 3-1-67 所示。

⑩选择完数据流项目后，点击屏幕下方的“波形”按钮。在波形功能下，选取的数据流最多为 2 项，如图 3-1-68 所示。

⑪所选择的传感器信号波形便会生成在屏幕上，其波形如图 3-1-69 所示。

5. 电控线路及元件检测

1）测试曲轴位置传感器线路的要求

（1）检查曲轴位置传感器线路。

（2）分析测试结果，并确定修理方案。

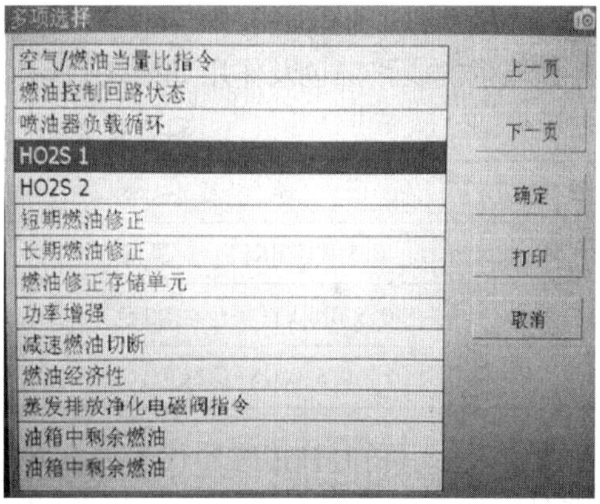

图 3-1-67　选择氧传感器数据

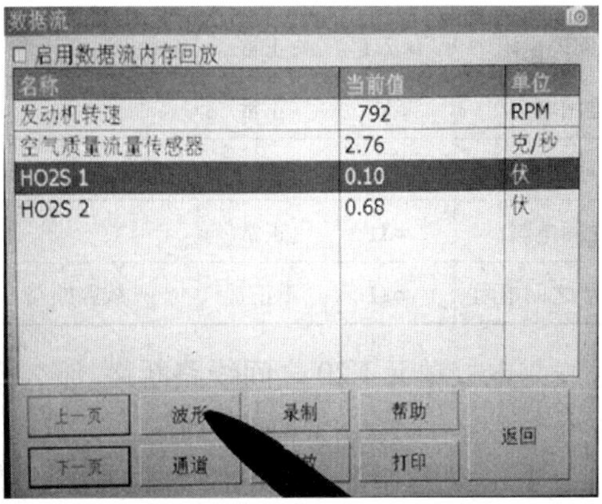

图 3-1-68　选择“波形”功能

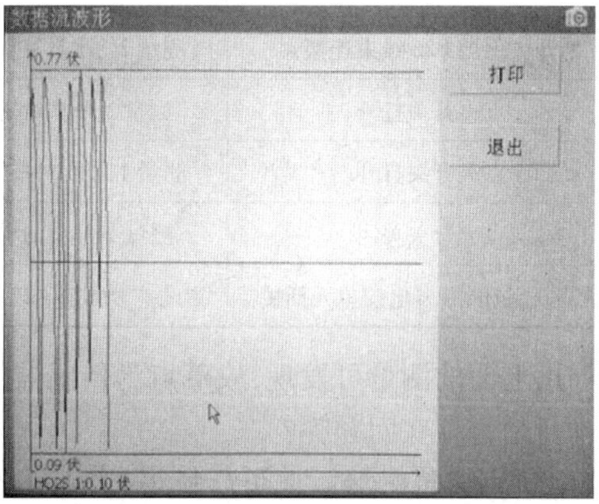

图 3-1-69　生成的氧传感器信号波形

2)仪器准备

(1)汽车万用表。

(2)维修手册。

3)检查步骤

(1)查阅资料。

通过查阅资料可知,该传感器的端子图及各个端子如图 3-1-70 所示。

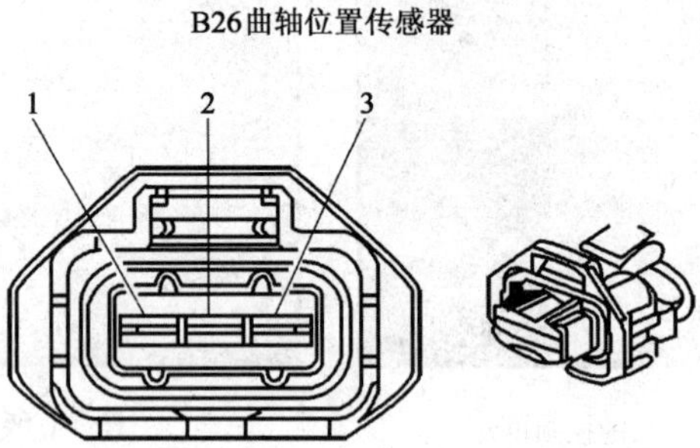

图 3-1-70 科鲁兹曲轴位置传感器端子图

各端子的线路颜色及作用如表 3-1-3 所示。

科鲁兹曲轴位置传感器各线路作用 表 3-1-3

针脚	导 线	功 能
1	0.5 WH/BK(白色/黑色)	曲轴位置传感器高分辨率信号
2	0.5 BK/VT(黑色/紫红色)	曲轴传感器低电平参考电压
3	0.5 D-GN(深绿色)	曲轴传感器信号

由表 3-1-3 可知,该传感器代号为 B26,其 1 号脚为传感器信号输出、2 号脚为传感器搭铁、3 号脚为传感器 5V 电源。据此,按照维修手册要求进行线路检测,如表 3-1-4 所示。

曲轴位置传感器检测步骤 表 3-1-4

前 提 条 件	测 量 项 目	实测值	是否正常	故 障 原 因
断开传感器 B26 线束连接器	测量 2 号脚对搭铁之间的电阻	0.2Ω	正常	
点火开关打开	测量 3 号脚对搭铁之间电压	5V	正常	
点火开关打开	测量 1 号脚对搭铁之间的电压	0V	不正常	线路断路或对地短路
点火开关关闭	测试 1 号脚与搭铁之间电阻	∞ Ω	正常	
点火开关关闭,断开电控单元插接器	测试 1 号脚与 K20/X2/2 之间电阻	∞ Ω	不正常	线路断路

由上面的测量可发现,故障点为传感器信号线与电控单元 K20 之间线路断路,那么传感器本身是否存在问题呢?

(2)测试传感器。查阅资料得知,该传感器为霍尔式内部带处理电路的曲轴位置传感器,曲轴在旋转过程中,由于传感器磁环的转动,传感器信号周期性搭铁,从而确定曲轴的位置及转速。对于霍尔传感器,我们无法直接测量传感器的阻值,只能通过波形来判断传感器是否正常。

用T形线连接传感器的3号脚和2号脚至相应的电控单元端子，引出1号脚信号线至示波器，如图3-1-71所示。

打开示波器，用示波器检测该传感器波形，如图3-1-72所示。

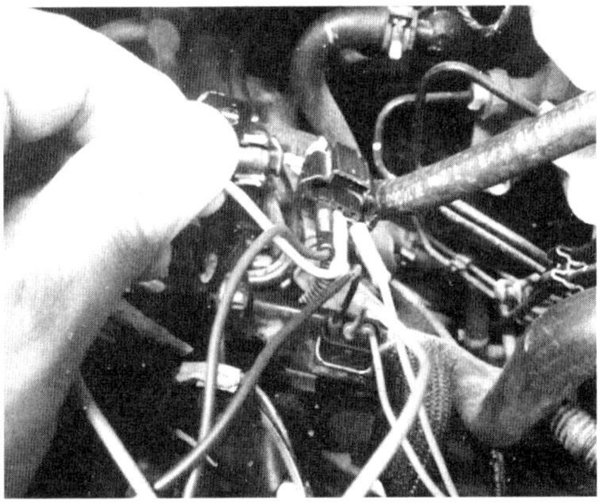

图3-1-71　用连接线连接曲轴位置传感器

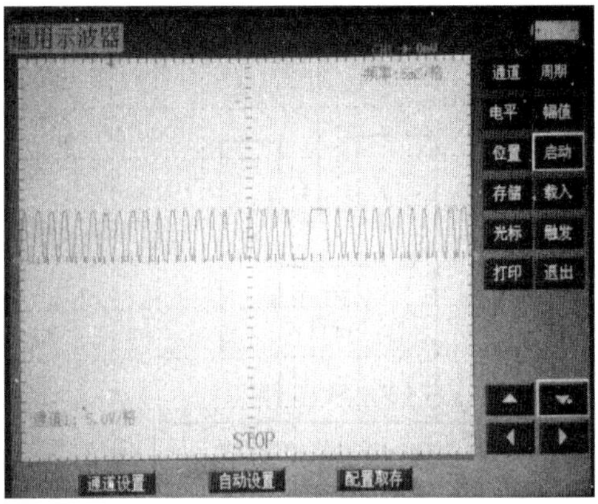

图3-1-72　科鲁兹曲轴位置传感器波形

如果测出的波形为一条5V的直线，说明传感器没有输出信号；如果信号线波形为一条0V的直线，说明传感器信号线对地短路、传感器本身短路或者控制单元K20损坏。

(3)电控单元检测。维修线路后，根据维修手册和该传感器的工作原理，拔下传感器插头，打开点火开关，用诊断仪观察发动机控制单元的“发动机转速”数据，此时应为“0”。用一个带有3A熔断丝的跨线，一端连接传感器线路的1号端子，另一端不断搭铁，此时“发动机转速”数据应有显示转速。否则说明电控单元损坏。

(4)确定故障原因，对故障进行排除。根据上面的检测，确定故障点为传感器1号线路至电控单元K20之间线路断路。

(5)故障修复及复查。修复受损线路，清除故障码，观察车辆发现恢复正常，如图3-1-73所示。

(6)复检故障码和故障相关数据。重新读取故障码，显示“系统正常”，观察发动机转速表显示正常，读取发动机数据流，“发动机转速”显示正常的发动机转速，说明故障排除。

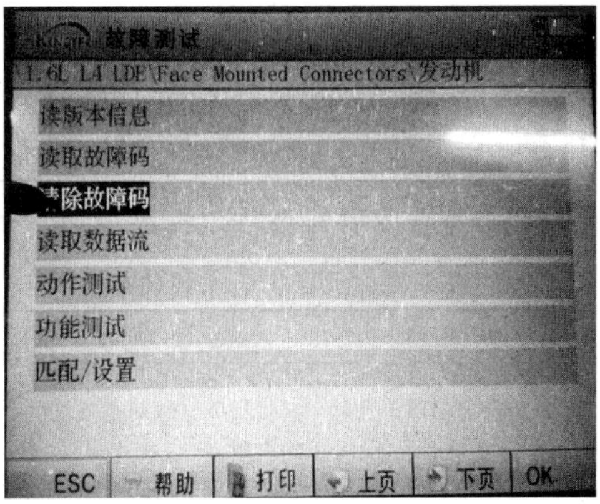

图3-1-73　清除故障码

知识拓展

随着技术的发展，汽车电控系统越来越复杂，各传感器之间的数据关联性越来越强，在故障诊断过程中所要检测的零部件也越来越多。下面以科鲁兹1.6自动变速器轿车为例，介绍该车主要传感器的数据及传感器和线路的检测方式。

1. 空气流量计及进气温度传感器的检测

科鲁兹1.6自动变速器轿车空气流量计及进气温度传感器制成一体，为五线式空气流量计，其电路连接和端子如图3-1-74、图3-1-75所示。

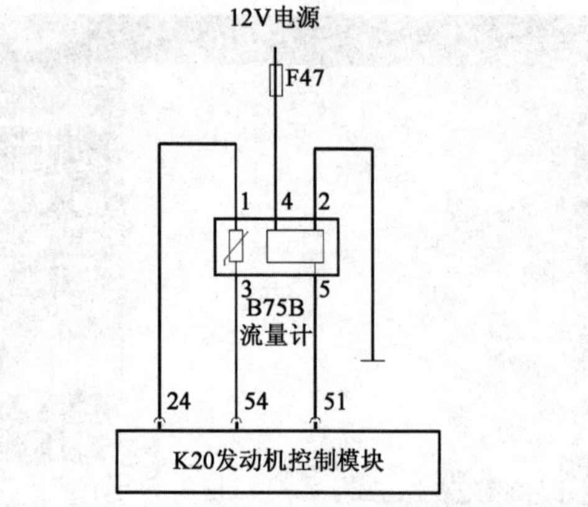

图3-1-74 科鲁兹空气流量计电路原理图

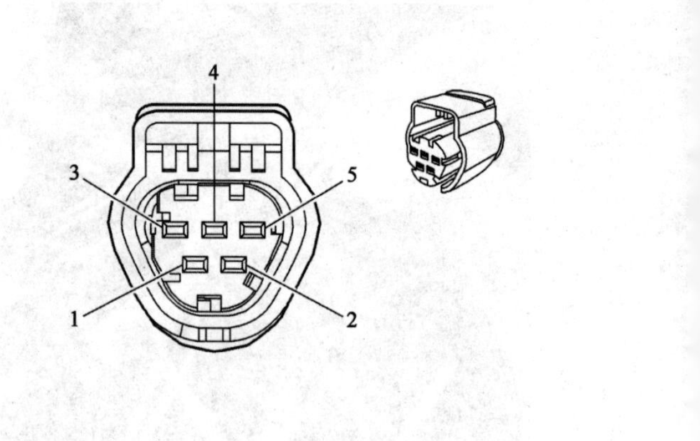

图3-1-75 科鲁兹空气流量计传感器端子图

其线路各端子线路颜色及作用，如表3-1-5所示。

科鲁兹空气流量计各端子作用　　表3-1-5

针脚	导　线	功　能
1	BK/VT(黑色/紫红色)	进气温度传感器低电平参考电压
2	BK(黑色)	搭铁
3	BN/VT(棕色/紫红色)	进气温度传感器信号
4	0.75 VT/BK(紫红色/黑色)	点火电压
5	D-GN/WH(深绿色/白色)	质量空气流量传感器信号

(1)空气流量计线路检测步骤，如表3-1-6所示。

科鲁兹轿车空气流量计线路测试步骤　　表3-1-6

前提条件	测量项目	正常值	出现问题的原因
断开传感器B75B线束连接器	测量2号脚对搭铁之间的电阻	0.2Ω	如果电阻过大说明该线路开路或接触电阻过大
点火开关打开	测量4号脚对搭铁之间电压	12V	电压过低应检查熔断丝、熔断丝至4号脚间电阻、4号脚对搭铁电阻(应为∞Ω)
点火开关打开	测量5号脚对搭铁之间的电压	5V	如果高于5V,说明该线路对电压短路；如果低于5V,则检测该线路对搭铁之间电阻(应为∞Ω)和5号脚至K20/51脚之间电阻

(2)进气温度传感器线路检测,如表 3-1-7 所示。

科鲁兹轿车进气温度传感器线路测试步骤　　表 3-1-7

前提条件	测量项目	正常值	出现问题的原因
点火开关关闭	测试 1 号脚与搭铁之间电阻	<1Ω	如果电阻过大,检测 1 号脚与 K20/24 之间的电阻;如果电阻正常,检查插接器是否正常
点火开关打开	测试 3 号脚与搭铁之间电压	5V	如果高于 5V,说明该线路对电压短路;如果低于 5V,则检测该线路对搭铁之间电阻(应为∞Ω)和 3 号脚至 K20/54 脚之间电阻

(3)空气流量计的检测。该流量计为卡门涡旋式流量计,输出为频率信号。这种类型的传感器用万用表无法检测,只能用示波器进行波形检测。

传感器线路连接:传感器 4 号脚连接蓄电池电压、2 号脚搭铁、5 号脚连接示波器。当向流量计吹气时,流量计的波形应有变化,否则说明流量计损坏。正常的空气流量计的波形如图 3-1-76 所示,为一个频率波形,随着进气量的增加,频率增加。

(4)进气温度传感器的检测。用万用表测量传感器 3-1-3 脚之间的电阻,在测量电阻的时候,一定要确定检测该电阻时的环境温度,因为温度对温度传感器的阻值影响非常明显。正常的温度传感器阻值应符合图 3-1-77 所示给出的“温度—阻值”对应关系,否则,说明传感器损坏。

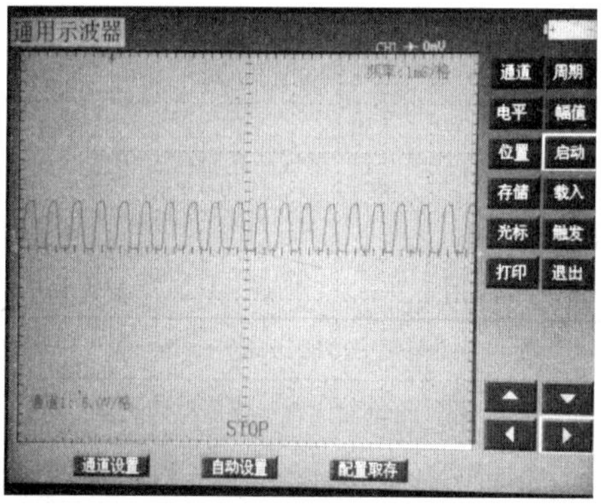

图 3-1-76　科鲁兹轿车发动机空气流量计波形

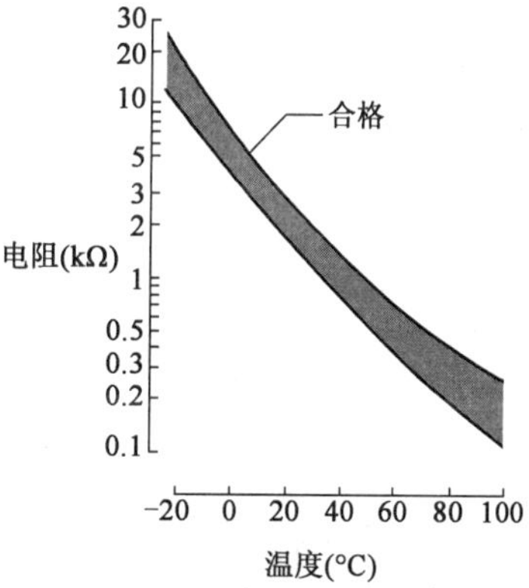

图 3-1-77　进气温度传感器温度—阻值对应关系

(5)电控单元的检查。用信号发生器模拟空气流量计的信号频率,将信号发生器的输出端连接至空气流量计信号端子 5,用故障诊断仪观察空气质量流量传感器数据。诊断仪上显示的频率应与信号发生器的频率一致,否则说明电控单元损坏。

进气温度传感器电控单元检测是拔下空气流量计,观察诊断仪上进气温度传感器数据。当拔下传感器时,其应显示 -40℃。用一个带有 3A 熔断丝的跨线,跨接电控单元的 24 和 54 号端子,观察诊断仪上的进气温度数据,应为 140℃,否则说明电控单元损坏。

(6)传感器相关数据及分析。空气流量计和进气温度传感器的数据,见图 3-1-78。

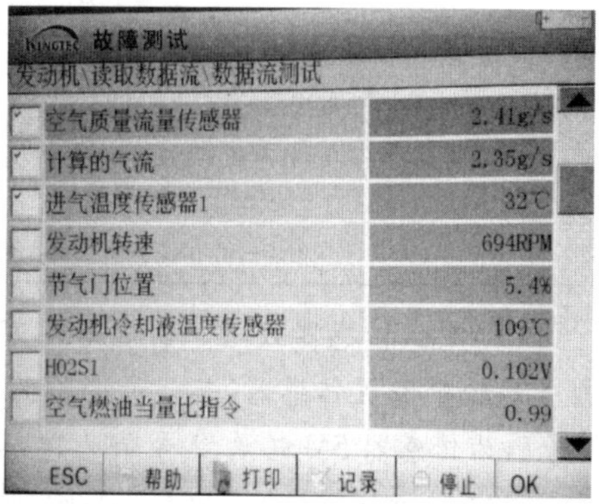

图 3-1-78　科鲁兹空气流量计、进气温度数据流

怠速时,空气流量计在1.7~3.7g/s;发动机转速为2500r/min时为5.5~7.5g/s,而且空气流量传感器数据应该与电控单元中计算的气流量基本一致。如果数据不正常,应检查传感器线路和传感器的安装。

2. 凸轮轴位置传感器的检测

凸轮轴位置传感器有两个,为霍尔式传感器。该传感器安装于进、排气凸轮轴尾端,电路如图3-1-79所示,线路端子如图3-1-80所示。

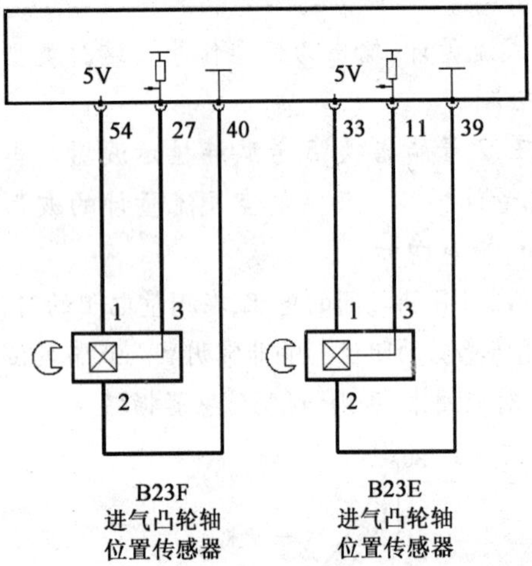

图3-1-79 科鲁兹凸轮轴位置传感器电路示意图

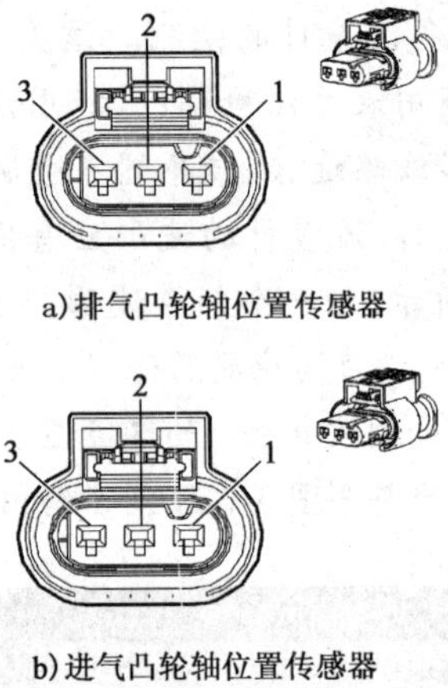

图3-1-80 科鲁兹轿车进、排气凸轮轴位置传感器端子图

进气凸轮轴位置传感器各线路的作用,如表3-1-8所示。

排气凸轮轴位置传感器各线路作用 表3-1-8

针脚	导 线	功 能
1	0.5 GY/D-BU(灰色/深蓝色)	进气凸轮轴位置传感器电源电压
2	0.5 BK/D-GN(黑色/深绿色)	进气凸轮轴位置传感器低电平参考电压
3	0.5 YE/VT(黄色/紫红色)	进气凸轮轴位置传感器信号输出

进气凸轮轴位置传感器各线的颜色和作用,如表3-1-9所示。

进气凸轮轴位置传感器各线路的颜色和作用 表3-1-9

针脚	导 线	功 能
1	0.5 GY/YE(灰色/黄色)	排气凸轮轴位置传感器电源电压
2	0.5 BK/GY(黑色/灰色)	排气凸轮轴位置传感器低电平参考电压
3	0.5 VT/BK(紫红色/黑色)	排气凸轮轴位置传感器信号

(1)测试传感器线路。由电路图可知,该传感器有两个,分为进气凸轮轴位置传感器和排气凸轮轴位置传感器,其代号分别为B23F和B23E,两个传感器的工作原理完全一致。其1号脚为传感器5V电源、2号脚为传感器搭铁、3号脚为传感器信号输出。据此,按照维修手册要求进行线路检测,如表3-1-10所示。

凸轮轴位置传感器的检测步骤　　　　表 3-1-10

前提条件	测量项目	正常值	故障原因
断开传感器 B23F(B23E)线束连接器	测量 2 号脚对搭铁之间的电阻(关闭点火开关等待 1min)	0.2Ω	如果电阻过大,说明该线路存在短路或接触不良、控制单元损坏
点火开关打开	测量 1 号脚对搭铁之间电压	5V	如果高于 5V,说明该线路对电压短路;如果低于 5V,则检测该线路对搭铁之间电阻(应为∞Ω)和 1 号脚至 K20/54(33)脚之间电阻
点火开关打开	测量 3 号脚对搭铁之间的电压(一般会比传感器电源电压稍低)	4.8～5V	如果高于 5V,说明该线路对电压短路;如果低于 5V,则检测该线路对搭铁之间电阻(应为∞Ω)和 3 号脚至 K20/27(11)脚之间电阻,如果等于 5V,则测量 1 号脚与 3 号脚之间的阻值(应为∞Ω)

(2)测试传感器。查阅资料可知,该传感器为霍尔式内部带处理电路的凸轮轴位置传感器,凸轮轴在旋转过程中,由于信号轮的转动,传感器输出信号周期性搭铁,从而确定凸轮轴的位置及转速。对于霍尔传感器,无法直接测量传感器的阻值,只能通过波形来判断传感器是否正常。

(3)测试传感器波形。传感器的 1 号脚连接电控单元的 5V 工作电源,2 号脚接电源负极,3 号脚接示波器。起动发动机,用示波器检测该传感器波形及示波器参数设置,如图 3-1-81 所示。

如果测出的波形为一条 5V 的直线,说明传感器没有输出信号。如果信号线波形为一条 0V 的直线,说明传感器信号线对搭铁短路、传感器本身短路或者控制单元 K20 损坏。

(4)电控单元检测。拔下传感器插头,打开点火开关,用诊断仪观察发动机控制单元的凸轮轴位置计数器数据,此时应为"0"。用一个带有 3A 熔断丝的跨线,一端连接传感器线路的 3 号端子,另一端不断搭铁,此时凸轮轴位置活动计数器的数值应增加,否则说明电控单元损坏。

(5)相关传感器数据。进排气凸轮轴位置传感器的数据如图 3-1-82 所示,主要观察发动机数据中进排气凸轮轴位置活动计数器,正常情况下,在发动机运行过程中,数据应该在 0～255循环变化。

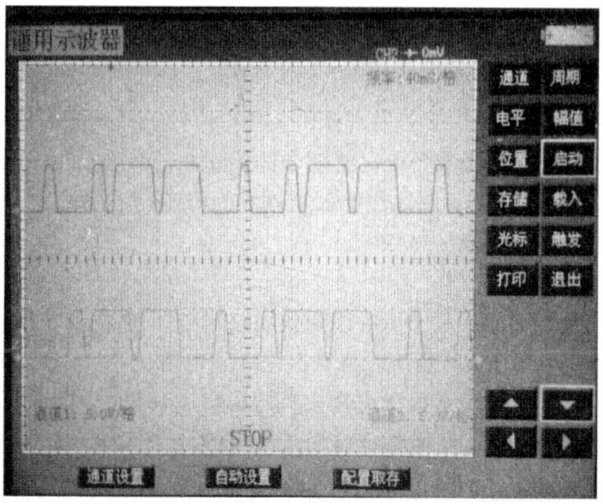

图 3-1-81　凸轮轴位置传感器信号波形

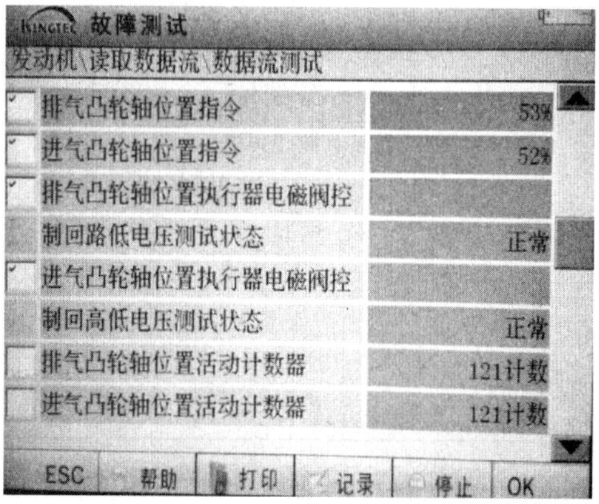

图 3-1-82　凸轮轴位置传感器数据流

3. 进气压力传感器的检测

该车除了安装有空气流量计外,还设有进气压力传感器。由于进气压力传感器安装在进气歧管上,所以能迅速地反映出进气歧管的压力变化。在实际控制中,以进气压力传感器信号为喷油脉宽的主控信号,其电路原理图如图3-1-83所示,线路端子如图3-1-84所示。

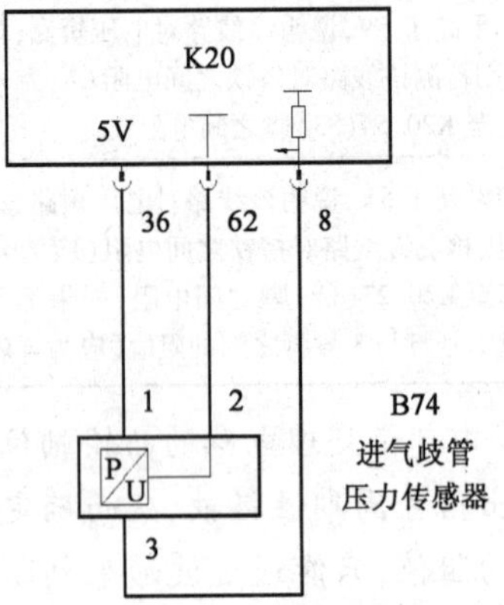

图3-1-83 科鲁兹进气压力传感器电路示意图

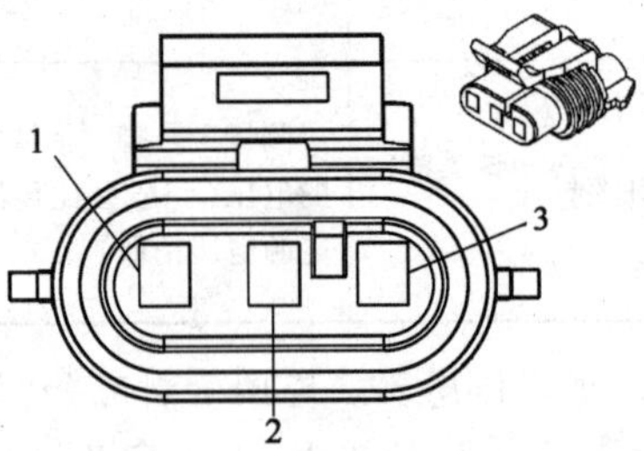

图3-1-84 科鲁兹进气压力传感器端子图

进气压力传感器各线路作用,如表3-1-11所示。

进气压力传感器各端子作用 表3-1-11

针脚	导　线	功　能
1	0.5 BK/D-GN(黑色/深绿色)	进气歧管绝对压力传感器低电平参考电压
2	0.5 D-GN/WH(深绿色/白色)	进气歧管绝对压力传感器信号
3	0.5 GY/RD(灰色/红色)	进气歧管绝对压力传感器5V参考电压

(1)测试传感器线路。由电路图可知,该传感器代号为B74,1号脚为传感器5V电源、2号脚为传感器搭铁、3号脚为传感器信号输出。据此按照维修手册要求进行线路检测,如表3-1-12所示。

进气压力传感器线路检测步骤 表3-1-12

前提条件	测量项目	正常值	故障原因
断开传感器B74线束连接器	测量2号脚对搭铁之间的电阻(关闭点火开关等待1min)	<5Ω	如果电阻过大,说明该线路存在断路或接触不良、控制单元损坏
点火开关打开	测量1号脚对搭铁之间电压	5V	如果高于5V,说明该线路对电压短路;如果低于5V,则检测该线路对搭铁之间电阻(应为∞Ω)和1号脚至K20/54(33)脚之间电阻
点火开关打开	测量3号脚对搭铁之间的电压(一般会比传感器电源电压稍低)	<1V	如果高于1V,说明该线路对电压短路;如果低于1V,则检测该线路对搭铁之间电阻(应为∞Ω)和3号脚至K20/8号脚之间电阻(应<5Ω)

(2)测试传感器。查阅资料可知,该传感器无法直接测量传感器的阻值,只能在线路故障及电控单元排除后,推断传感器是否损坏。

(3)电控单元检测。根据维修手册和该传感器的工作原理,拔下传感器插头,打开点火开关,用诊断仪观察发动机控制单元的进气压力传感器数据,此时应为 0kPa。用一个带有 3A 熔断丝的跨线,跨接传感器线路的 3 号和 1 号端子,此时进气压力传感器数据应变成 127kPa,否则说明电控单元损坏。

(4)传感器相关数据。打开点火开关,进气压力传感器的数据应显示当地绝对大气压力,并且数值随着海拔的升高而减小。发动机怠速时进气压力传感器的数据应为 36kPa 左右,如图 3-1-85 所示,随着节气门开度的增大和发动机转速的升高,压力传感器的数值也应升高。

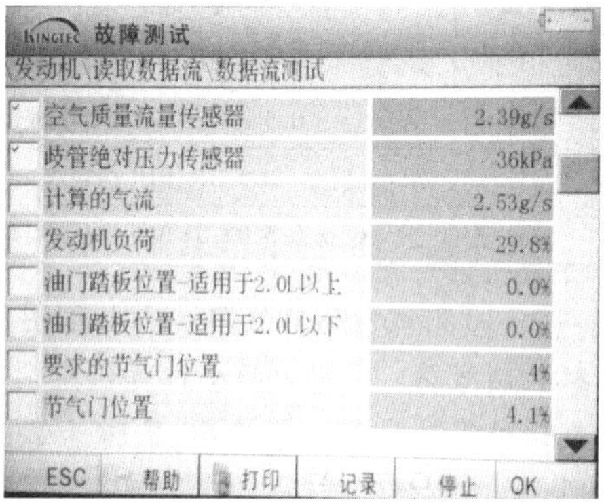

图 3-1-85　进气压力传感器数据流

4. 节气门体的检测

节气门体内部带有一个直流电动机和两个节气门位置传感器。直流电动机的两端均连接发动机控制单元,控制单元根据节气门开/闭要求,控制两个电路的正、负极切换来实现直流电动机的正/反转。电动机通过齿轮变速机构带动节气门运动,实现节气门的电子控制开/闭功能。节气门位置传感器实质为一个滑动可变电阻器,通过滑动变阻器不同位置的不同输出电压来反映被测物体的位移。位置传感器一共有两个。这两个位置传感器输出两个相反的信号,以便电控单元对这两个信号进行相互验证,如果两个信号不能相互验证,则电控单元会采取故障保护模式,以防止节气门不受控制造成转速失控。节气门执行器的电路原理如图 3-1-86 所示。

对节气门位置执行器(俗称节气门体)进行检测的时候,可以按照其电路原理图中对应的端子位置,进行电阻的检测。节气门位置执行器的线路端子如图 3-1-87 所示。

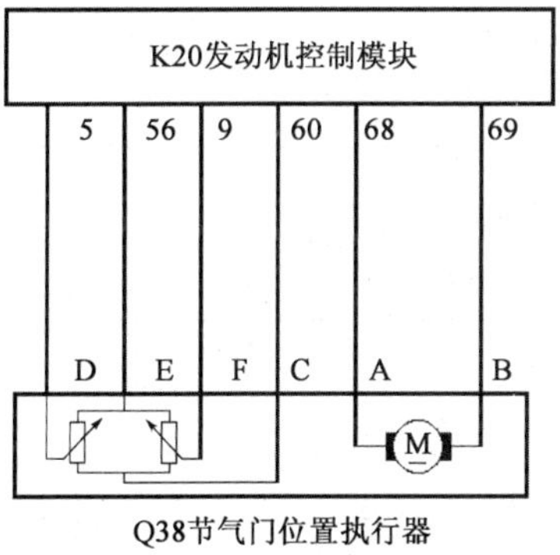

图 3-1-86　科鲁兹节气门体电路原理图

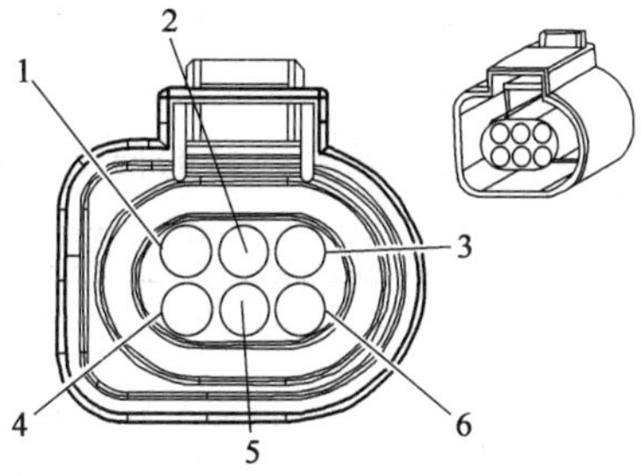

图 3-1-87　科鲁兹节气门位置执行器端子图

节气门位置执行器(节气门体)各端子的作用,如表 3-1-13 所示。

科鲁兹轿车节气门位置执行器各端子作用　　表 3-1-13

针脚	导　线	功　能
1	0.75 BN/WH(棕色/白色)	节气门执行器控制关闭(正极)
2	0.75 BN/RD(棕色/红色)	节气门执行器控制开启(正极)

续上表

针脚	导　线	功　能
3	0.5 BK/YE(黑色/黄色)	节气门位置传感器低电平参考电压
4	0.5 BN/D-GN(棕色/深绿色)	节气门位置传感器信号 (1)
5	0.5 BN/RD(棕色/红色)	节气门位置传感器 5V 参考电压
6	0.5 BN/D-BU(棕色/深蓝色)	节气门位置传感器信号 (2)

(1)测试传感器线路。由电路图 3-1-86 可知,该执行器代号为 Q38。其 A、B 脚为电动机控制线路。C 脚为两个位置传感器的搭铁,E 脚为两个传感器的 5V 电源、D 脚为 1 号节气门位置传感器信号输出,F 脚为 2 号节气门位置传感器信号输出,线路检测如表 3-1-14 所示。

科鲁兹轿车节气门位置执行器线路检测步骤　　表 3-1-14

前提条件	测量项目	正常值	故障原因
断开节气门体 Q38 线束连接器	测量 C 脚对搭铁之间的电阻(关闭点火开关等待 1min)	<5Ω	如果电阻过大,说明该线路存在断路或接触不良、控制单元损坏
点火开关打开	测量 E 脚对搭铁之间电压	5V	如果高于 5V,说明该线路对电压短路;如果低于 5V,则检测该线路对搭铁之间电阻(应为∞Ω)和 E 号脚至 K20/56 脚之间电阻(应<5Ω)
点火开关打开	测量 D 脚对搭铁之间的电压(一般会比传感器电源电压稍低)	4.8~5.2V	如果高于 4.8~5.2V,说明该线路对电压短路;如果低于 4.8~5.2V,则检测该线路对搭铁之间电阻(应为∞Ω)和 D 脚至 K20/5 号脚之间电阻(应<5Ω)
点火开关打开	测量 F 脚对搭铁之间的电压(一般会比传感器电源电压稍低)	低于 1V	如果高于 1V,说明该线路对电压短路;如果低于 1V,则检测该线路对搭铁之间电阻(应为∞Ω)和 F 脚至 K20/9 号脚之间电阻(应<5Ω)

节气门电动机控制线路的检测步骤,如表 3-1-15 所示。

节气门电机控制线路的检测步骤　　表 3-1-15

前提条件	测量项目	正常值	故障原因
断开节气门体 Q38 线束连接器	测量 A 脚和 B 脚对搭铁之间的电阻(关闭点火开关等待 1min)	<5Ω	如果电阻过大,说明该线路存在断路或接触不良、控制单元损坏
点火开关打开	测量 A 端子与搭铁;B 端子与搭铁之间连接试灯	试灯不应持续点亮	如果一直点亮,测量相关线路对电压短路故障。如果试灯一直不亮,测量线路端对端电阻及对搭铁之间电阻

(2)测试传感器。查阅资料可知,该传感器为普通可变电阻式位置传感器,用万用表测量 C 与 E 脚之间的电阻,应符合表 3-1-16 中的要求。

节气门位置执行器测量标准值 表 3-1-16

静态测试	A－B	C－E(Ω)	C－D(kΩ)	C－F(kΩ)	动态测试	C－D(kΩ)	C－F(kΩ)
阻值	2.3～2.9	1.452	3.071	1.456	缓慢开启节气门片	3.073～3.973	1.456～2.242

(3)传感器相关数据。节气门位置传感器的相关数据,在加速踏板两种极限状态下,通过诊断仪观察两个传感器的数据,如图 3-1-88 所示。

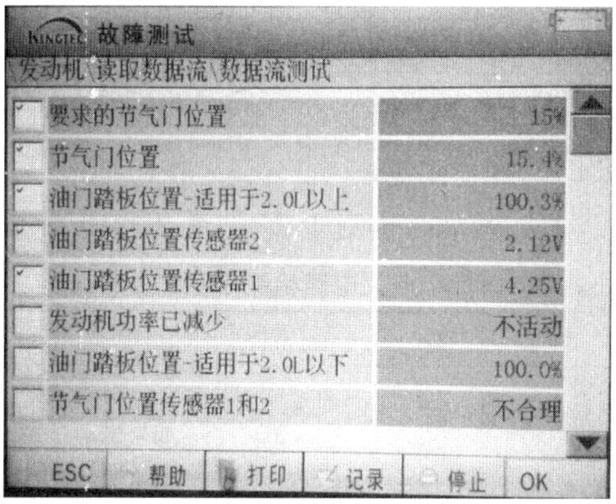

图 3-1-88 节气门位置传感器数据

加速踏板的开度决定了节气门的开度,加速踏板未踩下和踩到底两种极限状态下,节气门位置传感器的输出电压标准值范围,如表 3-1-17 所示。

在加速踏板两个极限位置时节气门位置传感器数据 表 3-1-17

节气门位置传感器 1	加速踏板未踩下	4.14～4.34V
	加速踏板完全踩下	3.50～3.37V
节气门位置传感器 2	加速踏板未踩下	0.68～0.88V
	加速踏板完全踩下	1.35～1.55V

5. 点火线圈及线路的检测

该车点火线圈采用整体式点火线圈,无法单独更换,其电路原理如图 3-1-89 所示,其线路端子如图 3-1-90 所示。

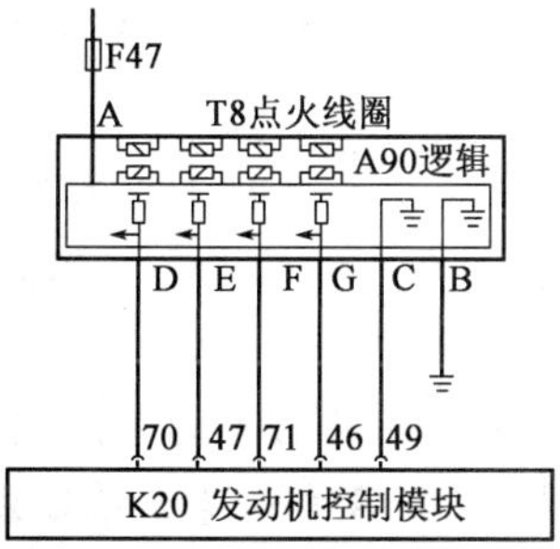

图 3-1-89 科鲁兹点火控制电路原理图

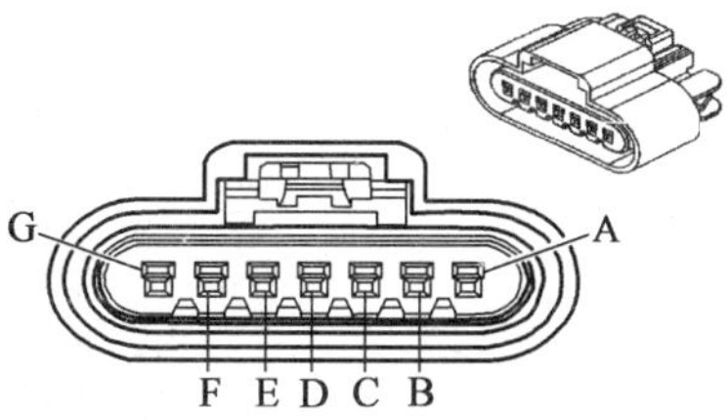

图 3-1-90 点火线圈 T8 端子图

点火线圈各端子线路颜色及作用，如表3-1-18所示。

点火线圈各端子线路颜色及作用　　表3-1-18

针脚	导　线	功　能
A	1 VT/BK（紫红色/黑色）	动力系统主继电器熔断丝电源
B	0.75 BK（黑色）	搭铁
D	0.75 D－BU/VT（深蓝色/紫红色）	点火控制（1）
E	0.75 D－BU/WH（深蓝色/白色）	点火控制（2）
F	0.75 D－GN/D－BU（深绿色/深蓝色）	点火控制（3）
G	0.75 YE/D－BU（黄色/深蓝色）	点火控制（4）
A	1 VT/BK（紫红色/黑色）	动力系统主继电器熔断丝电源

（1）点火电路的检测。点火电路的检测步骤，如表3-1-19所示。

点火电路检测步骤　　表3-1-19

前提条件	测量项目	正常值	故障原因
断开点火线圈T8线束连接器	测量B脚对搭铁之间的电阻	<3Ω	如果电阻过大，说明该线路存在断路或接触不良
断开点火线圈T8线束连接器	测量C端子对搭铁之间的电阻（关闭点火开关等待1min）	应<5Ω	如果电阻过大，检测该线路端对端之间的电阻，电阻正常，说明控制单元损坏
断开点火线圈T8线束连接器（打开点火开关）	用试灯连接A端子与搭铁之间（或者测量A端子与搭铁之间电压）	试灯点亮（蓄电池电压）	如果试灯不良，检查线路熔断丝及该线路对搭铁之间的电阻（应为∞Ω）。如果熔断丝正常，检测熔断丝至T8/A端子之间线路的电阻
起动发动机（断开喷油器相关线路防止淹缸）	在T8/D（E、F、G）端子与搭铁之间连接试灯	试灯应该闪烁	如果试灯一直点亮，检查该线路对电压短路故障。如果试灯一直不亮，检查该线路对搭铁之间的电阻及相关线路端对端之间的电阻（应<5Ω）

（2）点火系统相关元件的检测。点火线圈的检测需拆下点火线圈，在单个高压胶套上插上正常的火花塞，将点火线圈线束连接器连接至点火线圈，起动发动机，进行跳火实验。

跳火实验的目的是，通过目视观察火花塞的跳火能量及火花质量或者有无火花，来判断点火线圈的好坏。

注：跳火实验时，一定要将喷油器线路切断或者拔下全部喷油器插头，以防止淹缸。另外火花塞的侧电极必须可靠搭铁。

（3）点火系统相关数据。查看发动机数据中的点火数据，四个汽缸的点火数据如图3-1-91所示。

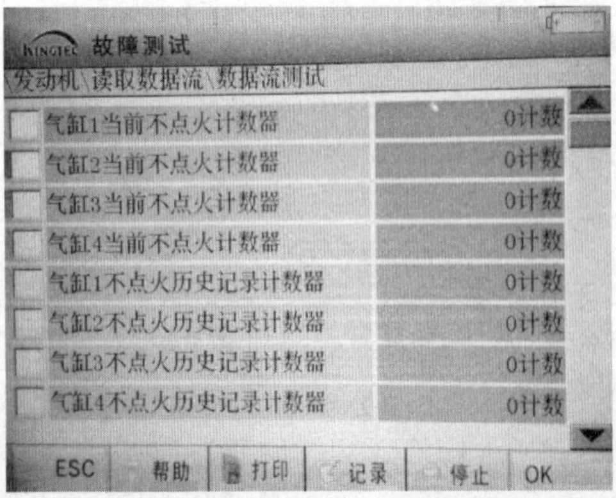

图3-1-91　点火数据流

此处的不点火计数器中的不点火的含义是汽缸内没有燃烧，而不单单是火花塞没有跳火。换句话说，喷油器不喷油、喷油器雾化不良、汽缸压力不足、火花塞间隙失常、点火线圈故障等问题均会造成该数据出现。

6. 喷油器及线路的检测

喷油器为蓄电池提供12V电源，电控单元控制喷油器的搭铁时间来控制喷油器的开启时刻，从而控制喷油器的喷油量。喷油器的电路原理如图3-1-92所示，线路端子如图3-1-93所示。

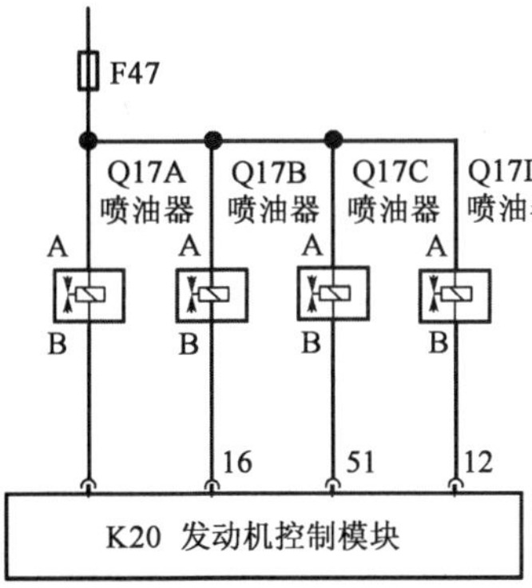

图3-1-92　科鲁兹喷油器控制电路

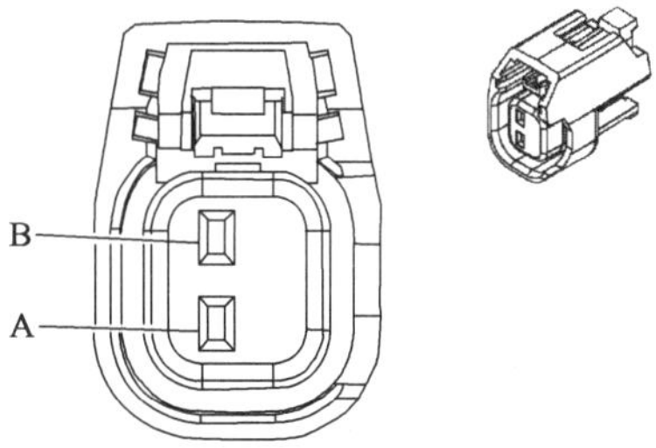

图3-1-93　科鲁兹轿车喷油器端子

喷油器各端子的作用，如表3-1-20所示。

科鲁兹轿车喷油器各端子线路颜色及作用　　表3-1-20

针脚	导　线	功　能
A	0.5 VT/D－BU（紫红色/深蓝色）	动力系统主继电器熔断丝电源（1）
B	0.5 BN/VT（棕色/紫红色）	喷油器控制（1）

（1）喷油器线路的检测。喷油器线路的检测，如表3-1-21所示。

科鲁兹轿车喷油器线路检测步骤　　表3-1-21

前提条件	测量项目	正常值	故障原因
断开喷油器Q17A（Q17B、Q17C、Q17D线束连接器，打开点火开关）	在A脚与搭铁之间连接一个试灯（测量A脚与搭铁之间电压）	应该点亮（电压应为蓄电池电压）	试灯未点亮，检测熔断丝F47及F47与喷油器A端子之间线路电阻（应＜1Ω）。如果熔断丝熔断，检测F47至喷油器线路对搭铁电阻（应为∞Ω）
起动发动机	在喷油器的A端子与B端子之间连接一个二极管试灯	试灯应闪烁	试灯一直亮——检测喷油器B端子至K20线路对搭铁之间电阻（应为∞Ω），否则电控单元损坏； 试灯一直不亮——检测喷油器B端子至K20线路对搭铁之间的电压以及线路端对端之间的阻值（应＜5Ω）

（2）喷油器的检测。用万用表欧姆挡测量喷油器A－B端电阻，应在13Ω左右。给喷油器两端直接连接蓄电池正负极，应听到喷油器清脆的“咔嗒”声。

（3）喷油相关数据。一般观察喷油数据主要为喷油器负载循环、长期燃油修正和短期燃油修正三个参数。喷油器负载循环表示喷油器的开启持续时间,也就是常说的喷油脉宽,怠速时一般不超过2.8ms,如果过大,说明喷油量过多。

长期燃油修正和短期燃油修正表示电控单元根据相关传感器对喷油量的一个修正,如果该数值为正值,表示控制单元通过氧传感器检测到混合气偏稀,应增加喷油量;如果该值为负值,说明控制单元检测到混合气偏浓,应减小喷油量,科鲁兹轿车喷油数据如图3-1-94所示。

7. 凸轮轴位置调节电磁阀的检测

凸轮轴位置调节电磁阀的主要作用是控制可变正时执行器中的机油压力,获取电控单元所期望的进排气正时角度,从而实现与当前工况最为匹配的充气效率。科鲁兹凸轮轴位置调节电磁阀的电路原理如图3-1-95所示,其线路连接如图3-1-96所示。

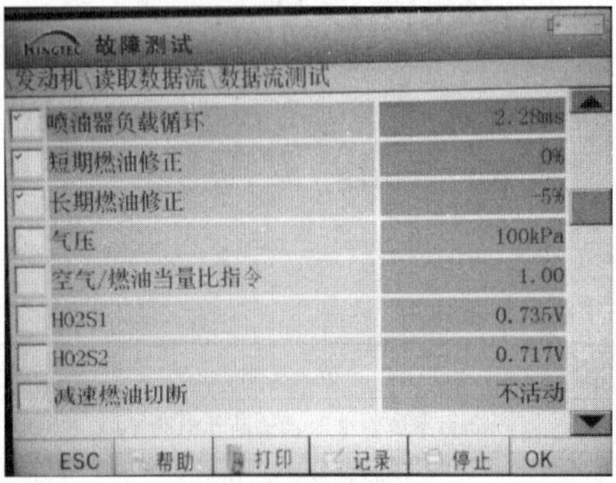

图3-1-94 喷油器相关数据

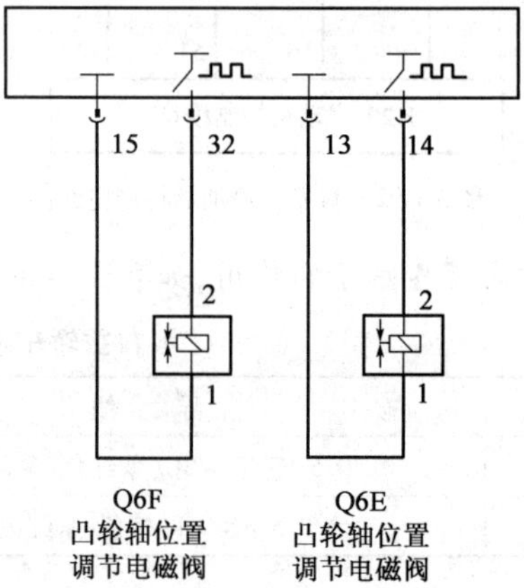

图3-1-95 科鲁兹凸轮轴位置调节电磁阀电路原理图

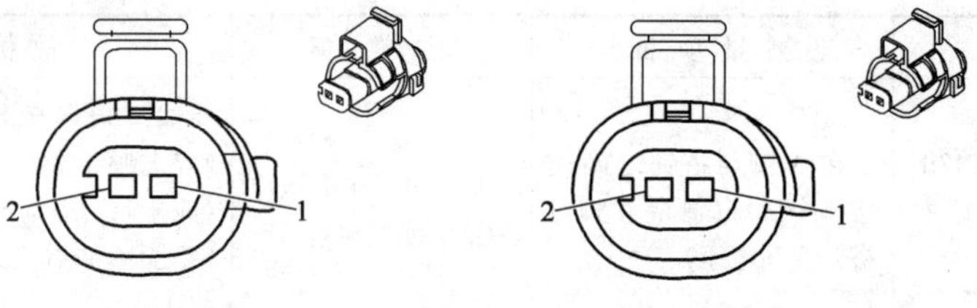

a)排气凸轮轴位置调节电磁阀　　b)进气凸轮轴位置调节电磁阀

图3-1-96 科鲁兹进、排气凸轮轴位置调节电磁阀端子图

排气凸轮轴位置调节电磁阀线路各端子的作用,如表3-1-22所示。

排气凸轮轴位置调节电磁阀线路各端子的作用　　表3-1-22

针脚	导　线	功　能
1	0.5 BN/D－GN(棕色/深绿色)	动力系统主继电器保险丝电源
2	0.5 BK(黑色)	排气凸轮轴同步器电磁阀

进气凸轮轴位置调节电磁阀线路各端子的作用,如表3-1-23所示。

进气凸轮轴位置调节电磁阀线路各端子的作用　　表 3-1-23

针脚	导　　线	功　　能
1	0.5 VT/D-BU(紫红色/深蓝色)	动力系统主继电器熔断丝电源
2	0.5 VT/BN(紫红色/棕色)	进气凸轮轴同步器电磁阀

(1)凸轮轴位置调节电磁阀线路的检测。科鲁兹轿车发动机进排气凸轮轴位置调节电磁阀的线路检测步骤,如表 3-1-24 所示。

科鲁兹轿车进排气凸轮轴位置调节电磁阀的线路检测步骤　　表 3-1-24

前提条件	测量项目	正常值	故障原因
关闭点火开关,断开凸轮轴位置调节电磁阀 Q6F(Q6E)线束连接器	测量 1 号脚对搭铁之间的电阻	应 <5Ω	如果电阻过大,检测该线路端对端电阻。电阻正常,说明控制单元损坏
打开点火开关	测量 2 号端子与搭铁之间的电压	12V(蓄电池电压)	电压过高,说明线路对电压短路; 电压过低,测量线路对搭铁之间的电阻及线路端对端的电阻(应 <5Ω);电路测试正常,说明控制单元损坏
连接故障诊断仪,打开点火开关,对相应的凸轮轴位置调整电磁阀进行动作测试	测量 2 号端子与搭铁之间的电压	应从 12V 降低到 10V 以下	如果电压不符合标准,更换 K20 控制单元

(2)凸轮轴位置调剂电磁阀的检测。科鲁兹轿车发动机进排气凸轮轴位置调节电磁阀的检测方法及标准,如表 3-1-25 所示。

科鲁兹轿车进排气凸轮轴位置调节电磁阀的检测　　表 3-1-25

前提条件	测量项目	正常值	故障原因
关闭点火开关,断开凸轮轴位置调节电磁阀 Q6F(Q6E)线束连接器	测量 1 号脚与 2 号脚之间的电阻	应为 7~12Ω	如果电阻超标,更换相应的凸轮轴位置调节电磁阀
关闭点火开关,断开凸轮轴位置调节电磁阀 Q6F(Q6E)线束连接器	测量 1 号端子和 2 号端子与搭铁之间的电阻	∞Ω	如果电阻不符合标准,更换凸轮轴位置调节电磁阀
凸轮轴位置调节电磁阀 Q6F(Q6E)上直接连接蓄电池正负极	连接和断开蓄电池的负极	应听到清脆的"咔嗒"声	如果动作轻微,说明阀芯卡滞,应拆下该阀进行清洗,然后复测; 检查机油质量及机油型号是否符合车辆要求

(3)凸轮轴位置调整电磁阀的相关数据。用诊断仪观察发动机数据中的凸轮轴位置调整电磁阀的数据,其数据应显示"OK(正常)"或"Not Run(未运行)",具体见表 3-1-26 的要求。

凸轮轴位置调整电磁阀数据标准值　　表 3-1-26

数据序号	数据项目	诊断仪显示(正常值)
1	进气凸轮轴位置执行器电磁阀控制电路开路测试状态	"OK(正常)"或"Not Run(未运行)"
2	进气凸轮轴位置执行器电磁阀控制电路电压过低测试状态	"OK(正常)"或"Not Run(未运行)"
3	排气凸轮轴位置执行器电磁阀控制电路电压过高测试状态	"OK(正常)"或"Not Run(未运行)"
4	排气凸轮轴位置执行器电磁阀控制电路开路测试状态	"OK(正常)"或"Not Run(未运行)"
5	排气凸轮轴位置执行器电磁阀控制电路电压过低测试状态	"OK(正常)"或"Not Run(未运行)"

如果上述数据中显示为故障,则需要检查相应的凸轮轴位置调节电磁阀的线路及电磁阀本身。在诊断仪上读取的数据,如图3-1-97所示。

(4)凸轮轴位置调整电磁阀的控制线路波形。正常工作时,凸轮轴位置执行器的控制电压波形的幅值应该是蓄电池电压,其波形如图3-1-98所示。

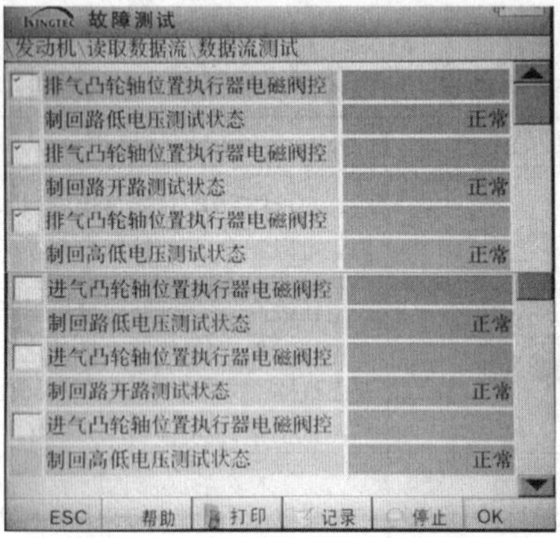

图3-1-97 凸轮轴位置执行器数据

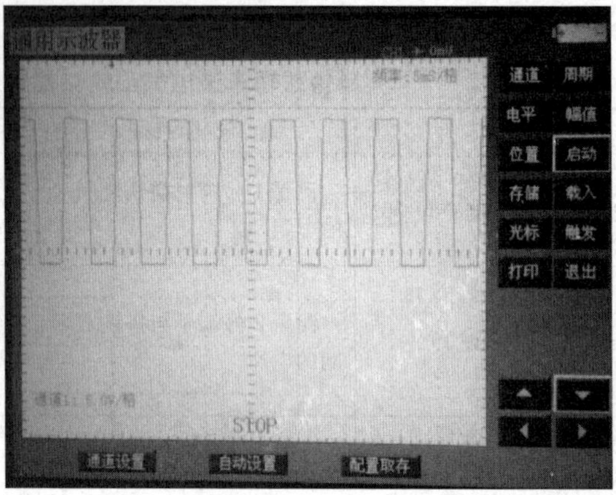

图3-1-98 凸轮轴位置调节电磁阀波形

8. 冷却液温度传感器的检测

本车有两个冷却液温度传感器(B34A和B34B)。两个传感的结构原理完全一致,都为普通热敏电阻式温度传感器,为负温度系数特性。随着温度的升高,传感器电阻阻值变小,反之增大。冷却液温度传感器电路,如图3-1-99所示。

冷却液温度传感器的端子,如图3-1-100所示。

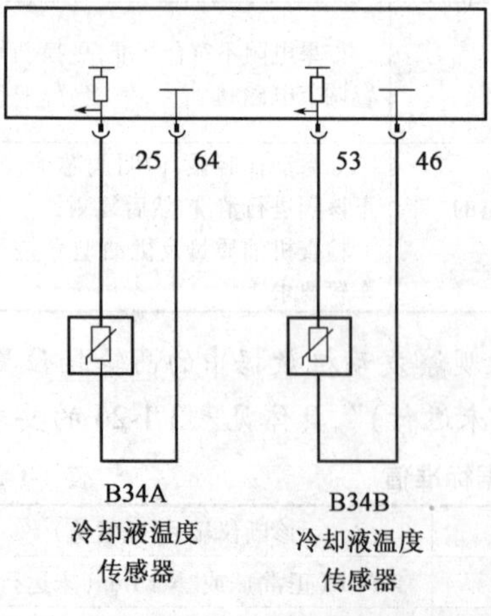

图3-1-99 科鲁兹发动机冷却液温度传感器电路原理图

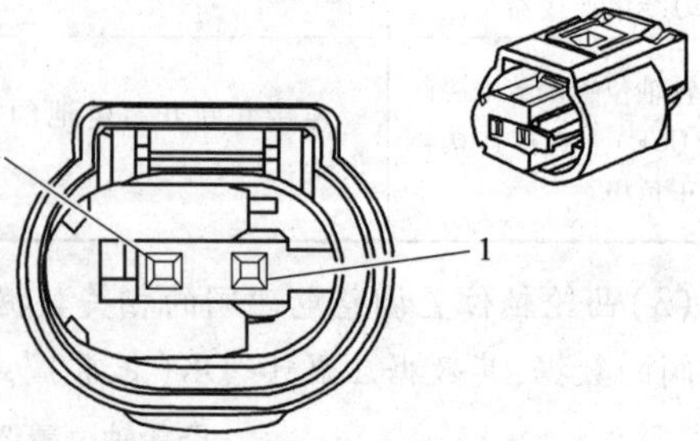

图3-1-100 冷却液温度传感器的端子图

冷却液温度传感器各端子的作用,如表3-1-27所示。

冷却液温度传感器各端子的作用　　表 3-1-27

针脚	导　线	功　能
1	0.5 D－BU(深蓝色)	发动机冷却液温度传感器信号
2	0.5 BK/BN(黑色/棕色)	冷却液温度传感器低电平参考电压

(1)测试传感器线路。传感器1号脚为传感器5V电源兼信号,2号脚为传感器搭铁,线路检测步骤如表3-1-28所示。

冷却液温度传感器的检测步骤　　表 3-1-28

前提条件	测量项目	正常值	故障原因
断开传感器 B34A(B34B)线束连接器	测量2号脚对搭铁之间的电阻(关闭点火开关等待1min)	<5Ω	如果电阻过大,说明该线路存在短路或接触不良、控制单元损坏
点火开关打开	测量1号脚对搭铁之间电压	5V	如果高于5V,说明该线路对电压短路;如果低于5V,则检测该线路对搭铁之间电阻(应为∞Ω)和1号脚至K20/54(33)脚之间电阻

(2)测试传感器。该传感器为普通负温度系数热敏电阻型冷却液温度传感器,其不同温度下对应不同的阻值,对应关系如表3-1-29所示。

科鲁兹冷却液温度传感器温度—阻值对应表　　表 3-1-29

℃	℉	Ω	℃	℉	Ω	℃	℉	Ω
温度对电阻值(近似值)			温度对电阻值(近似值)			温度对电阻值(近似值)		
140	284	50	47	116	900	－14	＋7	16000
126	258	75	39	102	1200	－19	－2	21500
116	240	100	33	91	1500	－24	－11	28500
108	226	120	29	84	1800	－24	－11	31000
99	210	160	24	75	2250	－27	－16	33000
92	197	200	19	66	2800	－27	－16	35000
84	183	250	15	59	3500	－28	－18	39000
78	172	300	9	48	4500	－30	－22	49000
69	156	400	5	41	5500	－33	－27	60000
63	145	500	1	33	7000	－37	－34	70000
58	136	600	－6	＋22	9200	－40	－40	93000
51	123	750	－9	＋16	12000			

(3)电控单元检测。根据维修手册和该传感器的工作原理,拔下传感器插头,打开点火开关,用诊断仪观察发动机控制单元的发动机冷却液温度数据,此时应为－40℃。用一个带有3A熔断丝的跨线,连接传感器线路的1号和2号端子,此时发动机冷却液温度数据,应为

140℃，否则说明电控单元损坏。

(4)传感器相关数据。读取发动机数据中的冷却液温度传感器数据，可直接显示当前发动机冷却液温度，如图 3-1-101 所示。

发动机冷却液温度的变化范围为 -40～140℃，一般测量值可与散热器进水管处实测温度进行对比，即可判断其状态。

9. 加速踏板位置传感器的检测

节气门执行器控制（TAC）系统是利用两个加速踏板位置（APP）传感器监测加速踏板位置。加速踏板位置传感器 1 和 2 位于踏板总成内。每个传感器有一个 5V 参考电压电路、一个低电平参考电压电路和一个信号电路。

发动机控制模块（ECM）内有两个处理器，以监测节气门执行器控制电动机。两个加速踏板位置传感器(APP)向两个处理器提供与踏板移量成比例的信号电压。处理器分享并监测数据，以确认所显示的加速踏板位置计算值是正确的。加速踏板位置传感器的电路，如图 3-1-102 所示。

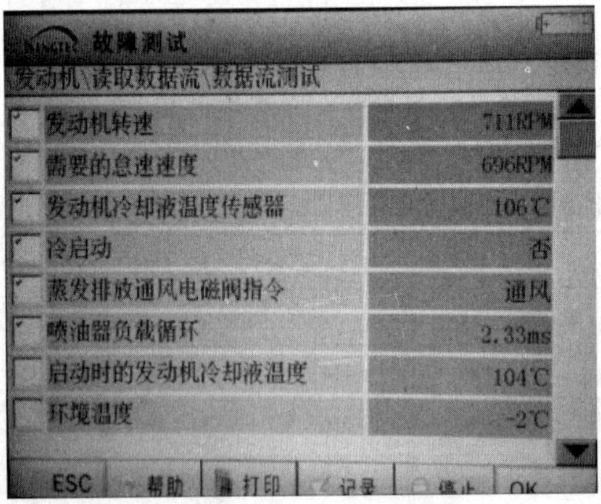

图 3-1-101 冷却液温度传感器数据流

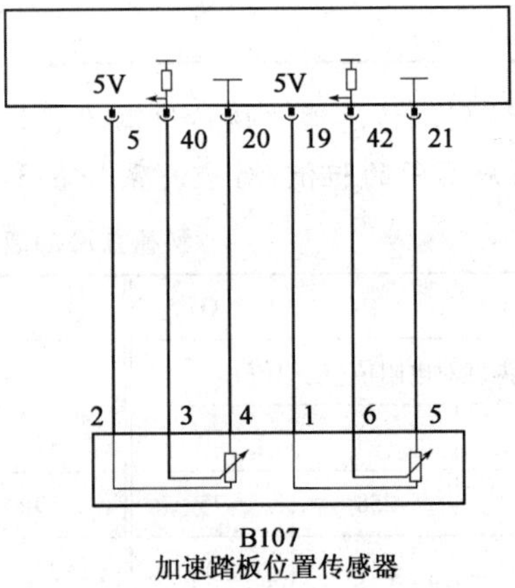

图 3-1-102 科鲁兹加速踏板位置传感器电路原理图

加速踏板位置传感器的电路端子，如图 3-1-103 所示。

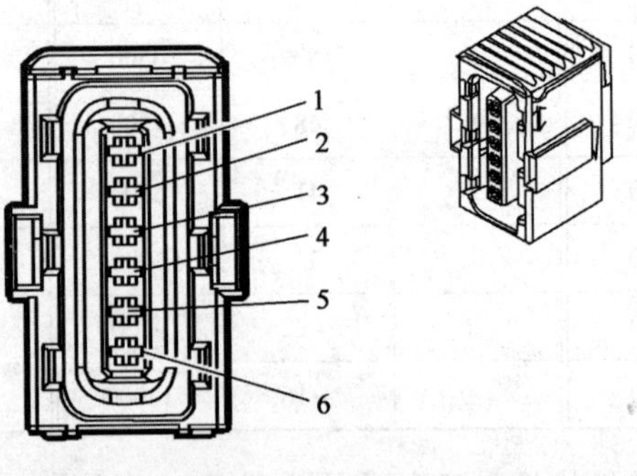

图 3-1-103 科鲁兹加速踏板位置传感器端子图

加速踏板位置传感器各端子的线路颜色及作用，如表 3-1-30 所示。

科鲁兹加速踏板位置传感器各端子的线路颜色及作用　　表3-1-30

针脚	导　线	功　能
1	0.5 BN/RD(棕色/红色)	加速踏板位置5V参考电压(2)
2	0.5 WH/RD(白色/红色)	加速踏板位置5V参考电压(1)
3	0.5 YE/WH(黄色/白色)	加速踏板位置信号(1)
4	0.5 BK/D－BU(黑色/深蓝色)	加速踏板位置低电平参考电压(1)
5	0.5 BK/VT(黑色/紫红色)	加速踏板位置低电平参考电压(2)

(1)传感器线路检测。加速踏板位置传感器的线路检测步骤,如表3-1-31所示。

科鲁兹轿车加速踏板位置传感器的线路检测步骤　　表3-1-31

前提条件	测量项目	正常值	故障原因
断开传感器B107线束连接器	测量4号脚和5号脚对搭铁之间的电阻(关闭点火开关等待1min)	<3Ω	如果电阻过大,说明该线路存在短路或接触不良,线路正常说明控制单元损坏
点火开关打开	测量2号脚和1号脚对搭铁之间电压	5V	如果高于5V,说明该线路短路;如果低于5V,则检测该线路对搭铁之间电阻(应为∞Ω)和1号脚至K20/54(33)脚之间电阻
点火开关打开	测量3号和6号脚与搭铁之间的电压	<0.1V	如果高于0.1V,说明该线路短路,线路正常说明电控单元损坏; 低于0.1V,测量3号－K20/40和6号—K20/42号之间的端对端电阻

(2)传感器检测。该传感器属于滑动可变电阻型传感器,可用指针万用表或示波器观察其电阻值的变化及波形变化来判断传感器正常与否,加速踏板各状态阻值如表3-1-32所示。所测量的电阻阻值应平稳变化,不能出现阻值突变的情况。

加速踏板位置传感器各状态阻值　　表3-1-32

项　目	3－1－5阻值	5－6阻值	3－1－4阻值	4－3阻值
静态检测	2.04kΩ	0.916kΩ	1.090kΩ	0.927kΩ
缓慢压下加速踏板	—	0.916～1.475kΩ	—	0.927～1.532kΩ

(3)电控单元检测。通过直接给电脑输入标准电压信号和读取电脑内部的数据来判断电控单元的状态,其检测步骤如表3-1-33所示。

科鲁兹发动机电控单元加速踏板位置传感器功能检测步骤　　表3-1-33

前提条件	测量项目	正常值	故障原因
用诊断仪观察"加速踏板位置传感器1"的数据	用一条3A熔断丝跨接线连接B107传感器线束侧的3和2号端子	4.8～5.2V	如果低于4.8V,测量该线路与搭铁之间的电阻以及该线路端对端之间的阻值,线路正常,说明电控单元损坏
用诊断仪观察"加速踏板位置传感器2"的数据	用一条3A熔断丝跨接线连接B107传感器线束侧的1和6号端子	4.8～5.2V	如果低于4.8V,测量该线路与搭铁之间的电阻以及该线路端对端之间的阻值,线路正常,说明电控单元损坏

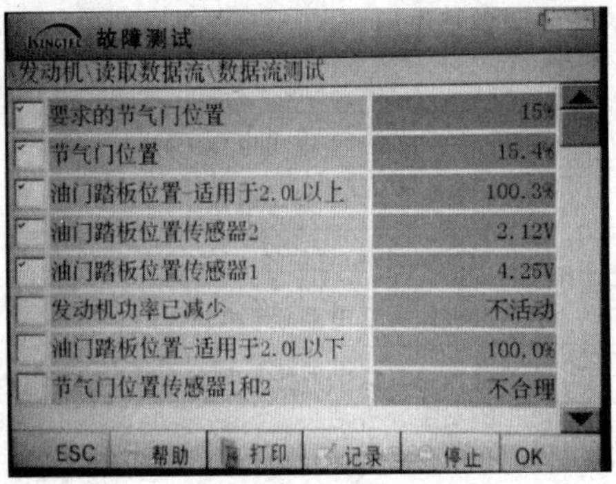

图 3-1-104　加速踏板位置传感器数据

(4)传感器相关数据。读取发动机数据中的加速踏板位置传感器数据流,数据流如图 3-1-104 所示。各数值应随着加速踏板的踩下而变化。

10. 爆震传感器的检测

爆震传感器可检测发动机的振动和噪声,发动机控制模块(ECM)根据该信号控制点火正时,以获得最佳的点火时间,同时保护发动机免受潜在的爆震损害。科鲁兹发动机爆震传感器的电路如图 3-1-105 所示,端子如图 3-1-106 所示。

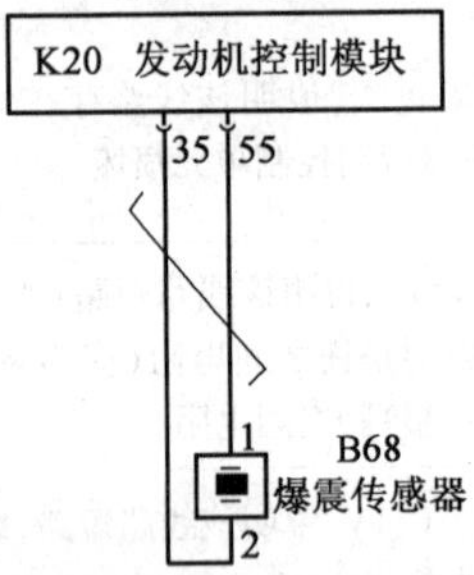

图 3-1-105　科鲁兹爆震传感器电路原理图

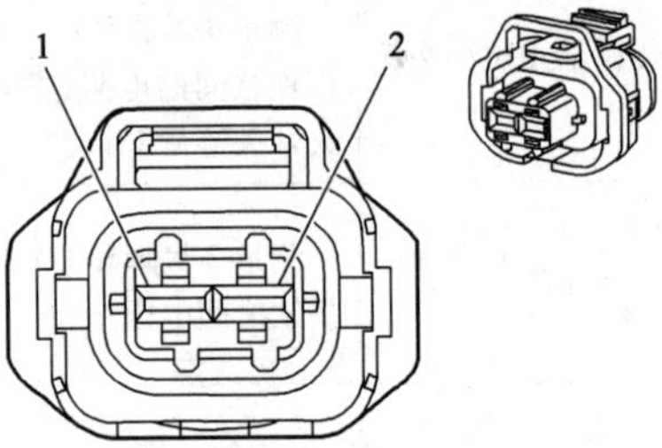

图 3-1-106　科鲁兹发动机爆震传感器端子

爆震传感器各端子线路颜色及作用,如表 3-1-34 所示。

科鲁兹发动机爆震传感器线路颜色及端子作用　表 3-1-34

针脚	导　线	功　能
1	0.5 WH/GY(白色/灰色)	爆震传感器信号(2)
2	0.5 VT/GY(紫红色/灰色)	爆震传感器信号(1)

(1)传感器线路检测。爆震传感器线路的检测步骤如表 3-1-35 所示。

科鲁兹发动机爆震传感器线路的检测步骤　表 3-1-35

前提条件	测量项目	正常值	故障原因
断开 B68 传感器,打开点火开关	测量 2 号端子和与搭铁之间的电压	1 ~ 2V	如果低于规定值,测量该线路与搭铁之间的电阻以及该线路端对端之间的阻值,线路正常,说明电控单元损坏; 如果高于规定值,则该线路与电压短路。线路正常,说明电控单元损坏
断开 B68 传感器,打开点火开关	测量 2 号与 1 号端子之间的电压	2.5 ~ 3.5V	如果低于规定值,测量该线路与搭铁之间的电阻以及该线路端对端之间的阻值,线路正常,说明电控单元损坏; 如果高于规定值,则该线路与电压短路。线路正常,说明电控单元损坏

(2)传感器的检测。一般使用示波器或指针式万用表测量爆震传感器的输出电压来判断好坏。爆震传感器插头有三个插针,其中一个是屏蔽层,在电路中接搭铁,另外两个插针是信号输出。测量时将示波器或万用表的表笔连接在传感器的信号输出端子上,然后用木棒敲击爆震传感器周围的汽缸体,在示波器上就显示一个脉冲电压波形,用万用表测量时指针会瞬时偏转,若敲击传感器时没有电压输出说明传感器损坏。

另外,爆震传感器对其固定螺栓的拧紧力矩有严格的要求,科鲁兹轿车爆震传感器的拧紧力矩为20N·m。拧紧该螺栓时,必须用预置式扭力扳手进行拧紧,力矩不正确,会导致错误的传感器信号输出或故障码的产生。

(3)传感器相关数据。读取发动机数据中的爆震传感器相关数据,其数据应符合图3-1-107所示。

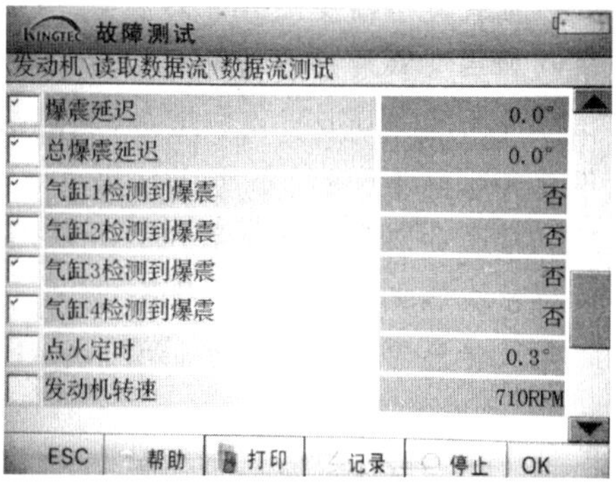

图3-1-107　爆震传感器数据流

11. 氧传感器

该车在三元催化转换器上游和下游各有一个加热型氧传感器,其代号分别为B52A和B52B。两个传感器的型号及信号特性完全一样,可以互换,其电路原理如图3-1-108所示。

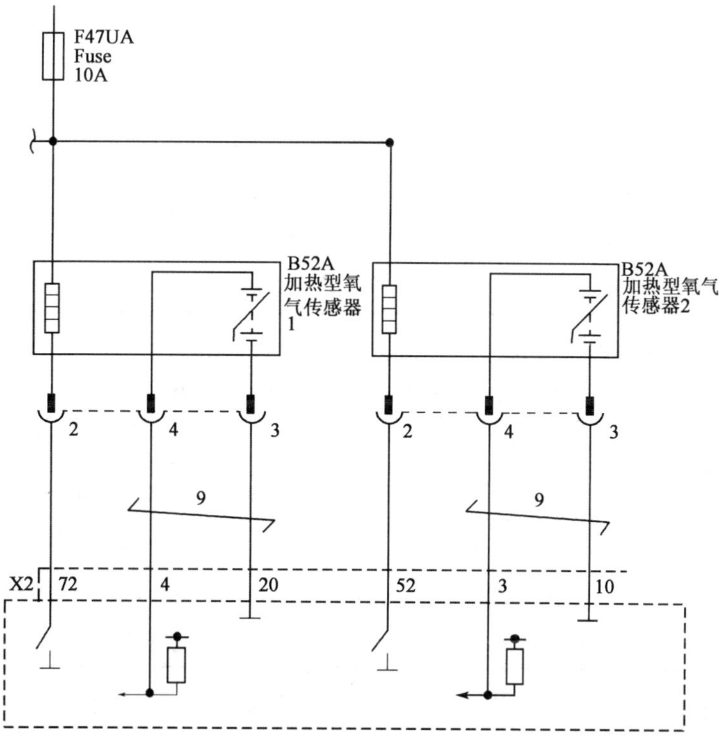

图3-1-108　科鲁兹氧传感器电路原理图

加热型氧传感器（HO2S）用于燃油控制和催化剂监测。每个加热型氧传感器将环境空气的氧含量与废气中的氧含量进行比较，判断发动机燃烧的好坏，并对空燃比进行修正。控制模块向加热型氧传感器提供参考电压或大约450mV的偏置电压。当发动机起动时，控制模块在"开环"模式下工作，计算空燃比时忽略加热型氧传感器信号电压。在发动机运行时，加热型氧传感器受热并开始在0～1275mV范围内产生一个电压信号给电脑。控制模块观察到加热型氧传感器的电压出现足够的波动时，则进入"闭环"模式。加热型氧传感器电压信号升高至1000mV方向增加，表示燃油混合气偏浓。如果加热型氧传感器的电压降低至偏置电压以下（趋向于0mV），则表示当前燃油混合气空燃比偏稀。

每个加热型氧传感器内的加热元件对传感器加热，使其更迅速升高至工作温度。这就使得系统能更早地进入"闭环"模式，并使控制模块更快地计算空燃比。

氧传感器的电路端子，如图3-1-109所示。

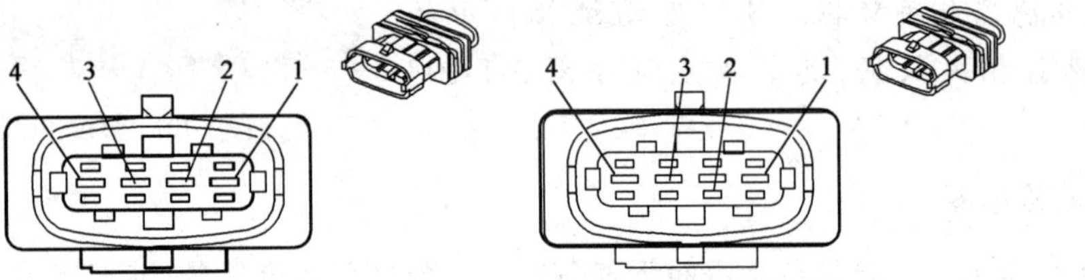

图3-1-109　科鲁兹发动机氧传感器电路端子图

氧传感器(1)各端子作用及线路颜色，如表3-1-36所示。

科鲁兹发动机1号氧传感器电路端子作用　表3-1-36

针脚	导　线	功　能
1	0.5 GY/WH(灰色/白色)	加热型氧传感器加热器低电平控制，缸组1传感器（1）
2	0.5 VT/GY(紫红色/灰色)	加热型氧传感器高电平信号，缸组1传感器（1）
3	0.5 VT/D-BU(紫红色/深蓝色)	动力系统主继电器熔断丝电源（2）
4	0.5 WH/BK(白色/黑色)	加热型氧传感器低电平信号，缸组1传感器（1）

氧传感器2各线路颜色及端子的作用，如表3-1-37所示。

科鲁兹发动机2号氧传感器电路端子作用　表3-1-37

针脚	导　线	功　能
1	0.5 GY/WH(灰色/白色)	加热型氧传感器加热器低电平控制，缸组1传感器（2）
2	0.5 VT/D-BU(紫红色/深蓝色)	加热型氧传感器高电平信号，缸组1传感器（2）
3	0.5 VT/D-BU(紫红色/深蓝色)	动力系统主继电器熔断丝电源（2）
4	0.5 WH/YE(白色/黄色)	加热型氧传感器低电平信号，缸组1传感器（2）

(1)加热型氧传感器电路的检测步骤。由于两个氧传感器的工作原理完全一致，且传感器具有互换性，所以两个氧传感器的电路检测步骤完全一致，其电路检测步骤如表3-1-38所示。

科鲁兹发动机氧传感器电路检测步骤 表 3-1-38

前提条件	测量项目	正常值	故障原因
关闭点火开关，断开B52A(B52B)	测量3号端子与搭铁之间的电阻	<5Ω	如果电阻过大，检测相应线路端对端之间的电阻。线路正常，说明电控单元损坏
连接故障诊断仪，打开点火开关	观察故障诊断仪的加热型氧传感器数据	1850～1950mV	电压过低，检测相关线路对搭铁电路的电阻；线路正常，说明电控单元损坏
打开点火开关	测量4号端子和搭铁之间的电压	1850～3000mV	电压过低，检测相关电路端对端的电阻及线路对搭铁之间的电阻； 电压过高，检测电路对电压短路；线路正常，说明控制单元损坏
连接故障诊断仪，打开点火开关	在4号端子和3号端子之间安装一条带3A熔断丝的跨接线，起动发动机，观察加热型氧传感器参数	低于60mV	如果电压大于规定值，说明控制单元损坏

(2)加热型氧传感器加热电路的检测。每个加热型氧传感器必须达到工作温度以提供准确的电压信号。每个加热型氧传感器内部的加热元件使传感器达到工作温度所需的时间为最短。点火电源电路通过一个熔断丝将电压提供给加热器。发动机运行时，加热型氧传感器加热器的低电平控制电路通过发动机控制模块（ECM）内的低电平侧驱动器向加热器提供搭铁。发动机控制模块利用脉宽调制（PWM）控制加热型氧传感器加热器工作，使加热型氧传感器保持在规定的工作温度范围内。加热型氧传感器加热电路的检测步骤，如表3-1-39所示。

科鲁兹发动机加热型氧传感器加热电路的检测步骤 表 3-1-39

前提条件	测量项目	正常值	故障原因
断开B52A(B52B)线束连接器打开点火开关	在端子1和搭铁之间连接一个试灯(或测量端子1和搭铁之间的电压)	试灯点亮(蓄电池电压)	如果电压过低，检查熔断丝是否熔断。熔断丝熔断，检查该线路与搭铁之间的电阻。熔断丝正常，检查线路端对端的电阻(<2Ω)
断开B52A(B52B)线束连接器	在1端子和2端子之间连接一个试灯	应不点亮	试灯点亮，检查控制电路对搭铁之间的电阻，电路测试正常，说明控制单元损坏
连接故障诊断仪，打开点火开关	在1端子和2端子之间连接一个试灯，用故障诊断仪动作测试氧传感器加热器	试灯应点亮	不点亮，检查控制电路对搭铁之间的电压和控制电路端对端电阻； 试灯始终点亮，检查控制电路对搭铁之间的电阻(应为∞Ω)
连接故障诊断仪，打开点火开关	在4号端子和3号端子之间连接一条带3A熔断丝的跨接线，起动发动机，观察加热型氧传感器参数	低于60mV	如果电压大于规定值，说明控制单元损坏； 电路测试正常，说明控制单元损坏

(3)氧传感器加热器的检查。用万用表欧姆挡检测氧传感器加热器的1号和2号端子之间的电阻，应为8～20Ω。如果阻值超过规定值，则更换加热型氧传感器。

(4)加热型氧传感器的信号波形及参数设定。工作正常的氧传感器输出信号的信号波形及示波器参数设置,如图3-1-110所示。

(5)加热型氧传感器加热电路的波形。氧传感器加热器控制电路的信号波形及示波器参数设置,如图3-1-111所示。

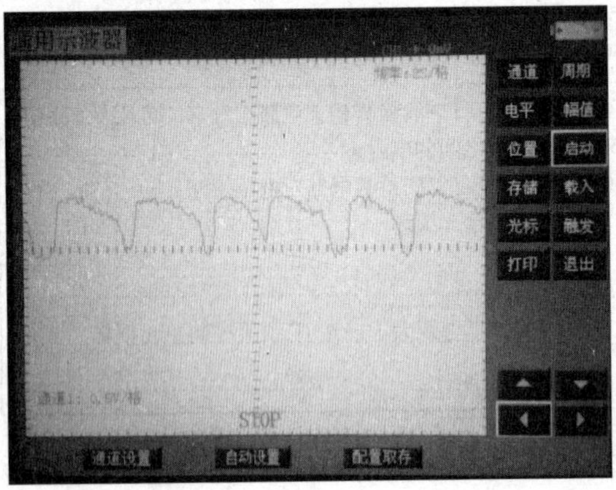

图3-1-110 氧传感器信号波形

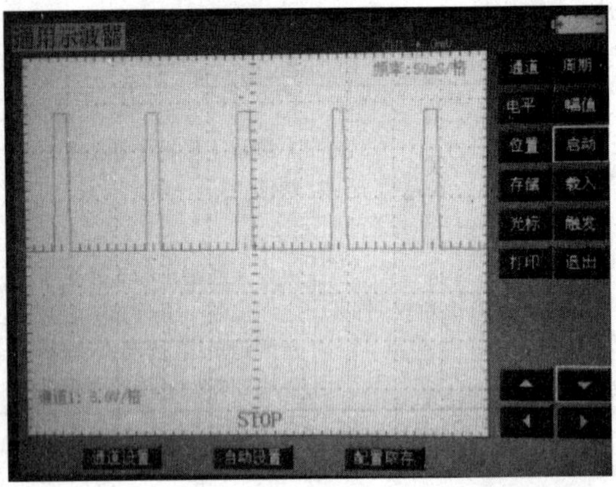

图3-1-111 氧传感器加热器控制信号波形

练一练

1. 填空题

(1)现在常用的OBDⅡ诊断接口,其端子总共是(　　)针。

(2)OBDⅡ诊断接口中,6号端子的作用是(　　)、14号端子的作用是(　　)。

(3)常见的故障码,按其性质可分为(　　)、(　　)和(　　)三种。

2. 选择题

(1)国标OBDⅡ规定,诊断接口的位置一般以转向盘为中心周围(　　)内。

A. 30cm　　B. 40cm　　C. 50cm　　D. 60cm

(2)测量科鲁兹轿车的曲轴位置传感器时,示波器的低电平参考电压应连接(　　)。

A. 蓄电池正极　　B. 蓄电池负极

C. 5V参考电源正极　　D. 无所谓

(3)科鲁兹轿车的加速踏板位置传感器的类型是(　　)。

A. 霍尔式　　B. 磁电式　　C. 滑动电阻式　　D. 磁阻式

3. 判断题

(1)检测凸轮轴位置传感器时,可采用测量传感器电源端子和搭铁端子之间的电阻来判断传感器的好坏。(　　)

(2)测量凸轮轴位置调节电磁阀时,只要电磁阀的阻值正常,就说明该电磁阀正常。(　　)

(3)读取故障码后,要立即清除故障码并重新读取。（　　）
(4)测量爆震传感器时,必须使用高精度数字汽车专用万用表测量。（　　）

4. 问答题

(1)造成报告曲轴位置传感器故障码的原因是什么？怎样检测？
(2)故障诊断仪中的“失火”中“火”的含义是什么？什么原因会导致“失火”？
(3)查阅资料,电磁式曲轴位置传感器的检测方法有哪些？
(4)查阅资料,现在为什么很多车既安装空气流量计,又安装进气压力传感器？

做一做

由学生进行现场操作,由教师根据评分标准进行打分,评定教学质量。

1. 凸轮轴位置传感器的检测

每三人一组,完成科鲁兹轿车发动机凸轮轴位置传感器的检测。

2. 喷油器性能检测

每三人一组,进行凸轮轴位置传感器性能检测。

任务评价

故障码的读取检查评价,见表 3-1-40。

故障码的读取检查评价表　　表 3-1-40

序号	内容及要求	评分	评 分 标 准	自评	组评	师评	得分
1	准备	10	未进行车辆安全检查扣 5 分 未对车辆进行翼子板布防护扣 5 分				
2	清洁	10	未清洁线路连接器扣 2 分 未一次正确找到诊断接扣 3 分 诊断接口选择不正确扣 5 分 未关闭点火开关连接诊断仪,一次扣除全部分数				
3	检测过程	50	选择功能不正确扣 5 分 选择车型不正确扣 5 分 确定车辆生产年限不正确扣 5 分 选择系统错误扣 10 分 故障码查阅维修手册不正确扣 10 分 读取冻结帧数据不正确扣 10 分 清除故障码不正确扣 5 分				
4	检测结果	10	故障传感器确定不正确扣 5 分 故障码与数据流关联错误扣 5 分				

续上表

序号	内容及要求	评分	评 分 标 准	自评	组评	师评	得分
5	结论判断	10	根据检测结果扣10分				
6	安全文明生产	10	检验结束后不清洁扣5分 检验后工量具不归位扣5分 量具落地或有碰撞，此项不得分				

传感器检测检查评价，见表3-1-41。

传感器检测检查评价表

表3-1-41

序号	内容及要求	评分	评 分 标 准	自评	组评	师评	得分
1	准备	10	未进行车辆安全检查扣5分 未对车辆进行翼子板布防护扣5分				
2	清洁及拆卸线路连接器	10	未清洁线路连接器扣2分 拆卸连接器未正确脱开卡扣扣3分 损坏连接器卡扣扣5分				
3	检测过程	50	测量传感器搭铁错误扣5分 测量传感器电源电压错误扣5分 测量传感器信号电压错误扣5分 选用测量线错误扣10分 示波器线路连接错误扣10分 示波器参数设置错误扣10分 波形打印不正确扣5分				
4	检测结果	10	电压检测结果分析不正确扣5分 示波器波形结果分析错误扣10分				
5	结论判断	10	判断故障不正确扣10分				
6	安全文明生产	10	检验结束后不清洁扣5分 检验后工量具不归位扣5分 量具落地或有碰撞，此项不得分				

喷油器性能检测评价，见表3-1-42。

喷油器性能检测评价表

表3-1-42

序号	内容及要求	评分	评 分 标 准	自评	组评	师评	得分
1	准备	10	未进行车辆安全检查扣5分 未对车辆进行翼子板布防护扣5分				

续上表

序号	内容及要求	评分	评 分 标 准	自评	组评	师评	得分
2	清洁及拆卸线路连接器	10	未清洁线路连接器扣2分 拆卸连接器未正确脱开卡扣扣3分 损坏连接器卡扣扣5分				
3	泄压	10	正确找出油泵熔断丝5分 正确拆卸燃油与燃油轨道连接器5分 损坏连接器卡扣,扣除全部分数				
	拆卸喷油器	10	正确拆卸油轨固定螺栓2分 正确拔下四个喷油器连接器2分 正确拆卸四个喷油器卡子2分 正确拔下四个喷油器4分				
4	喷油器清洗	5	将喷油器放入超声波清洗机1分 正确导入适量的超声波清洗液1分 根据喷油器堵塞程度,选择合适的清洗时间3分				
	连接喷油器清洗检测仪	35	选择正确的连接适配器5分 能够正确连接喷油器清洗检测仪5分 管路连接正常,无泄漏扣5分 各按键功能描述正确扣3分 调压选择压力正确扣3分 喷油量错误扣2分 各缸油量不均匀判断错误扣2分 对喷油器处理方式错误扣10分				
5	结论判断	10	判断故障不正确扣10分				
6	安全文明生产	10	检验结束后不清洁扣5分 检验后仪器表面油迹清洁不彻底扣5分 量具落地或有碰撞,此项不得分				

教学提示

教学提示见表3-1-43。

教 学 提 示　　表3-1-43

项目三任务1	电控燃油喷射发动机的检测与诊断	学时	10
学习目标	1. 掌握电控汽油喷射发动机电控系统的检测诊断方法; 2. 能分析故障原因和故障部位,并进行排除; 3. 能正确使用电控汽油喷射发动机电控系统检测诊断常用仪器设备		

续上表

学习内容	教学方法与建议	
1. 发动机电控系统检测维修注意事项； 2. 故障码的基本知识； 3. 数据流的基本知识； 4. 信号波形的基本知识； 5. 电控汽油喷射发动机电控系统的检测诊断工艺方法与故障分析方法	通过项目教学法实施教学： 1. 将电控汽油喷射发动机电控系统检测诊断划分为：任务目标、任务导入、知识准备、任务实施、知识拓展、做一做、任务评价等内容，在老师的指导下制定方案并实施，最终进行评价； 2. 学生通过7个具体的过程，将理论知识融入实际操作中； 3. 教学过程中体现以学生为主体，教师进行适当讲解，并进行引导、督促和评估； 4. 教师应提前准备好各种多媒体资料、任务工单、教学课件，并准备教学场地和设备	
教学媒体与设备	学生已有的知识、能力要求	教师执教的要求
1. 实训设备：汽车、举升机、电脑检测仪、汽车万用表、示波器、冰点测试仪、拆装机具等； 2. 多媒体教学设备； 3. 多媒体教学课件、软件； 4. 网络教学资源； 5. 电控汽油喷射发动机电控系统检测诊断考核任务单	1. 安全操作知识； 2. 汽车发动机构造与拆装； 3. 万用表、示波器等仪器设备使用	1. 能够根据教学方法合理设计教学情境； 2. 熟悉电控汽油喷射发动机电控系统检测诊断的安全操作规程； 3. 能够完成电控汽油喷射发动机电控系统检测诊断工作； 4. 能对检测参数进行分析，诊断故障部位； 5. 具备协调各方、处理学生误操作的能力

任务2 燃料供给系的检测与维修

任务目标

(1)汽油泵及汽油压力检测。
(2)喷油器的电路及性能检测。
(3)进行故障排除。

任务导入

一辆桑塔纳轿车，行驶98000km，出现加速排气管放炮、尾气呛人、发动机抖动现象，进厂维修。

任务准备

燃油供给系统主要作用是根据发动机工作的需要，定压、适量地给发动机提供燃油。发动机燃料供给系统主要由油箱、燃油泵、输油管、燃油滤清器、脉动阻尼器、燃油压力调节器、燃油分配管和喷油器等组成，如图 3-2-1 所示。

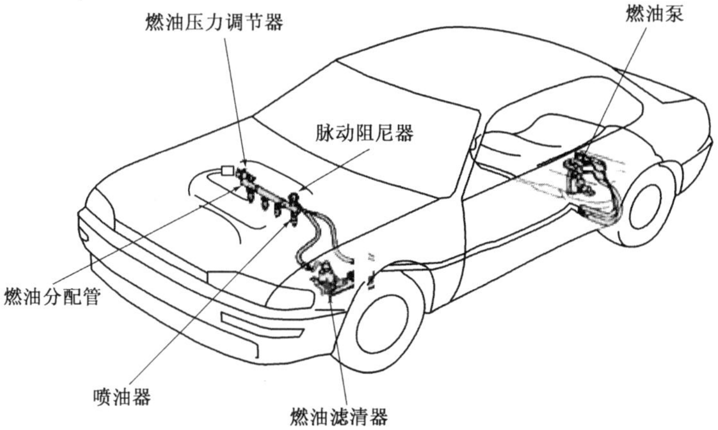

图 3-2-1　燃油供给系的组成

这里所谓的"定压"，指的是燃油供给系统供给发动机的燃油必须是压力恒定且符合标准的油压，过高或者过低都会对发动机的正常工作产生影响。

一般多点燃油进气道喷射的发动机，在打开点火开关使电动燃油泵运转，此时的燃油压力应符合技术要求，一般应在 260 ~ 350kPa 范围内。将压力调节器回油软管夹住，此时燃油油压应升高，一般应升高 100kPa 左右为好。

关闭点火开关，等待 5min，此时油压表读数即为燃油供给系统保持压力，一般应达到 150kPa 以上，否则说明燃油系统存在泄漏或者油泵单向阀损坏。

发动机怠速运转时，油压表读数即为燃油供给系统的怠速工作压力，一般为 0.25MPa。发动机怠速工作时，拔下燃油压力调节器上的真空管，油压应上升至 0.3MPa，否则应更换油压调节器。急加速至节气门全开时，油压表读数即为燃油供给系统的急加速油压，一般急加速时油压应迅速由怠速工作时的 0.25MPa 上升至 0.3MPa，某些涡轮增压发动机急加速油压可能达到 0.35 ~ 0.383MPa。

通常情况下，燃油系统压力过高或者过低的原因及对车辆造成的影响，如表 3-2-1 所示。

油压异常及其对发动机的影响　　表 3-2-1

项目	形成原因	对发动机的影响
压力过高	燃油油压调节器卡滞、堵塞； 油压限压阀卡滞； 燃油压力调节器真空管脱落或真空管堵塞	造成单位时间内喷油量增多，混合气过浓。读取数据流会发现短期燃油修正为正值
压力过低	燃油管路泄漏； 喷油器卡滞在打开位置； 喷油器密封不严； 油泵磨损导致内漏； 油泵总成输油管泄漏； 油泵限压阀密封不严或卡滞在打开位置； 燃油压力调节器损坏； 油泵吸油集滤器堵塞	汽油压力过低，会造成单位时间内喷油器出油量减少，混合气过稀；或者由于压力不足导致燃油雾化不良，导致发动机尾气排放超标。如果压力进一步降低，出油量降低到一定数值时，会导致车辆无法起动或者起动困难

续上表

项目	形 成 原 因	对发动机的影响
无油压	油泵由于电路故障不工作； 油箱内无油； 油泵由于杂质卡滞不转； 油泵总成内部输油管脱落	车辆无法起动

任务实施

一、询问

向驾驶员询问，驾驶员反映汽车行驶无力，提速慢，发动机有“突、突、突”类似放炮的声音，燃油消耗明显增加。

二、诊断过程（略）

三、诊断步骤

1. 外观检查

检查发动机线路连接无松动、电脑外观无进水现象，真空管无破裂、连接可靠，油管无泄漏。

2. 读取故障码

1）读取故障码的要求

（1）读取故障码。

（2）初步分析故障原因。

2）仪器准备

（1）解码器。

（2）维修手册。

3）检查步骤

（1）连接解码器。

（2）读取故障码。

读取故障码，显示故障码为 P0015。查资料可知，该故障码对应的故障为混合气过浓修，正超过极限。

3. 读取该车数据流

1）读取故障码的要求

（1）读取数据流。

（2）初步分析故障原因。

2）仪器准备

（1）解码器。

（2）维修手册。

3）检查步骤

（1）连接解码器。

（2）读取数据流。

读取该车数据流，基本数据如表 3-2-2 所示。

发动机基本数据流　　表 3-2-2

数据流	实测值	正常值	含义
发动机转速	840～940r/min 之间波动	(850±50)r/min	不正常
冷却液温度	92℃	不超过 115℃	正常
进气温度	36℃	环境温度	正常
空燃比	-7.0%	在 0 附近	混合气浓
喷油时间	3.6ms	2.4～2.8ms	喷油脉宽过大
短期燃油修正	-25%	±10% 之间	混合气浓，系统减少喷油
长期燃油修正	-7%	接近 0%	混合气长期偏浓、系统调整减少喷油量

经过对上述数据的分析可知，该车确实存在混合气过浓的现象，也符合本车排气管放炮的故障现象。

4. 检查火花塞跳火

1）火花塞跳火检查的要求

（1）拆装火花塞。

（2）检查火花塞。

（3）判断火花塞可否继续使用。

2）仪器准备

（1）火花塞套筒。

（2）汽车万用表。

（3）汽缸压力表。

（4）厚薄规。

3）检查步骤

（1）断开发动机喷油器插头或者断开喷油器电源熔断丝。

（2）取下发动机的高压线，如图 3-2-2 所示。

提示：用手捏住金属部分，向外沿直线方向拔出四根高压导线。

注意：不要直接捏住高压线拉，以防止拉断。

（3）拆卸四个火花塞，如图 3-2-3 所示。

图 3-2-2　拔下火花塞高压线

(4)检测火花塞及试火。用厚薄规测量火花塞中心电极与侧电极之间的间隙,如图 3-2-4 所示,间隙为 0.9mm,符合标准。

图 3-2-3　拆卸火花塞

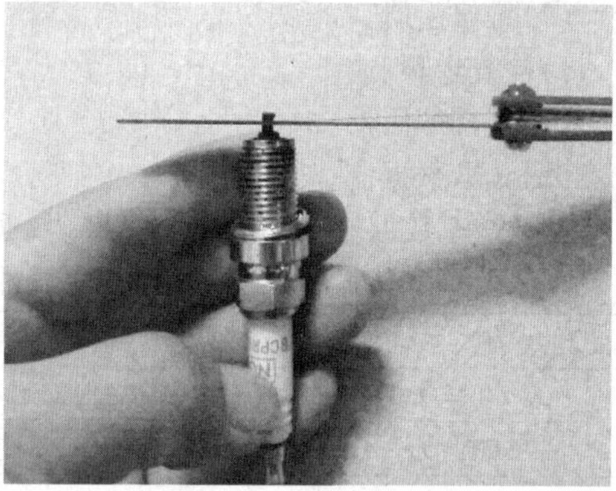

图 3-2-4　测量火花塞间隙

用万用表的欧姆挡检测火花塞的中心电极到接线螺母之间的电阻,阻值为 4.84kΩ,正常(图 3-2-5)。

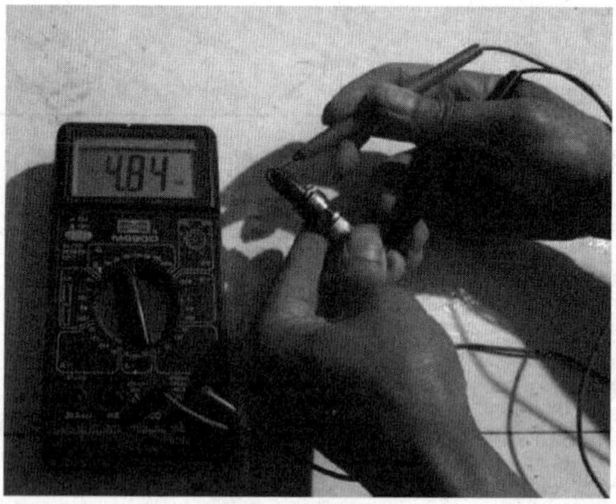

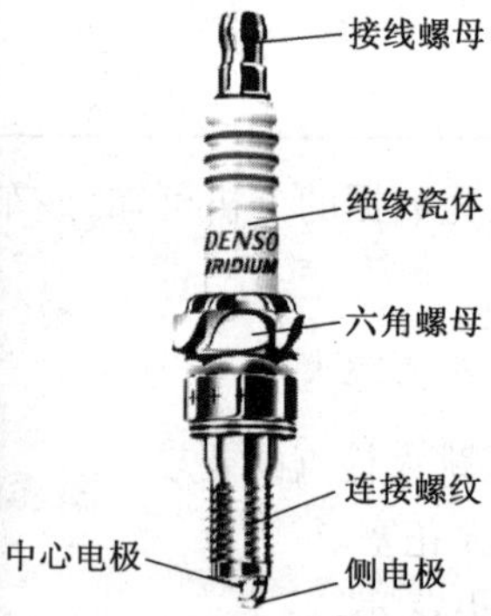

图 3-2-5　测量火花塞的阻值

将火花塞插入高压线,将火花塞的侧电极(或金属螺纹部分)搭铁,在确认安全后起动发动机,观察火花塞中央电极和侧电极之间的火花,经检查发现火花强劲有力,能量充足。就是火花塞表面发黑积炭严重,如图 3-2-6 所示。

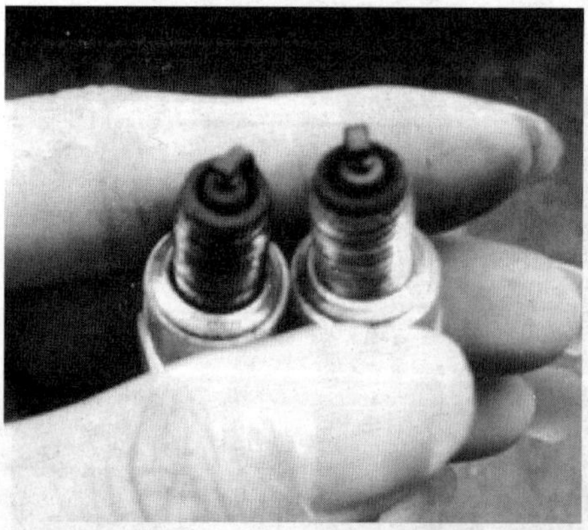

图 3-2-6　电极积炭的火花塞

5. 测试汽缸压力

测试汽缸压力,以便判断故障是否是由于汽缸压力不足导致的。

1)汽缸压力检查的要求

(1)测量汽缸压力。

(2)正确判断压力是否正常。

2)仪器准备

(1)火花塞套筒。

（2）汽缸压力表。

（3）喷油器检测仪。

3）检查步骤

（1）准备发动机汽缸压力表，如图 3-2-7 所示。

图 3-2-7　汽缸压力表

（2）拆下全部汽缸火花塞、断开所有喷油器的熔断丝或连接线。

（3）将组合好的汽缸压力表的测试杆锥形橡胶头用力顶住所要测量汽缸的火花塞孔，如图 3-2-8 所示。

（4）将节气门全开，起动发动机 3 ~ 5s，读取汽缸压力。测量时发动机的转速不低于 150 ~ 180r/min。该发动机四个汽缸的压力均为 1000 ~ 1300kPa，各缸之间最大压力差为 300kPa，在规定范围内，可见该故障不是由于汽缸压力不足引起的。

汽缸压力表如图 3-2-9 所示。表头的刻度单位有 kgf/cm^2、kPa、psi（磅力/英尺^2）和 MPa 四种。现在广泛使用的压力表的单位为 kgf/cm^2、psi 和 MPa。内圈红色的刻度表示的是 kgf/cm^2，外圈黑色刻度表示的单位是 psi。测量时，表针指示的刻度数值即为该缸气压的汽缸压力值。注意在每次测量之前要按动回位按钮，使表针指向零位。

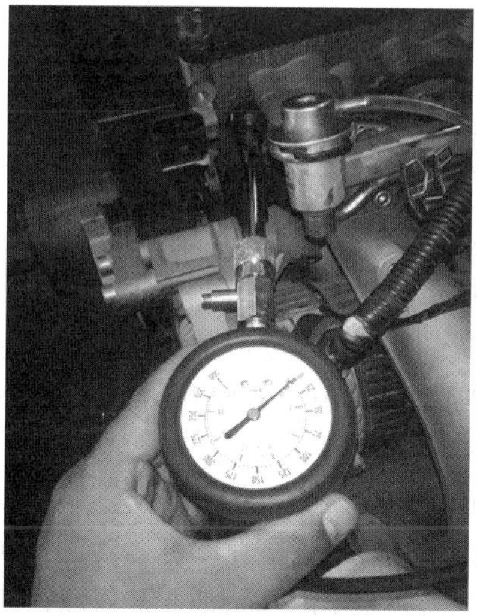

图 3-2-8　将锥形帽顶住火花塞安装孔

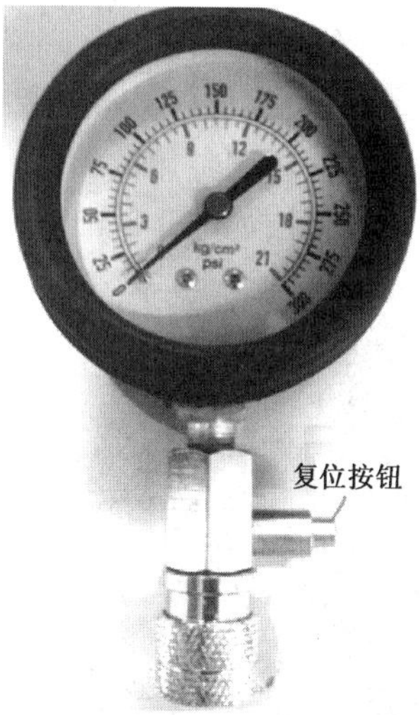

图 3-2-9　汽缸压力表表盘刻度

常见汽缸压力表盘刻度单位换算比为：

$$1MPa = 1000kPa \approx 10kgf/cm^2 \approx 145psi(磅力/英尺^2)$$

造成汽缸压力过低的常见原因有：

①汽缸垫损坏、缸盖螺栓松动或缸盖变形。

②气门间隙调整过小或气门与座密封不严。

③活塞环弹力不足、断裂或环口重叠。

④汽缸壁磨损过甚或缸壁拉伤。

6. 检测燃油压力

经过以上检查，可以确定发动机点火系统工作和汽缸密封性良好，基本可以判断故障原因为燃料供给系统故障。

燃料供给系统引起排气管放炮的常见原因，如表 3-2-3 所示。

排气管放炮的原因 表 3-2-3

放炮原因	燃油雾化不良	混合气过浓	混合气过稀
故障成因	燃油压力不足 燃油泵不良 喷油器堵塞 燃油滤清器堵塞	喷油嘴卡滞 喷油嘴磨损 进气量不足 燃油滤清器堵塞	喷油嘴堵塞 进气量过大 进气系统漏气

总结出故障原因后，便可以根据难易程度和操作方便性等方面进行故障诊断。

1）燃油压力检查的要求

（1）将燃油管路残余压力解除。

（2）测量燃油压力。

（3）正确的判断燃油压力是否正常。

2）仪器准备

（1）燃油压力表套件。

（2）拆装工具。

汽油压力检测通常需要用专用的汽油压力表进行检测，燃油压力表为一个压力表配备多种适配接头，形式有多种，如图 3-2-10 所示。

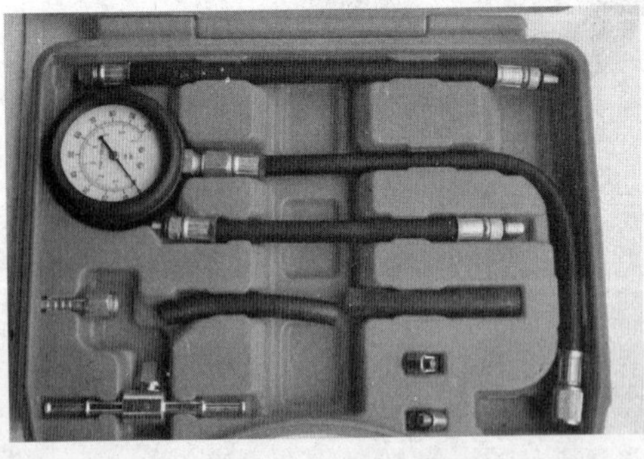

图 3-2-10 燃油压力表

早期部分车辆的燃油压力调节器上面带有燃油压力指示器，现在的车辆绝大多数采用无回油系统的供油系统，所以无法直接观察燃油压力，必须借助专用的燃油压力检测表来进行。

3）检查步骤

（1）泄压。拔掉油泵熔断丝或者断开油泵插头，起动发动机，直至发动机自动熄火，重复 2～3 次使燃油管路里的残余油压被发动机消耗，以防止断开燃油管路时燃油喷出。

（2）寻找合适的位置，断开燃油供给系的进油管路。部分车辆在燃油轨道或者燃油管路某个位置设置了专用的油压测试接口,如果没有这种接口,一般可选择的位置有燃油滤清器处、燃油分配管连接处,如图 3-2-11 所示。

提示:在断开燃油管路之前,应先在断开管路底部垫上抹布等吸油材料,然后轻轻松开接头观察有无燃油喷出,如有喷出,应及时用抹布盖住喷油部位,防止燃油洒落。等燃油无压力后,再完全断开管路连接。

(3)拆除滤清器,并连接好油压表(根据油管接头选择合适的适配器),用卡箍固定油压表,如图 3-2-12 所示。

图 3-2-11　燃油滤清器位置

图 3-2-12　连接好汽油压力表

(4)测量燃油压力。在燃油分配管与进油管连接处进行压力检测,连接好油压表后,尝试起动发动机同时观察燃油压力。经过测量,汽油压力显示为 270kPa,燃油压力正常。如果发动机无法起动,可将燃油泵继电器拔掉,用电路直接跨接,给油泵供电进行油压检测。经检测,该车起动时的压力如图 3-2-13 所示,关闭点火开关后 15min 保压压力如图 3-2-14 所示。

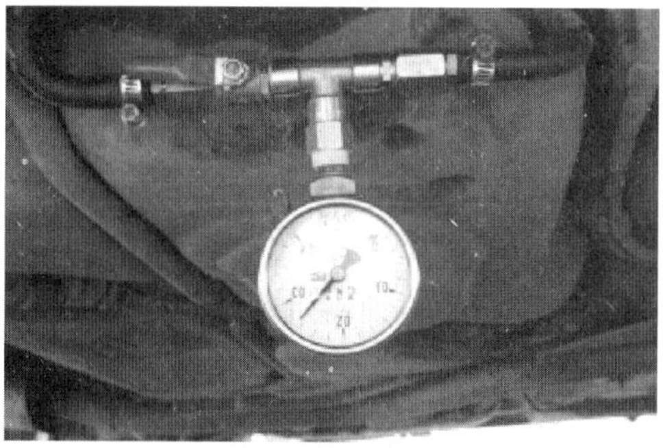

图 3-2-13　起动发动机时的油压

图 3-2-14　关闭点火开关 15min 后油压

关闭点火开关,15min 后,压力从 150kPa 下降到 0kPa,这说明该系统中存在燃油泄漏。

根据图 3-2-15 所示的燃油供给系统的组成,我们可以分析导致燃油泄漏的原因有以下几个:

①油泵内部泄漏或者燃油泵本身供油压力不足。

②喷油器卡滞导致的燃油泄漏。

③燃油压力调节器密封不良导致的燃油内部泄漏。

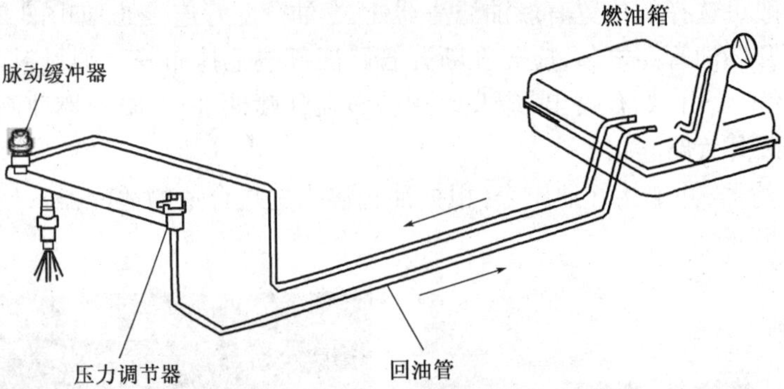

图 3-2-15　燃油供给系统示意图

对于压力调节器导致的燃油泄漏，可以用钳子夹住供油系统的回油管（阻止其回油），来观察燃油压力是否继续下降来判断是否是压力调节器导致的故障。经检测，夹住回油管后，燃油压力仍然会继续下降，可见该故障并不是压力调节器导致的。

7. 喷油器的检测

喷油器的检测主要分为电路检测和机械性能检测。

1）喷油器检查的要求

（1）检测喷油器电阻值。

（2）检查喷油器机械性能。

2）仪器准备

（1）万用表。

（2）喷油器清洗检测仪（带超声波清洗功能）。

（3）化油器清洗剂。

3）检查步骤

喷油器的检测分成两大部分，第一部分为喷油器电路性能检测，由于喷油器电路的检查在任务 1 中已经明确，所以喷油器线路部分的检测此处不再赘述，仅介绍喷油器本身电路性能检测；第二部分为喷油器机械性能检测。

图 3-2-16　未清洗的喷油器端部

（1）拆卸喷油器。

①拔下熔断丝、继电器或油泵插头，起动发动机直至熄火，重复 2 次，卸去燃油系统中的残余燃油压力。

②拆卸油轨，拆下喷油器。

③用化油器清洗剂清洗喷油器外观的杂质、泥沙及积炭。

未清洗的喷油器，如图 3-2-16 所示。

提示：事前清洗的目的是防止大型杂质进入喷油器检测仪的清洗剂内部造成设备损坏，提高清洗检测仪内部清洗液的使用寿命。

(2)检测喷油器电阻。喷油器按其电磁线圈电阻的大小,可分为高阻抗型喷油器和低阻抗型喷油器两种。低阻抗型喷油器电磁线圈的电阻较小,约为3Ω,其控制电路上通常要串联1个电阻,称为附加电阻,起降压和限流的作用。这种喷油器在检修时不能直接和12V电源连接,否则会烧坏电磁线圈,目前较少采用。

高阻抗型喷油器电磁线圈的电阻较大,为13~16Ω,其控制电路上没有附加电阻,这种喷油器在检修时可直接和12V电源连接,使用较多。

通过阻值检测,可以确定喷油器电路有无故障。一般故障及其原因如表3-2-4所示。

喷油器阻值异常原因表　　表3-2-4

项目	偏　大	偏　小	非　常　小	无　穷　大
故障原因	喷油器线圈老化,内部线路连接处腐蚀	喷油器线圈存在匝间短路	线圈内部直接短路、漆包线绝缘层烧毁短路	喷油器线圈断路

将万用表置于欧姆挡位,用两只表笔直接测量喷油器的两个电路端子间的电阻,如图3-2-17所示。

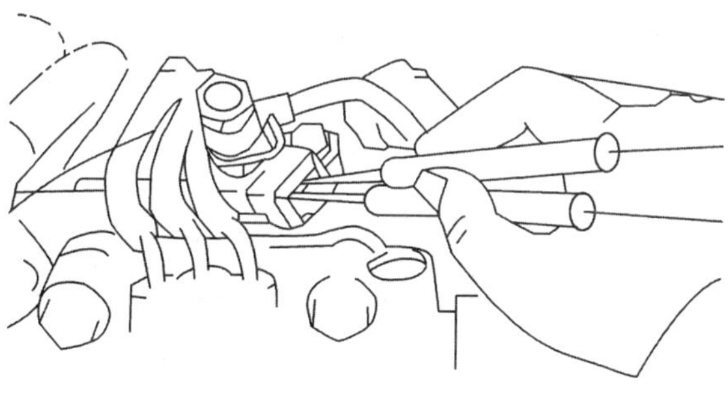

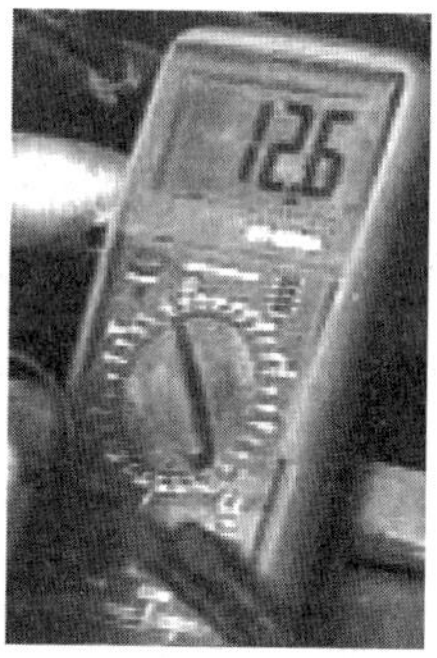

图3-2-17　测量喷油器阻值

经检测,该车四只喷油器阻值均为12.6~13.2Ω,符合标准值。

(3)根据喷油器头部尺寸选择合适的适配接头,如图3-2-18所示。

选择好适配接头后,将适配接头连接喷油器,如图3-2-19所示。

(4)组装喷油器和清洗检测仪燃油分配管,如图3-2-20所示。

(5)将燃油分配管及喷油器安装到清洗检测仪上,如图3-2-21所示。

(6)开机,打开油泵开关,调整油泵压力至280kPa(依据车型油压而定),如图3-2-22所示。

(7)观察量筒内有无油液或者观察喷油器头部有无滴油现象,如图3-2-23所示。如果有滴油,说明喷油器泄漏,需要进行清洗,如果清洗无效果必须更换喷油器。

(8)选择系统长喷按键,观察燃油雾化能力,如图3-2-24所示。

正常的喷油形状为均匀的雾状,没有滴漏,有明显的轴线并沿轴线向四周发散,这样才能保证雾化的燃油与空气充分混合形成混合气,如图3-2-25所示。

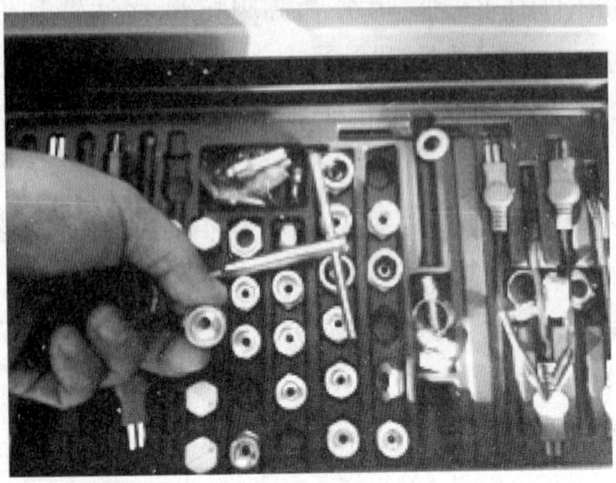

图 3-2-18　选择喷油器适配接口

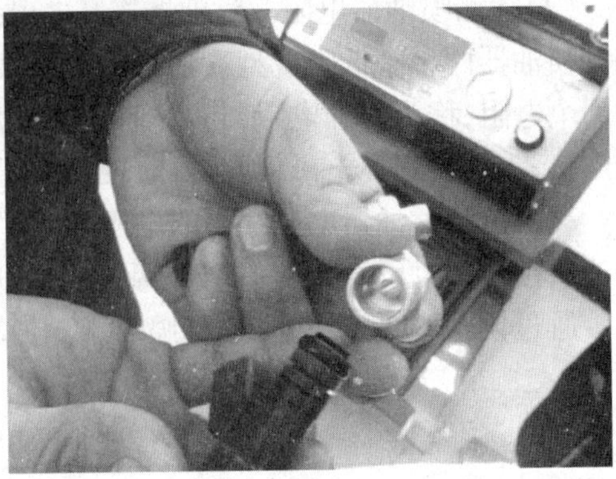

图 3-2-19　安装喷油器适配接口

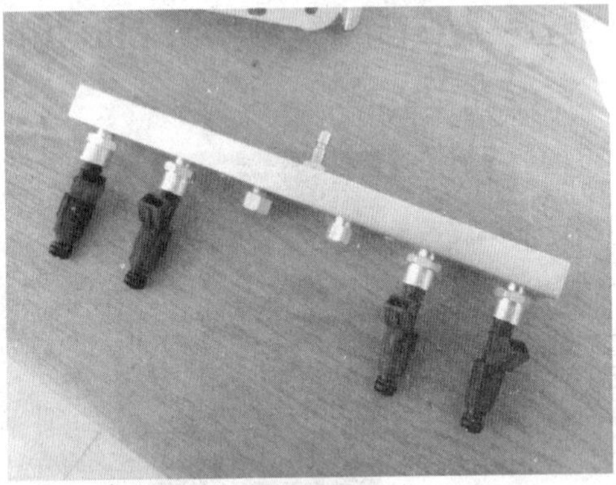

图 3-2-20　安装喷油器到检测仪燃油轨道

图 3-2-21　将喷油器安装到喷油器检测仪

图 3-2-22　喷油器清洗检测仪面板

图 3-2-23　喷油器密封性检测

图 3-2-24　选择长喷功能

图 3-2-25　雾化正常的喷油器

如果喷油器出油呈现线状、柱状等均属于雾化不良。对雾化不良的喷油器需进行超声波清洗，清洗效果不佳的需要更换。

(9)选择自动测试程序，喷油器默认喷油 4000 次(由于单次喷油量较少无法测量，所以采用多次喷油量累计测量)，观察量杯内的汽油量，如图 3-2-26 所示。若各量杯内燃油量的差小于 5%，说明各缸喷油器出油量均匀。

对于喷油量偏少的喷油器，可进行清洗后复检；如果喷油器出油量偏多，说明喷油器已经磨损，只能更换。

(10)喷油器超声波清洗。

①在超声波清洗机里面倒入清洁的清洗剂，如图 3-2-27 所示。

图 3-2-26　喷油器出油量不均匀

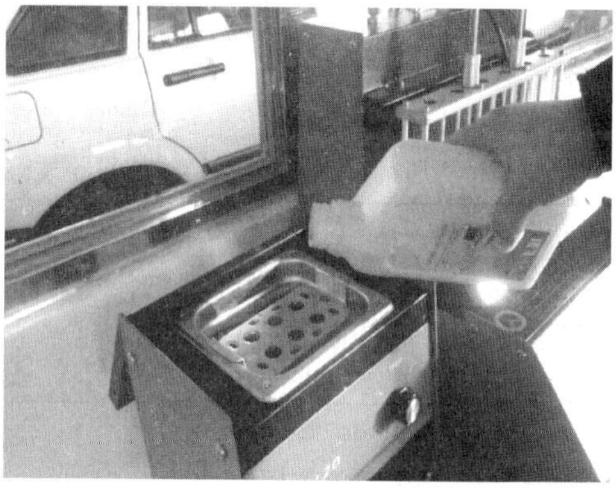

图 3-2-27　在超声波清洗机加入清洗液

②将喷油器放入超声波清洗机内，定时 15min(清洗时间视实际情况可延长或反复清洗)，如图 3-2-28 所示。

③将喷油器倒着安装在喷油器清洗检测仪上，连接电源线，按长喷键进行内部冲洗，如图 3-2-29 所示。

提示：这一步非常重要，因为在超声波清洗后，喷油器内部的杂质已经脱落。如果此时直接进行正向冲洗，则脱落的杂质会直接堵塞喷油器的喷口。

喷油器常见机械性能故障原因及其处理方式，如表 3-2-5 所示。

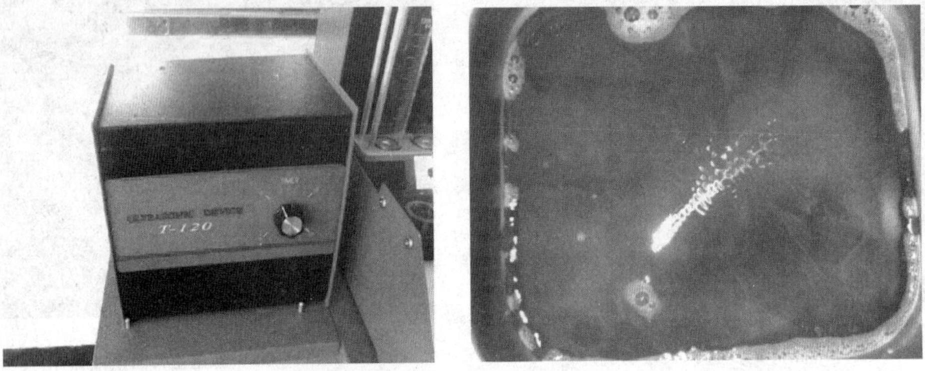

图 3-2-28 喷油器超声波清洗

图 3-2-29 喷油器反向冲洗连接

喷油器故障原因及处理方式 表 3-2-5

项目	故障原因	处理方式
密封性能	1. 喷油器卡滞； 2. 喷油器积炭导致密封不良； 3. 喷油器磨损	清洗 清洗 更换
雾化性能	1. 喷油器积炭； 2. 喷油器堵塞； 3. 喷油器磨损	清洗 清洗 更换
各缸出油均匀性	1. 均匀； 2. 不均匀； 3. 一缸或几缸出油量量偏多； 4. 一缸或几缸出油量量偏少	良好 清洗 更换出油量偏多的喷油器或全部更换 清洗

知识拓展

一、燃油泵的检查

发动机的汽油泵由电控单元控制，控制单元根据车辆工作状态控制油泵的运行，下面以科鲁兹1.6AT天地版轿车为例，说明油泵控制电路的检测方式及过程。科鲁兹轿车控制电路，如图3-2-30所示。

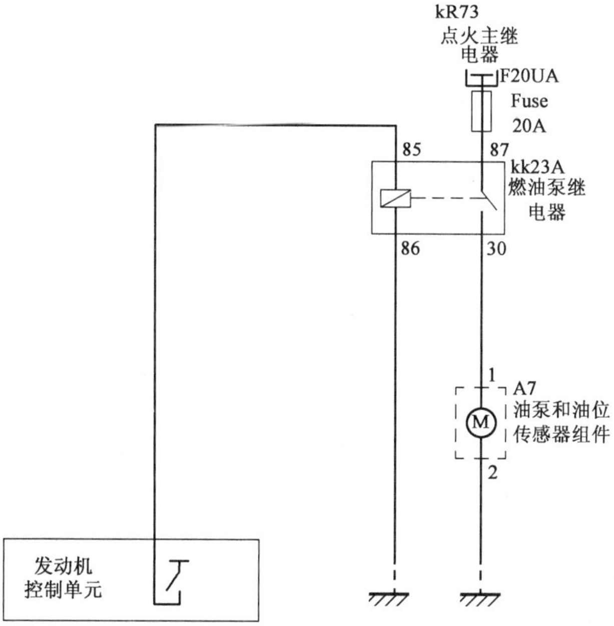

图3-2-30　油泵控制电路图

在该电路中，KR23A为油泵继电器，负责为油泵提供电源。KR23A的86号脚为继电器线圈，为直接搭铁的负极搭铁；85号脚为发动机控制单元K20控制的电源，只要发动机控制单元给继电器85号脚提供12V的电源，该继电器便可吸合，接通继电器的8 7和30号端子之间的电路，将点火主继电器提供的通过油泵熔断丝F20输出的12V电源提供给油泵A7，油泵便可以转动工作。油泵控制电路的检修步骤及标准，如表3-2-6所示。

油泵控制电路的检测　　表3-2-6

前提条件	测量项目	正常值	故障原因
打开点火开关，诊断仪连接发动机控制单元	进行油泵继电器动作测试，用手感觉油泵继电器是否动作	继电器有动作	如果继电器不动作，则首先查看继电器线圈控制电路
拔下KR23A油泵继电器	测量85号脚与搭铁之间的电阻	小于5Ω	电阻过大说明搭铁接触不良、线路开路或电阻过大
拔下KR23A油泵继电器	测量87号端子和搭铁之间的电压	12V	电压过低，检测熔断丝F20、相关电路端对端的电阻、线路对搭铁之间的电阻； 电压过高，检测电路对电压短路
连接故障诊断仪，打开点火开关	在85号端子和搭铁电路间连接一个试灯，用诊断仪动作测试油泵继电器	随着动作测试，试灯点亮和熄灭	试灯始终点亮：85号线路对电压短路，电路检测正常，说明控制单元损坏； 试灯始终不亮：85号线路开路或电阻过大，电路检测正常，说明控制单元损坏

续上表

前提条件	测量项目	正常值	故障原因
拔下 KR23A 油泵继电器	测量继电器 30 号端子与搭铁之间的电阻	1 ~ 2Ω	电阻过大，断开油泵 A7，测量油泵电动机本身阻值，并检测 30 号端子与 A7 之间线路端对端电阻，应小于 1Ω
关闭点火开关	用 15A 熔断丝跨线跨接油泵继电器 87 和 30 号端子	检查油泵是否运转正常	不正常：油泵故障； 正常：检查油泵油压应该为 345 ~ 414kPa，保压 5min，压力应下降不超过 34kPa，否则说明油泵的涡轮泵或单向阀损坏

二、进气管回火和排气管放炮的原因及维修注意事项

进气管回火和排气管放炮是发动机常见的故障。其原因就是混合气没有在汽缸内燃烧，而是在进气管或者排气管中燃烧造成的气流冲击。一般造成进气管回火和排气管放炮的原因有配气正时错乱、点火正时不正确、空燃比失调等。由于现在发动机均采用电子控制点火系统，所以对点火正时方面考虑的因素减少，但也不排除由于电子信号干扰或者电子控制单元破坏点火正时导致上述问题。实际维修中，绝大多数往往是配气正时错乱和空燃比两个方面的原因。

发动机回火时，高温的燃烧废气会从节气门处喷射而出，如果此时节气门口正对操作人员，则会对操作人员造成巨大的人身伤害。在实际维修过程中，部分维修人员喜欢用手直接操纵节气门（图 3-2-31），以便于直接观察发动机的运行情况，这是非常危险的。如果确实需要操作，操作人员应该避开节气门开口。

另外，在实际修理中，遇到判断不能起动的故障时，部分维修人员会采用向进气道喷射化油器清洗剂的方法来判断是否是燃油供给系统的故障（图 3-2-32），这也是非常危险的。因为当喷射化油器清洗剂时，不容易掌握好喷入量，如果喷入量超过空燃比限制，则会造成回火，回火一旦引燃化油器清洗剂，后果是非常可怕的，所以尽量不要使用此种方法。如果确实需要判断是否燃油供给方面存在问题，可在喷射化油器清洗剂后，等待维修人员撤离后再起动发动机。

图 3-2-31 直接控制节气门

图 3-2-32 化油器清洗剂直接喷入节气门

练一练

1. 填空题

(1)汽油机燃油供给系统由油箱、(　　)、(　　)、(　　)、(　　)、(　　)及燃油压力调节器组成。

(2)汽油发动机喷油器线圈电阻值超出正常范围的原因有(　　)、(　　)、(　　)。

(3)汽油发动机正常高阻抗喷油器的阻值是(　　)。

2. 选择题

(1)国标测量汽油压力时,汽油压力的单位是(　　)。

A. kPa　　B. kg/cm^2　　C. kg　　D. 其他

(2)测量喷油器阻值时,万用表选用的挡位应该是(　　)。

A. 电压挡　　B. 二极管挡

C. 0~200 欧姆挡　　D. 0~10 欧姆挡

(3)目前,标准采用的喷油器清洗方式是(　　)。

A. 化油器清洗剂清洗　　B. 水洗

C. 压缩空气　　D. 超声波

3. 判断题

(1)当测量燃油压力时,当油压不足时,肯定是燃油泵损坏导致的。　(　　)

(2)测试喷油器机械性能时,当某缸喷油器出油量明显偏大,则可以清洗喷油器,并重新检测。　(　　)

(3)当测量燃油压力时,当油压高时,肯定是燃油泵损坏导致的。　(　　)

(4)四缸发动机,只要四个喷油器出油量一致,则说明四个喷油器是好的。　(　　)

4. 问答题

(1)造成排气管放炮的原因是什么?说明其形成机理。

(2)根据对燃油供给系的理解,可以选择作为燃油压力检测的部位有哪些?

(3)分析造成汽油压力偏低的原因。

(4)查资料说明科鲁兹轿车燃油压力检测的部位。

做一做

由学生进行现场操作,由教师根据评分标准进行打分,评定教学质量。

1. 检测汽油压力

每三人一组,完成桑塔纳轿车汽油压力的检测。

2. 检测喷油器性能

每三人一组,喷油器性能检测。

任务评价

汽油压力检测检查评价，见表3-2-7。

汽油压力检测检查评价表

表3-2-7

序号	内容及要求	评分	评分标准	自评	组评	师评	得分
1	准备	10	未进行车辆安全检查扣5分 未对车辆进行翼子板布防护扣5分				
2	清洁	10	未清洁油管卡箍扣1分 未用抹布垫在油管接头下方扣5分 未清残余汽油扣4分				
3	检测过程	50	测量喷油器阻值不正确扣5分 连接油压表前未正确泄压扣10分 拆卸油管时，汽油洒落扣10分 测量位置不正确扣10分 选用适配接头不正确扣10分 起动发动机后未复查接头泄漏扣5分				
4	检测结果	10	检测油压读数不正确扣10分				
5	结论判断	10	根据检测结果判断不正确扣10分				
6	安全文明生产	10	检验结束后不清洁扣5分 检验后工量具不归位扣5分 量具落地或有碰撞，此项不得分				

喷油器性能检测评价，见表3-2-8。

喷油器性能检测评价表

表3-2-8

序号	内容及要求	评分	评分标准	自评	组评	师评	得分
1	准备	5	未准备喷油器清洗剂扣5分 未准备O形密封圈扣5分				
2	清洁	5	未清喷油器外表扣2分 未清洁喷油器积炭扣3分				
3	选择适配器	15	喷油器接口适配器选择错误扣5分 选择喷油器电路接口错误扣5分 喷油器安装不正确扣5分				
4	检测仪开机	15	开机前没将压力调零扣10分 开机后调整压力不正确扣5分				

续上表

序号	内容及要求	评分	评 分 标 准	自评	组评	师评	得分
5	滴漏检测	10	测试喷油器滴漏不正确扣10分 未测试滴漏直接测试扣5分				
6	喷油器雾化性能检测	10	检测仪参数选择不正确扣5分 结论不正确扣5分				
7	喷油器喷油均匀量测试	10	检测仪参数选择不正确扣5分 结论不正确扣5分				
8	安全文明生产	10	检验结束后不清洁扣工具扣5分 检验后工量具不归位扣5分 量具落地或有碰撞,此项不得分				

教学提示

教学提示见表3-2-9。

教 学 提 示 表3-2-9

<table>
<tr><td>项目三任务2</td><td>燃料供给系的检测与维修</td><td>学时</td><td>8</td></tr>
<tr><td>学习目标</td><td colspan="3">1. 掌握电控汽油喷射发动机燃油供给系统的检测诊断方法;
2. 能分析故障原因和故障部位,并进行排除;
3. 能正确使用电控汽油喷射发动机电控系统检测诊断的常用仪器设备</td></tr>
<tr><td>学习内容</td><td colspan="3">教学方法与建议</td></tr>
<tr><td>1. 燃油压力的检测诊断;
2. 喷油器的检测诊断与清洗</td><td colspan="3">通过项目教学法实施教学:
1. 将电控汽油喷射发动机燃油供给系统的检测诊断划分为:任务目标、任务导入、知识准备、任务实施、知识拓展、做一做、任务评价等内容,在老师的指导下制定方案并实施,最终进行评价;
2. 学生通过7个具体的过程,将理论知识融入实际操作中;
3. 教学过程中体现以学生为主体,教师进行适当讲解,并进行引导、督促和评估;
4. 教师应提前准备好各种媒体资料、任务工单、教学课件,并准备教学场地和设备</td></tr>
<tr><td>教学媒体与设备</td><td>学生已有的知识、能力要求</td><td colspan="2">教师执教的要求</td></tr>
<tr><td>1. 实训设备:汽车、举升机、拆装机具等;
2. 汽油压力表、火花塞专用扳手、电脑检测仪、汽缸压力表、喷油器清洗检测仪(带超声波清洗功能)、化油器清洗剂等;
3. 多媒体教学设备;
4. 多媒体教学课件、软件;
5. 网络教学资源;
6. 电控汽油喷射发动机燃油供给系统的检测诊断考核任务单</td><td>1. 安全操作知识;
2. 汽车发动机构造与拆装;
3. 万用表使用</td><td colspan="2">1. 能够根据教学方法合理设计教学情境;
2. 熟悉燃油供给系统检测诊断的安全操作规程;
3. 能够完成燃油供给系统的检测诊断工作;
4. 具备协调各方、处理学生误操作的能力</td></tr>
</table>

任务3 燃油喷射发动机空气供给系统的检测与维修

任务目标

(1)节气门的清洗及检测；

(2)节气门的匹配。

任务导入

一轿车怠速起步容易熄火，开启空调抖动厉害，怠速不稳，到修理厂进行修理。

任务准备

汽油发动机的空气供给系统主要任务是根据发动机不同的工况，定量地给发动机提供新鲜空气。外部空气从空气导流口进入空气滤清器、经过进气软管流经节气门进入进气歧管，最后进入各个汽缸，一般结构如图3-3-1所示。

节气门通过其开度的大小，调节进气道的通流面积从而控制进入发动机的空气量，以适应发动机不同的工况，如图3-3-2所示。

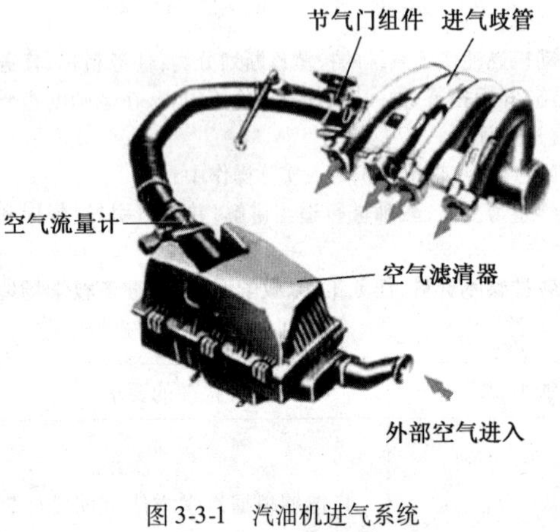

图3-3-1 汽油机进气系统

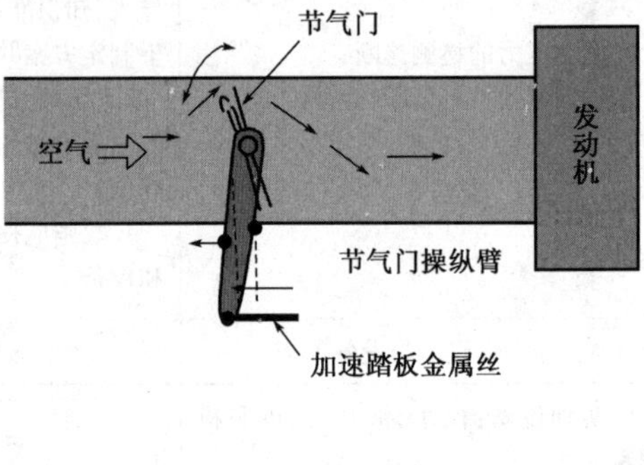

图3-3-2 节气门示意图

在发动机怠速的时候，调节进入发动机的空气量来调整发动机怠速的高低。当前发动机的怠速空气控制系统有两种，一种是节气门直接控制，另一种是在节气门的旁通气道上面安装怠速控制电动机控制怠速，其结构如图3-3-3所示。

在整个空气供给系统中，除了定期或者定里程更换空气滤芯外，常见的检查和维护项目就是节气门和怠速电动机的清洗及检查。

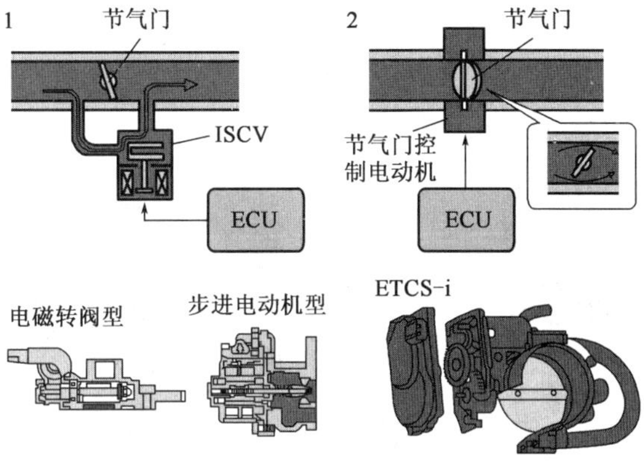

图 3-3-3　怠速的两种控制方式

任务实施

一、询问

询问驾驶员，驾驶员反映该车等红灯时怠速容易熄火，开启空调更是如此。查看该车辆的维护记录，发现自从超出保修期后，该车只进行了机油更换，没有进行其他维护，且至今已行驶 6 万 km。

二、诊断过程

本着由简单到复杂的原则，首先读取车辆发动机相关数据，如图 3-3-4 所示。该项数据中发动机负荷一项为 5.5%，而标准是低于 5%，这一变化说明怠速时，发动机电控单元控制的节气门开度已经超过规定的极限值。

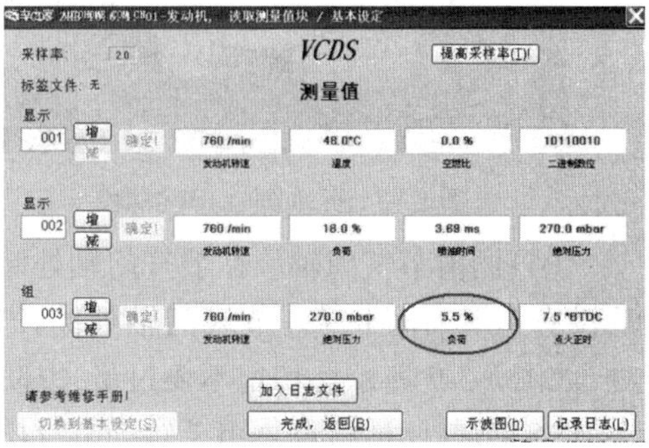

图 3-3-4　读取发动机数据流

节气门的开度表明了发动机需要的进气量及发动机的负荷，如果其开度显示值超过规定的开度，说明在原有规定开度下的进气量无法满足发动机运行的要求，于是电控单元指令增大节气门开度以便适应发动机的工作状况。

根据上面的数据，加上该车的实际故障现象，决定进行节气门的清洗及匹配。

节气门的拆解清洗：

1）节气门的拆解清洗的要求

（1）拆解进气软管及节气门。

（2）用化油器清洗剂或节气门清洗剂清洗节气门。

（3）装复节气门及进气软管。

2）仪器设备

（1）常用工具及化油器清洗剂、抹布，如图 3-3-5 所示。

(2)KT600 故障诊断仪或专用仪器。

3)清洗步骤

(1)拆卸进气软管两端的管箍卡子,如图 3-3-6所示。

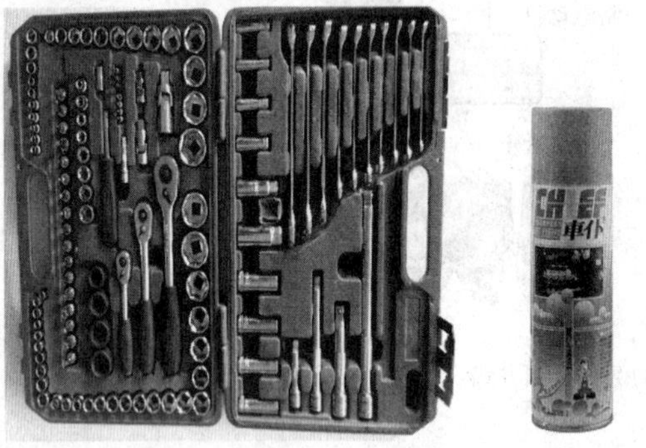

图 3-3-5　工具及化油器清洗剂

图 3-3-6　拆卸进气软管管箍卡子

提示:对于这种螺栓紧固的管箍卡子,优先选用合适的套筒拆卸,其次选用合适的一字或十字螺丝刀。

(2)拆卸节气门的固定螺栓,如图 3-3-7 所示。

(3)用化油器清洗剂喷到干净的抹布上,用抹布清洗节气门积炭,如图 3-3-8 所示。

图 3-3-7　拆卸节气门固定螺栓

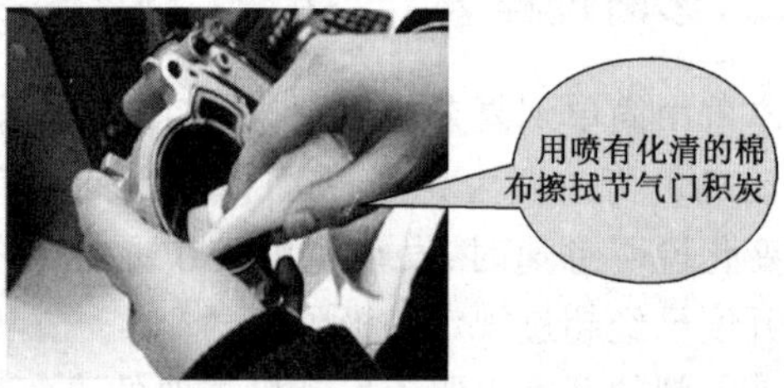

图 3-3-8　清洗节气门

(4)润滑节气门轴。在节气门轴处涂抹专用的润滑油,以防止节气门轴由于化油器清洗后没有润滑油而卡滞。节气门轴处涂抹润滑油,用尖形工具轻微蘸油,仔细滴在节气门轴处,如图 3-3-9 所示。切记不要过量,以防止润滑油过量而导致黏附灰尘。

(5)节气门的检查。用手转动节气门,检查其运动是否灵活,如图 3-3-10 所示。

图 3-3-9　润滑节气门轴

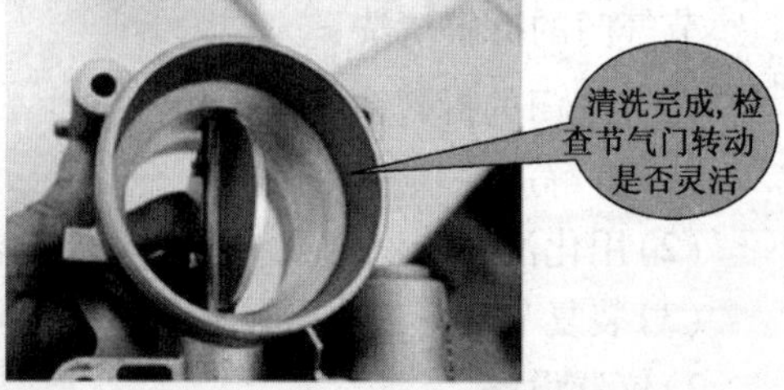

图 3-3-10　检查节气门运动灵活性

(6)安装节气门。

①安装节气门的密封圈或者密封纸垫,如图3-3-11所示。

安装时注意检查密封圈或者密封纸垫有无损坏,如有,必须更换新件。安装密封垫时一定让密封垫完全进入密封垫凹槽内,以防止在安装节气时,由于紧固螺栓导致密封垫破损漏气,安装到位的节气门密封垫如图3-3-12所示。

图3-3-11　安装节气门密封垫

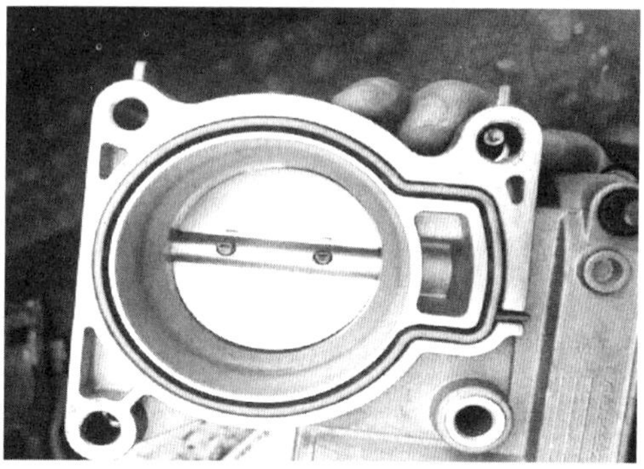

图3-3-12　安装好密封垫的节气门体

②安装节气门固定螺栓,并按照规定力矩用对角方式拧紧固定螺钉。由于进气道节气门固定螺纹材质较软,所以安装螺钉时,要先用手拧紧螺栓3~5圈,不要直接用工具加快速扳手拧,以防止螺纹不对齐造成螺纹损坏。紧固节气门固定螺钉,如图3-3-13所示。

③安装进气软管及两端卡箍。安装进气软管的卡箍时要注意,一定要按照原来的安装痕迹位置安装,以防止由于管路老化变硬造成紧固不到位造成漏气。安装进气软管卡箍,如图3-3-14所示。

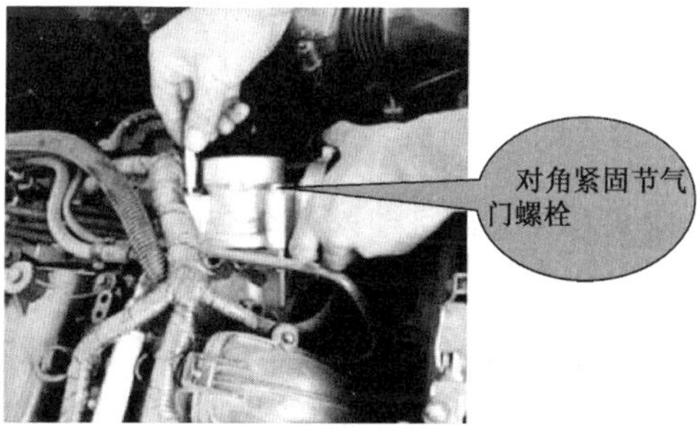

图3-3-13　安装节气门体固定螺栓

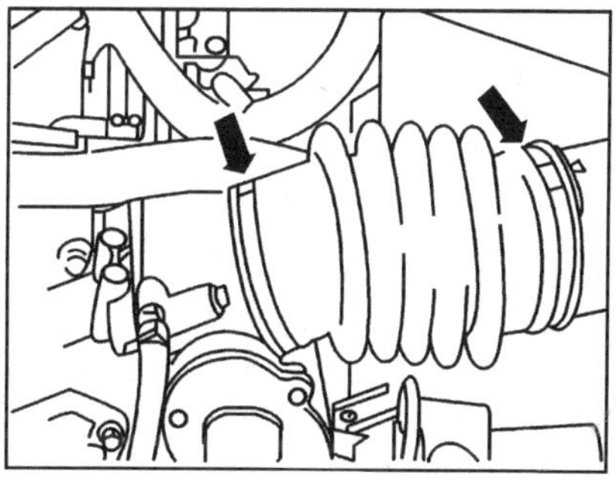

图3-3-14　安装进气软管卡箍

④连接节气门的插接器,重新连接节气门的线束连接器时,听到咔嗒一声时,表示锁止牢靠,如图3-3-15所示。

图3-3-15　连接节气门体线束连接器

⑤节气门匹配(复位)。清洗节气门装复后,起动发动机至正常工作温度,检查发动机的怠速能否至规定值。如果不能的话,用专用或通用型解码器进入发动机节气门匹配,匹配过程如下:

选择“发动机控制系统”→选择“匹配/设置”功能→选择“怠速学习”，对发动机电脑进行节气门复位或怠速重新学习，如图 3-3-16 所示。

进行完怠速学习功能后，检查转速表或者通过故障诊断与读取发动机数据，观察发动机数据是否正常，如图 3-3-17 所示。

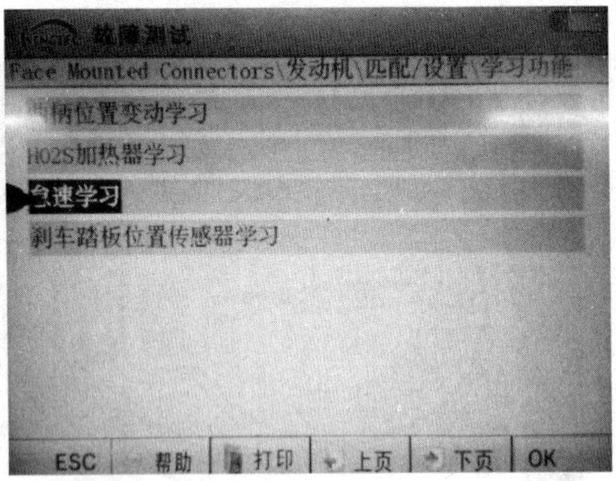

图 3-3-16　发动机怠速学习功能

图 3-3-17　观察仪表发动机转速

车辆的发动机怠速学习功能，通常需要在发动机冷却液温度达到正常工作温度后，并且确定发动机系统无故障码后才能进行，否则会提示“功能不清楚”或“此功能无法执行”等。

知识拓展

一、节气门积炭的来源

经过节气门的空气都是经过空气滤清器过滤过的清洁空气，但为什么节气门仍然会有很多的积炭呢？究其原因，主要有以下几个方面：

1. 曲轴箱通风系统的进气管

曲轴箱强制通风系统是将曲轴箱中透过活塞环窜入的废气和机油蒸气通过专用通风系统送入发动机的进气道，最终进入汽缸燃烧，从而减少废气对大气的污染。在发动机正常工作时，新鲜空气由空气滤清器后方的呼吸管进入发动机曲轴箱，曲轴箱中的废气和机油蒸气通过 PCV（曲轴箱强制通风阀）阀和 PCV 管进入节气门后方，被吸入发动机，如图 3-3-18 所示。但是当发动机停机后，由于 PCV 软管中没有了来自发动机的吸力，曲轴箱内的燃油蒸气则自由蒸发，最直接的是通过呼吸管进入进气软管。此时高达 100～180℃的机油蒸气在节气门附近遇冷凝结，使得节气门表面带有一定黏性的润滑油积炭。当发动机再次工作时，空气中的微颗粒就会黏结在节气门上，进而形成脏污。

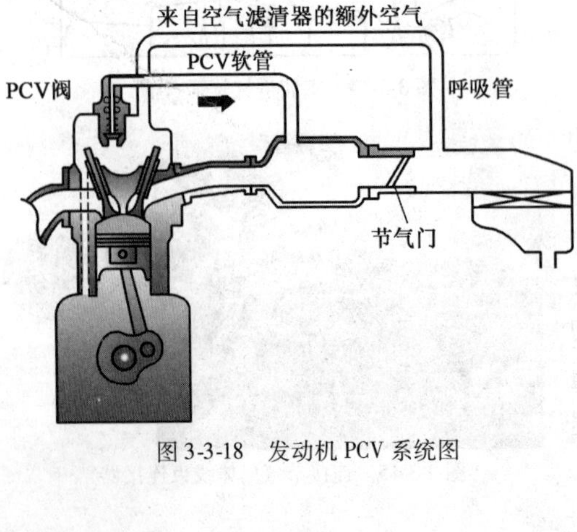

图 3-3-18　发动机 PCV 系统图

2. 发动机高温

由于节气门距离发动机非常近，且在发动机舱内部的高温环境中，带有机油污染的脏污在高温作用下逐步硬化，从而形成积炭。

3. 空气颗粒

流经节气门的空气虽然经过空气滤清器的过滤，但空气中仍有部分细小的颗粒杂质。这些杂质会集聚在节气门上，并在高温和机油蒸气的作用下形成脏污。

二、节气门（怠速电动机）清洗后为什么需要匹配或学习

节气门安装在发动机进气歧管前，用来控制进入汽缸内的空气量，从而控制发动机的功率输出。当经过一定时间运行节气门体变脏后堵住一部分空气通道，导致怠速时在原有的节气门开度下进气量会减少，不足以维持发动机的额定转速。当电控单元检测到这种情况时，就会在原有节气门开度的基础上增大节气门的开度，以补偿由于脏污所堵塞的空气通流面积。

由于节气门的脏污堵塞是一个渐变的过程，所以电控单元开大节气门角度进行补偿也是一个渐变的过程。当电控单元为补偿脏污堵塞而增大怠速时节气门开度后，当下次起动发动机时，电控单元就会直接采用补偿后的节气门开度去控制怠速时节气门的开度，进而控制发动机的怠速转速，这种过程称为电控单元的“自学习”功能。

节气门清洗后，原有的脏污堵塞已经被彻底清除，但电脑 ECU 的“自学习”值并没有清除，仍然按照补偿后的开度去控制节气门的开度，这样就会导致发动机进气量过大造成怠速过高、不稳等故障。

虽然发动机电控单元有“自学习”功能，但这种“自学习”功能是针对一个渐变的脏污或磨损等现象的自动补偿。对于清洗作业，由于其一次性将积累很长时间的脏污一下彻底清除，所以电控单元短时间内无法“自学习”到初始状态。所以，在更换或清洗了进气系统的节气门或怠速电动机之后，不进行节气门匹配，电控单元与怠速控制元件的工作会出现不协调，造成怠速控制不精确、不稳定。

为此，需要用特殊技术手段使清除电控单元中的“自学习”值或者使电控单元“学习”当前节气门的开度特性，让电控单元了解节流阀体的基本特性参数，这样才会在以后的运行过程中自动的调节。

常见的匹配节气门手段是用诊断仪进行匹配操作，另外部分车辆在清洗完节气门后，可以通过切断蓄电池电源（彻底切断电控单元供电）的方式来使电控单元“自学习”数据初始化，完成节气门的匹配，但这种方式会导致电控单元所有的自学习数据（燃油修正、点火时刻等）清除，所以不推荐使用该方式。

三、大众车系发动机节气门仪器匹配

一般车辆的节气门匹配在故障诊断仪中有专门的指令，类似一些简单功能的软件插件一样，只要直接执行即可。但对于大众车系，其节气门的匹配操作步骤较繁琐，且不同车系其通道不同，下面专门针对大众车系的节气门匹配进行介绍。

大众车系节气门匹配前，整车状态必须满足以下条件，否则无法执行节气门匹配。

(1)发动机水温高于85℃。

(2)发动机电控单元中没有故障码。

(3)电池电压不低于11.5V。

(4)关闭所有的附件，如收音机、音响、空调、座椅加热等。

(5)节气门开关处于怠速位置。

(6)必须在"系统基本调整"菜单下，而不是在"通道调整匹配"。

在此以桑塔纳3000为例说明匹配过程。

(1)连接诊断仪OBD诊断接口至车辆DLC诊断插座。

(2)选择"大众奥迪"车系，显示如图3-3-19所示界面。

(3)点击V7.2版本(注：高版本的软件完全兼容低版本的软件，如果软件版本不够高要及时升级)，屏幕显示如图3-3-20所示。

(4)进入系统后，选择"通用"系统，如图3-3-21所示。

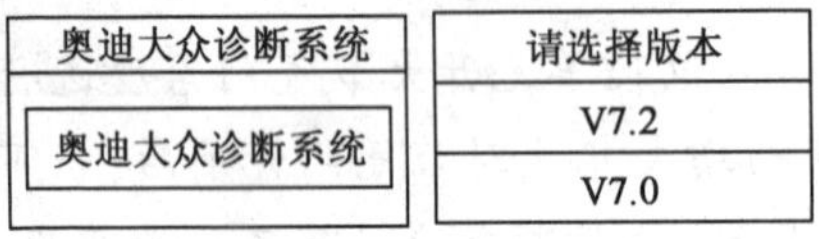

图3-3-19　选择诊断系统

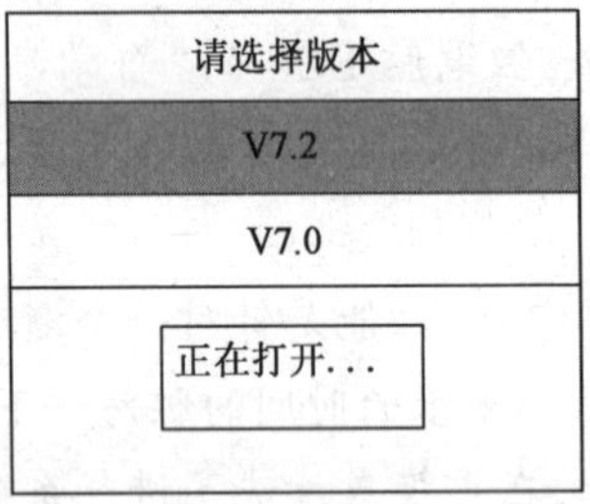

图3-3-20　选择系统版本

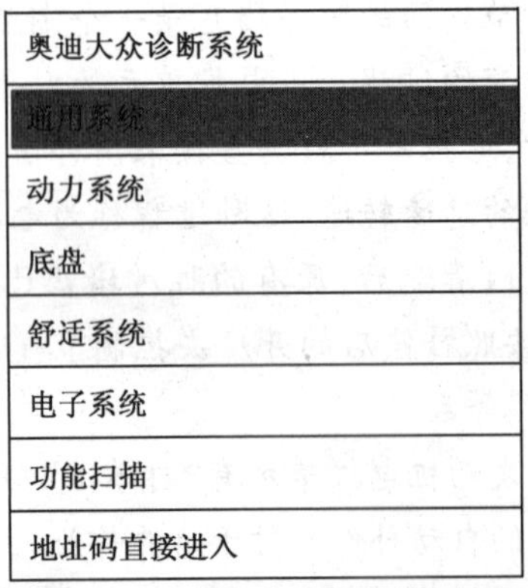

图3-3-21　选择"通用"诊断系统

(5)选择所要进入的控制单元，此处选择"发动机"系统，如图3-3-22所示。

(6)屏幕显示发动机系统功能菜单如图3-3-23所示。

(7)选择"04-基本设定"功能，屏幕显示如图3-3-24所示。

(8)在输入框内输入通道号"060"后点击确定屏幕显示如图3-3-25所示。

注：车型不同，该项目输入的通道号不同。大众车型常见节气门匹配通道号如表3-3-1所示。

常见大众车系节气门匹配通道号　　表3-3-1

通道号	适用车型
001	小红旗488、帕萨特B4、奥迪(100,200,V6等老款)
098	桑塔纳GSi、帕萨特B5(1.8)、捷达王(5阀)、奥迪(A6,V6)
060	捷达前卫(2阀)、A6(1.8,1.8T,2.4,2.8)、帕萨特B5(1.8T,2.8)、BORA、POLO

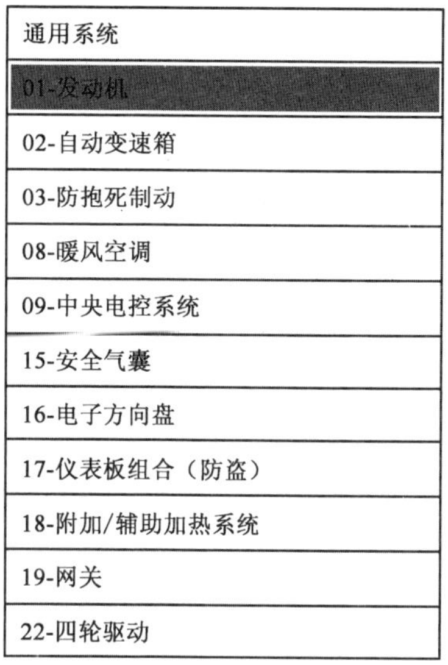

图 3-3-22 选择“发动机”控制单元

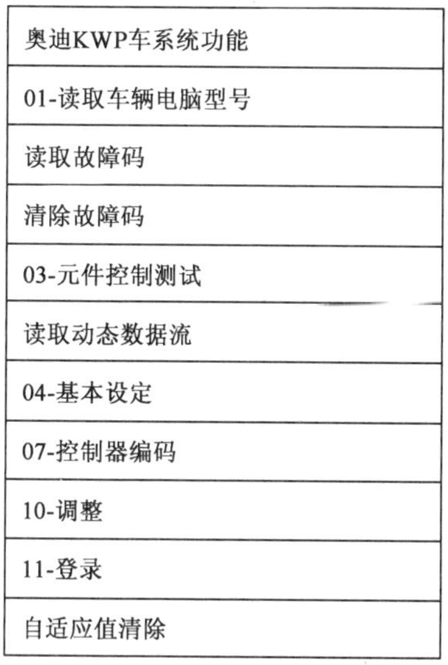

图 3-3-23 “发动机”系统功能菜单

（9）点击“确定”后，屏幕如图 3-3-26 所示。（注：第四项显示自适应运行表示节气门与发动机电脑正在进行匹配，匹配完成时第四项显示自适应完成）

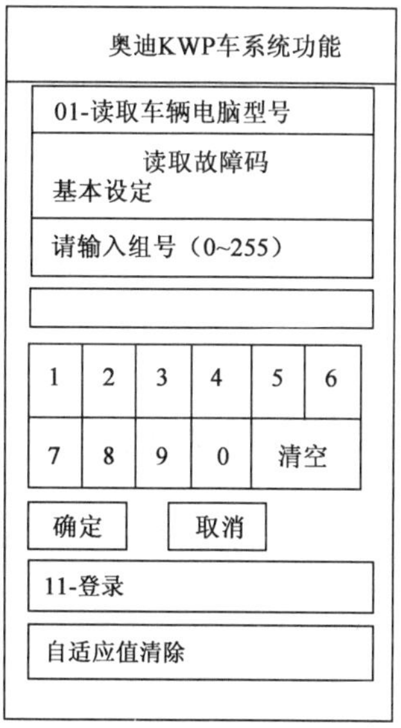

图 3-3-24 基本设定功能菜单

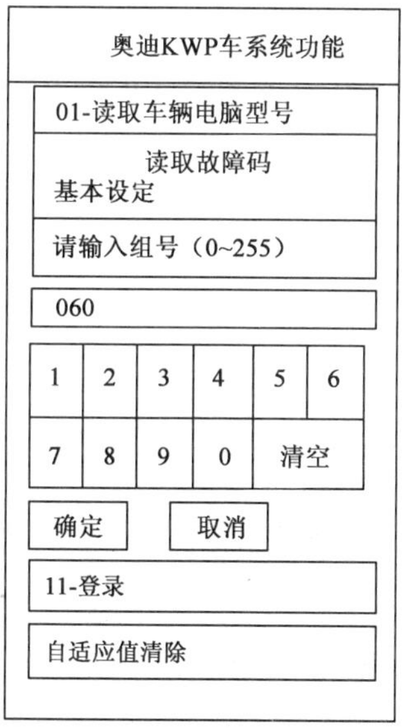

图 3-3-25 基本设定功能界面

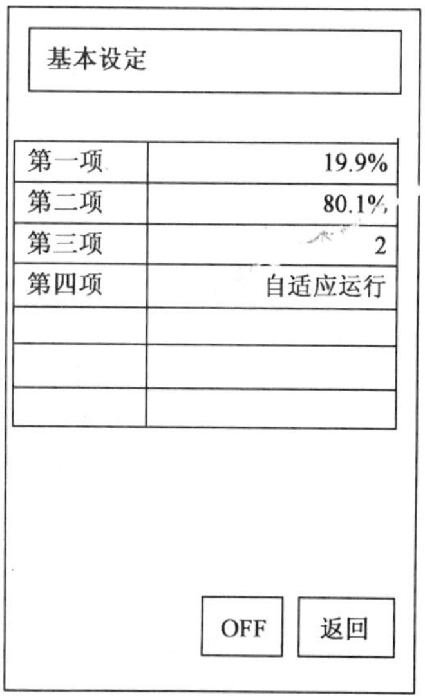

图 3-3-26 基本设定过程界面

提示：对于自动变速器的车辆，在节气门体清洗、调整、更换之后，除与发动机电脑进行匹配外，也应与自动变速器电脑进行匹配，才可实现自动变速器的“强制降挡”功能。其匹配方法如下：

①连接诊断仪至车辆诊断接口。

②打开点火开关，选择“02-自动变速器”控制单元。

③读故障码并清除故障码,保证控制单元没有存储故障码。

④不要接触发动机加速踏板。

⑤选择"04 - 基本设定"功能。

⑥输入通道号"000"确认。

⑦将加速踏板踩到底并保持3s。

⑧退出系统,并松开加速踏板。

一些新的大众/奥迪车辆,在进入到自动变速器控制系统时会发现"通道不能使用",这里必须在"01 - 发动机控制系统"中进行调整设置,其通道号是"063"。

四、发动机节气门手工匹配

车辆电控单元气门匹配指令的激活,一方面可以通过诊断仪指令进行,另一方面可以通过对电控单元按照约定的程序输入信号(操作)来激活(称为"手工复位")。下面列举几个别克车系的节气门匹配手工操作方法。

1. 昂科雷发动机节气门设定

(1)发动机怠速运转3min。

(2)发动机控制模块将开始读入新怠速单元,期望的怠速转速应该开始减小。

(3)点火开关置于OFF(关闭)位置60s。

(4)起动发动机并使其怠速运转3min。

(5)运行3min之后发动机应该怠速正常。

如果未读入发动机怠速,车辆将需要以超过70km/h(44mile/h)的速度行驶,其间需进行几次减速/长时间怠速周期循环。

(6)行驶几个周期后,发动机应该怠速正常。

如果发动机怠速未读入,将点火开关置于OFF(关闭)位置60s,并重复步骤(6)。

2. 新君越2.4LE5发动机节气门设定

(1)起动发动机并使其在驻车挡/空挡怠速运转3min。

(2)发动机控制模块将开始读入新怠速单元,期望的发动机转速应该开始减小。

(3)将点火开关置于OFF位置并持续60s。

(4)起动发动机并使其在驻车挡/空挡怠速运转3min。运行3min之后发动机应该怠速正常。

3. 新君威不带涡轮增压发动机节气门设定

新君威不带涡轮增压发动机节气门设定需满足以下两个条件:

发动机冷却液温度在5~85℃(41~185℉)。

进气温度需在5~60℃(41~140℉)。

(1)起动发动机并使其在驻车挡怠速3min。发动机控制模块将开始读入新怠速单元,期望转速应该开始减小。

(2)点火开关置于OFF位置,并持续60s。

(3)起动发动机并使其在驻车挡怠速3min。

注意：在行驶周期中，检查发动机灯可能因怠速诊断故障码而点亮。如果设置了怠速故障诊断码，可用诊断仪将故障码清除以便使发动机控制模块继续读入学习。

(4)运行3min之后，发动机应该怠速正常。

如果未读入发动机怠速，车辆将需要以70km/h(40mile/h)的速度行驶，其间需进行几次减速/长时间怠速。

(5)行驶周期后，发动机应该怠速正常。如果发动机怠速未读入，将点火开关置于OFF位置60s，发动机速度恢复正常。

4. 新君威带涡轮增压发动机节气门设定

新君威带涡轮增压发动机节气门设定需满足以下两个条件：

发动机冷却液温度在5～85℃(41～185℉)。

进气温度需在5～60℃(41～140℉)。

(1)将点火开关置于OFF位置30s。

(2)在发动机关闭的情况下，将点火开关置于ON位置60s。

(3)将点火开关置于OFF位置。

5. 新凯越发动机节气门设定

每当断开或更换蓄电池电缆、发动机控制模块(ECM)或发动机控制模块熔断丝时，都必须按如下步骤执行怠速学习程序。

(1)接通点火开关5s。

(2)断开点火开关10s。

(3)接通点火开关10s。

(4)断开点火开关10s。

(5)在驻车/空挡位置起动发动机。

(6)使发动机运行，直到发动机冷却液温度超过85℃(185℉)。

(7)接通空调，若装备有空调。

(8)如果车辆装备的是自动变速器，则踩住驻车制动踏板。在踩住制动踏板时，将变速器置于在驱动挡(D)。

(9)关闭空调，若装备有空调。

(10)将变速器置于驻车挡。

(11)断开点火开关。至此，怠速学习程序结束。

练一练

1. 填空题

(1)检测节气门开度时，观察的数据有(　　　　　　　　)。

(2)常见发动机的怠速空气控制方式有(　　　　　　)、(　　　　　)两种。

(3)汽油机节气门按其控制方式分，有(　　　　　　)和(　　　　　)两种。

2. 选择题

(1)清洁节气门时,使用的清洁剂可使用(　　)。

A. 氯化碳　　B. 化油器清洗剂　　C. 节气门清洗剂

(2)节气门拆卸后,如果密封垫损坏可采用的方法有(　　)。

A. 涂抹密封胶　　B. 更换新件

C. 自制纸质密封垫　　D. 无需理会

(3)一般车辆节气门清洗的依据是(　　)。

A. 有故障现象时清洗　　B. 定期

C. 按行驶里程　　D. 每次更换机油

3. 判断题

(1)当发动机出现怠速不稳时,首先应清洗节气门。(　　)

(2)节气门清洗后,一定要更换新的密封垫。(　　)

(3)当节气门需要清洗时,如果积炭严重,可用刮刀将积炭清除。(　　)

(4)带有怠速电动机形式的节气门,清洗节气门时,怠速电动机不用清理。(　　)

4. 问答题

(1)造成发动机节气门开度超过规定值的原因是什么?

(2)查阅资料,了解免拆清洗节气门的方法。

(3)清洗节气门后进行怠速学习时,诊断仪提示“功能不清楚”的原因有哪些?

做一做

由学生进行现场操作,由教师根据评分标准进行打分,评定教学质量。

节气门的清洗检查:

每三人一组,完成科鲁兹轿车的节气门清洗。

任务评价

节气门清洗检查评价见表 3-3-2。

节气门清洗检查评价表　　表 3-3-2

序号	内容及要求	评分	评 分 标 准	自评	组评	师评	得分
1	准备	10	未进行车辆安全检查扣 5 分 未对车辆进行翼子板布防护扣 5 分				
2	清洁	10	未清洁管路卡箍扣 1 分 未清洁空气管路扣 4 分 用压缩空气清洁管路时未遮挡扣 5 分				
3	拆卸过程	30	断开节气门线路连接器不正确扣 5 分 拆卸空气滤清器不正确扣 5 分 拆卸空气管路不正确扣 5 分 拆卸节气门体工具选择不正确扣 10 分 拆卸节气门体后,未用抹布遮挡进气口扣 5 分				

续上表

序号	内容及要求	评分	评 分 标 准	自评	组评	师评	得分
4	清洗过程	20	直接用清洗剂喷射节气门扣5分 清洁不彻底扣5分 未检查节气门灵活性扣10分				
5	仪器复位	10	怠速学习选择功能不正确扣5分 未等待冷却液温度达标进行怠速学习扣5分				
6	结论判断	10	怠速学习后，通过诊断仪数据流功能确认转速不正确扣10分				
7	安全文明生产	10	检验结束后不清洁扣5分 工作后工量具不归位扣5分 量具落地或有碰撞，此项不得分				

教学提示

教学提示见表3-3-3。

教 学 提 示　　表3-3-3

<table>
<tr><td>项目四任务3</td><td>燃油喷射发动机空气供给系统的检测与维修</td><td>学时</td><td>8</td></tr>
<tr><td>学习目标</td><td colspan="3">1. 掌握燃油喷射发动机空气供给系统检测与维修的方法；
2. 能使用燃油喷射发动机空气供给系统检测与诊断仪器和设备；
3. 能进行燃油喷射发动机空气供给系统检测与诊断和故障排除，并符合其工艺过程和要求</td></tr>
<tr><td>学习内容</td><td colspan="3">教学方法与建议</td></tr>
<tr><td>1. 燃油喷射发动机空气供给系统的检测诊断；
2. 节气门体拆卸与清洗；
3. 发动机节气门匹配</td><td colspan="3">通过项目教学法实施教学：
1. 将燃油喷射发动机空气供给系统检测与诊断划分为：任务目标、任务导入、知识准备、任务实施、知识拓展、做一做、任务评价等内容，在老师的指导下制定方案并实施，最终进行评价；
2. 学生通过7个具体的过程，将理论知识融入实际操作中；
3. 教学过程中体现以学生为主体，教师进行适当讲解，并进行引导、督促和评估；
4. 教师应提前准备好各种多媒体资料、任务工单、教学课件，并准备教学场地和设备</td></tr>
<tr><td>教学媒体与设备</td><td>学生已有的知识、能力要求</td><td colspan="2">教师执教的要求</td></tr>
<tr><td>1. 实训设备：汽车、举升机、拆装机具等；
2. 电脑检测仪、化油器清洗剂等；
3. 多媒体教学设备；
4. 多媒体教学课件、软件；
5. 网络教学资源；
6. 电控汽油喷射发动机空气供给系统的检测诊断考核任务单</td><td>1. 安全操作知识；
2. 汽车发动机构造与拆装；
3. 万用表使用</td><td colspan="2">1. 能够根据教学方法合理设计教学情境；
2. 熟悉电控汽油喷射发动机空气供给系统检测诊断的安全操作规程；
3. 能够完成电控汽油喷射发动机空气供给系统的检测诊断工作；
4. 具备协调各方、处理学生误操作的能力</td></tr>
</table>

任务4 电控燃油喷射发动机点火系统的检测与维修

任务目标

(1)对点火系统进行检测诊断,分析诊断故障原因和故障部位。

(2)对故障进行排除。

任务导入

一轿车怠速正常,但行驶换挡过程中容易出现车辆“闯车”故障,且车辆急加速无力,油耗非常高,到修理厂进行修理。

任务准备

用诊断仪进入“发动机”系统,读取故障码和发动机相关数据流,显示发动机电控系统没有存储相关故障代码。但在发动机数据流中,发现发动机温度达到80℃以上后,在发动机的“不点火数据”中,出现汽缸4不点火数据,如图3-4-1所示。由此可以断定故障是由4缸“失火”造成的。

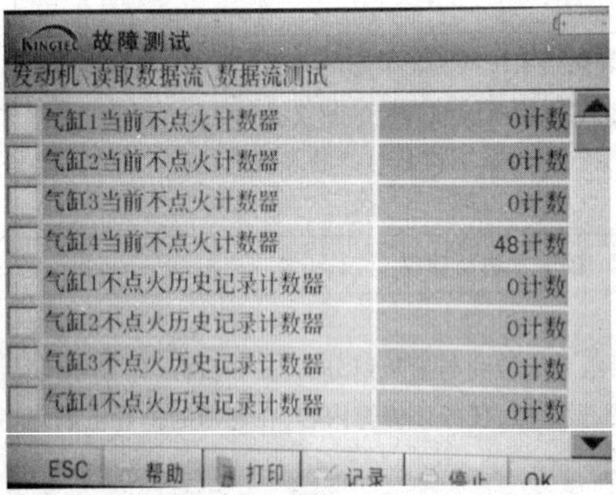

图3-4-1 故障车辆的点火系统数据流

在进行任务实施之前,先明白什么是发动机“失火”。这里发动机的“火”不仅仅是指火花塞的“点火”,而是更深层次的意义。在发动机的四个工作过程中,做功行程是通过火花塞点燃汽缸内的高温高压混合气,通过混合气燃烧产生的膨胀推力来推动活塞运行,所以一提到“失火”,很多人就很容易联想到“点火”。

“失火”一词是英文“Mise Fire”的直译,从英文原意来翻译,其真实的意思应该是“燃烧不良”。从发动机的工作原理上分析,影响到发动机汽缸内混合气燃烧的因素有机械原因(汽缸压力不足、配气正时错误)、混合气原因(混合气过浓、过稀)、点火系统原因等,所以导致“失火”的因素就包含非常多,而不仅仅是点火系统,但点火系统工作不正常肯定会导致失火故障的产生。

由于火花塞是在汽缸内部,在发动机工作中无法通过直接观察判断其工作好坏,通常使用示波器获取点火系统初级和次级的电压波形来间接地分析点火系统的故障。

一、电子点火系统初级点火电压波形分析

1. 电子点火系统初级点火电压波形

图3-4-2是电子控制的初级点火电压波形图(优化后的实测图)。在分析初级点火电压

波形时，常将其分为五个区域：充磁 $F \to A$（$F \to G$ 开始，$G \to A$ 充磁持续）、击穿区（$A \to B$）、燃烧区（$B \to C$）、燃烧线（$C \to D$）、低频振荡区（$D \to E$）。通过对波形各部分的观察和分析，可以判断点火系统各对应部件工作状态的好坏。

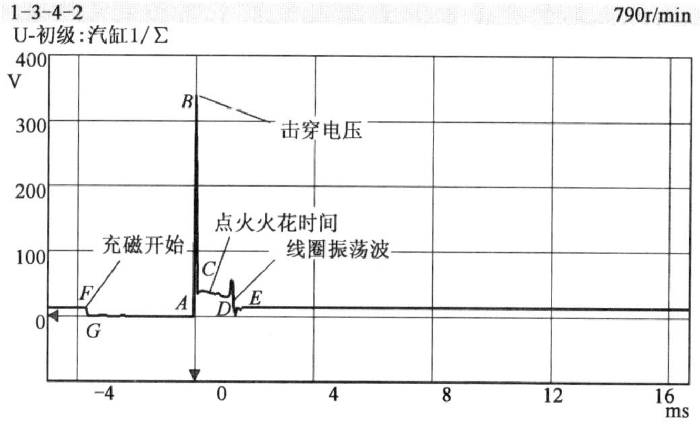

图 3-4-2　初级点火电压波形

充磁区（F→A 段）：ECU 控制功率晶体管来控制点火线圈初级电路的搭铁，当点火线圈初级电路导通后，初级电路电压由开始时的 12V（F 点）被搭铁趋于 0V（G 点），电流流过点火线圈，点火线圈的初级线圈开始充磁，由于电磁线圈的自感作用，此处会产生一定的振荡，一直持续到 A 点，充磁过程结束。

击穿区（$A \to B$ 段）：ECU 控制晶体管断开初级线圈的瞬间，初级电流迅速下降至零，在线圈自感作用下，初级线圈电压会急剧上升至 300V 左右。与此同时，对应的点火线圈的次级线圈产生极高的感应电压，将火花塞间隙击穿，完成火花塞跳火点燃汽缸内的可燃混合气。$A \to B$ 线称为初级线圈的点火线。

燃烧区（$B \to C$ 段）：初级点火线圈感应出的 300V 左右的电压，在次级线圈中产生 15 ~ 20kV 的高压电击穿火花塞间隙，形成电火花点燃可燃混合气。火花塞击穿后，火花塞的能量下降，对应的区域为 $B \to C$ 段。

燃烧时间（$C \to D$ 段）：火花塞电极间隙被击穿后，点火火花会持续一段时间，此时的放电电流趋于稳定。由于电磁感应，对应的初级电路中的电压会有小幅度的振荡，燃烧一直持续到 D 点结束。

低频振荡区（$D \to E$ 段）：当点火线圈的电压降到不足以维持火花塞跳火所需的能量时，点火线圈内的部分剩余电压会在初级电路中不断改变方向，直到降到零为止，形成所谓的振荡波形。

2. 初级点火电压波形异常原因分析

初级点火电路电压波形异常一般表现为击穿电压过高或过低。

点火电压过高：如果一个缸的点火击穿峰值电压明显比其他缸高出很多，则说明这个汽缸的点火次级线路中电阻过高，所以需要很高的电压方能击穿火花塞的气隙（电阻值增大相当于火花塞间隙增大）。造成该故障的原因可能是该缸点火高压线断路、阻值太高、火花塞间隙过大或者连接处接触阻值过大。

点火电压过低：如果一个缸的点火峰值电压比其他缸低，说明点火能量在没有正常击穿火花塞间隙前，部分能量就通过不正常途径泄漏，造成点火能量不足，故障原因可能由于该点火高压线短路或火花塞间隙过小、火花塞绝缘体漏电、积炭或污浊等。

二、电子控制点火系统次级点火电压波形分析

1. 电子控制点火系统次级点火电压波形

图 3-4-3 是次级点火电压波形图。

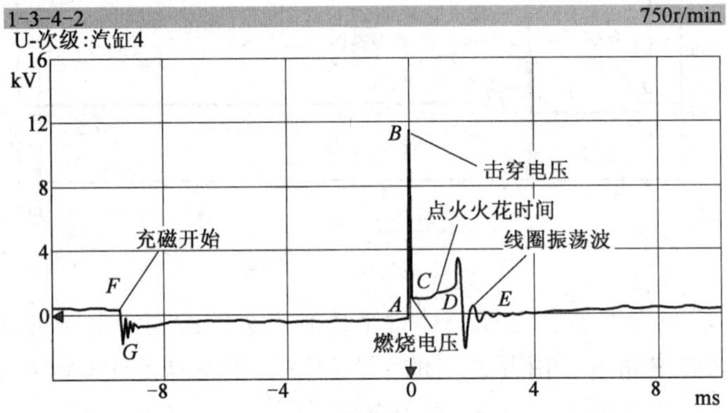

图 3-4-3 次级点火电压波形

A→*B*：在初级线圈断开的瞬间，初级线圈电流下降至零，磁通也迅速减小，在互感作用下，次级线圈产生的电压急剧上升（一般会在 10kV 以上），当次级电压升高到一定值时，电压会将火花塞间隙击穿。击穿火花塞间隙的最高电压称为击穿电压（点火电压），如图 3-4-3 中 *B* 点。火花塞间隙击穿后，电压迅速下降。

B→*C*：在火花塞间隙被击穿时，两电极之间要出现火花放电，放电后点火能量降低，次级电压骤然下降，所以 *B*→*C* 为放电电压，也称为燃烧电压（火花电压），燃烧电压一般在 0.7kV左右。

C→*D*：火花塞电极间隙被击穿后，通过电极间隙的电流迅速增加，致使两极间隙中的可燃气体发生电离，使火花持续放电，故 *C*→*D* 线称为燃烧线或火花线。

火花塞的持续放电由电容放电和电感放电两部分组成。在火花塞间隙被击穿的同时，储存在电容中的能量迅速释放，故 *A*→*B*→*C* 段称为“电容放电”。电容放电的特点是放电时间极短（1μs），但放电电流很大，可达几十安培。电容放电时，伴有迅速消失的高频振荡，该振荡是对车辆产生无线电干扰的主要因素。由于火花是在次级电压达到最大峰值电压之前发生的，所以电容放电仅消耗线圈所储存的磁场能的一部分。跳火以后，由于已经电离可燃混合气，所以由火花塞间隙对电流造成的阻力减小，线圈磁场的其余能量将沿着已经电离的火花间隙缓慢放电，此段称为“电感放电”。其特点是放电电压低，约 600V，放电电流较小（几十毫安），持续时间较长达几毫秒。

D→*E*：一旦点火线圈的电压降到维持火花所需的电压以下，便开始了低频振荡（点火线圈振荡），它可以清晰地显示出点火线圈的剩余电压逐步下降为零的过程。在火花塞跳火刚

一结束的时候，点火线圈内会存储相当小的电压。这个剩余的电压会向初级线圈反充电，线圈内随之产生磁场，而在这个反充电、磁场产生过程中，使得剩余不多的能量不断损耗。点火线圈内的这部分剩余电压会在初级电路中不断改变方向，直至降到0为止。

F→*G*：闭合振荡。当点火线圈初级电路的控制电路接通，点火线圈初级电路有电流通过，由于初级线圈的自感作用而出现几次振荡过程。

G→*A*：充磁阶段。点火线圈初级电路接通后，先是产生次级闭合振荡，而后次级电压由一定的负值逐渐变化到零。当至*A*点时，初级控制电路断开，次级电路又产生高压的点火电压。

2. 次级点火电压波形异常原因分析

正常次级击穿电压为12kV，当出现严重漏电时，击穿电压值会降低到6kV。击穿电压过低，说明次级电路存在漏电情况或者点火线圈老化。图3-4-4是漏电时的单缸次级点火波形。

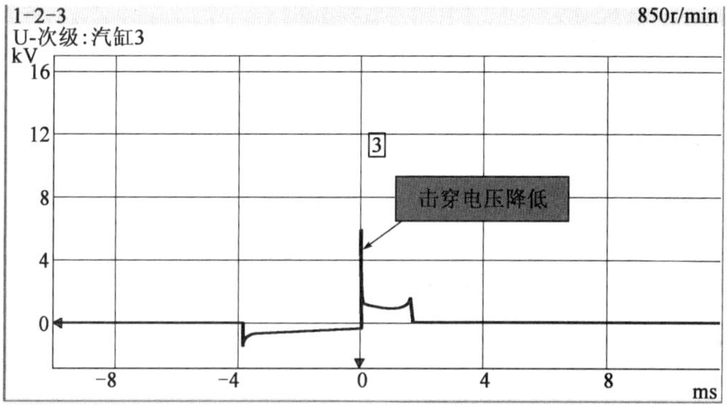

图3-4-4　点火线圈漏电时的单缸次级点火波形

从图3-4-4可以看出，该缸击穿电压明显低于正常汽缸。由于电流总是要寻找电阻最小的部位通过，所以产生漏电后，电流会从短路部位通过，导致点火能量不足而无法正常工作。

任务实施

一、询问

询问驾驶员该车故障出现的时间及场合，驾驶员反映此车故障出现已经一月有余，冷车起动行驶故障现象不明显。但热车后，尤其是车辆负载较大时，故障现象更明显，且车辆油耗较车辆正常前高出不少。

二、诊断过程

从对“失火”含义的理解及故障诊断策略，我们对该车辆的燃油供给系统相关部件进行了初步检查，检查项目及结果如表3-4-1所示。

由于是单缸失火，而油泵供油压力会造成各缸失火，此故障为单独的4缸失火，所以不对供油压力进行检查。

通过对上面检测项目的结果分析可知，该车燃油控制及燃油供给方面均正常，所以对该车故障的诊断将检测重点放在点火系统的检测上。

车辆供油系统检查项目　　表 3-4-1

序号	检 测 项 目	检测结果	结果判断
1	4 缸喷油器阻值	13.5Ω	正常
2	4 缸喷油器控制电路	阻值 <1.5Ω	正常
3	起动发动机，用试灯测试 4 缸喷油器控制线路	试灯闪烁	正常
4	4 缸喷油器雾化	目测观察	正常

三、点火系统检测

1. 点火系统检测的要求

(1)检测火花塞电极间隙及阻值。

(2)检查火花塞跳火。

(3)检查火花塞电阻值。

(4)检查分析点火系统电压波形。

(5)检查点火线圈。

2. 仪器准备

(1)故障诊断仪(KT600 带示波功能)。

(2)独立点火专用测试延长线及 208 测试线。

(3)点火线圈拔出专用拆卸工具。

(4)火花塞套筒。

(5)厚薄规。

(6)万用表。

3. 检查步骤

1)拆卸火花塞

(1)将发动机线束导线从汽缸盖上拆下，如图 3-4-5 所示。

(2)拔下点火线圈连接器插头，如图 3-4-6 所示。

图 3-4-5　将发动机线束从发动机上拆下

图 3-4-6　拆下点火线圈插头

(3)拆卸点火线圈装饰盖板,如图 3-4-7 所示。

(4)拆卸点火线圈的固定螺栓,如图 3-4-8 所示。

图 3-4-7　拆下点火线圈装饰盖板

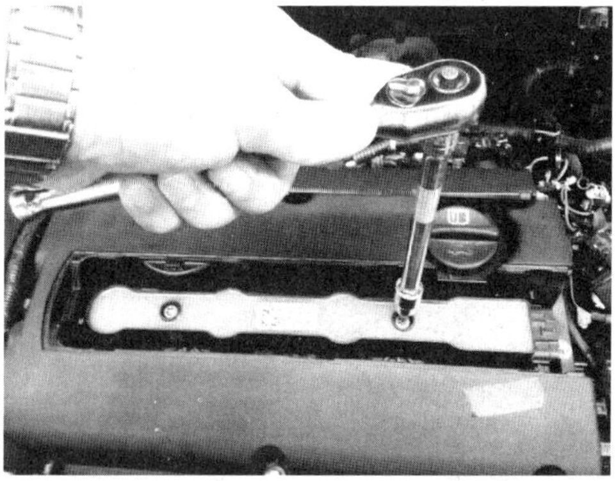

图 3-4-8　拆卸点火线圈固定螺栓

(5)将专用拆卸工具 1 拧入点火线圈拔出螺栓安装孔 2 中,如图 3-4-9 所示。

(6)向上拉拆出点火线圈,如图 3-4-10 所示。

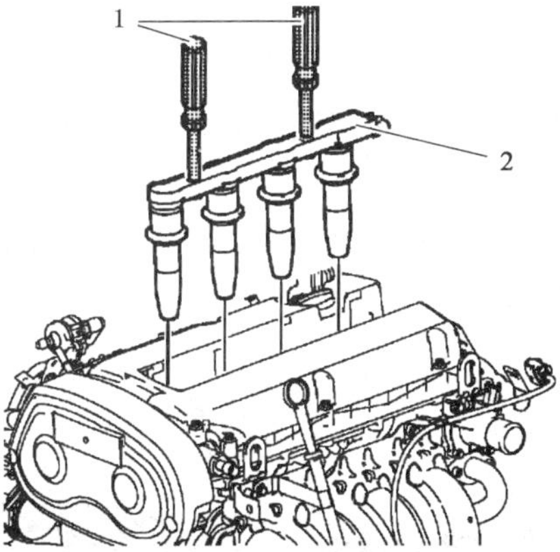

图 3-4-9　安装点火线圈取出专用工具

图 3-4-10　取出点火线圈

(7)用火花塞套筒拆卸故障汽缸的火花塞,如图 3-4-11 所示。

(8)利用火花塞套筒内部的橡胶套取出火花塞,并防止火花塞掉落,如图 3-4-12 所示。

图 3-4-11　拆卸火花塞

图 3-4-12　拆出的火花塞

2）检查火花塞

（1）检查火花塞间隙。将合适尺寸厚度的厚薄规放入火花塞电极间隙之间，检查火花塞的点击间隙，应符合标准，如图 3-4-13 所示。

（2）检查火花塞表面。检查火花塞头部表面有无积炭，因为积炭会导致火花塞中央电极和侧电极之间短路，所以对于积炭严重的火花塞必须进行清洁，积炭后的火花塞如图 3-4-14 所示。

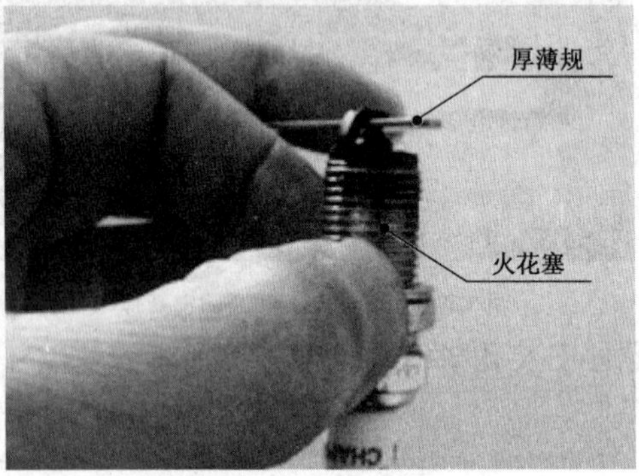

图 3-4-13　测量火花塞电极间隙

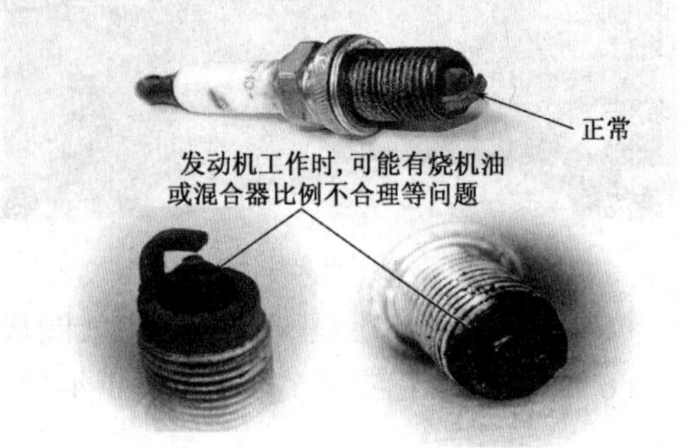

图 3-4-14　积炭严重的火花塞

检查火花塞头部电极有无烧损导致的间隙增大、电极烧损变短等现象。烧损和正常的火花塞对比如图 3-4-15 所示。

（3）检查火花塞电阻值。用万用表欧姆挡位检测火花塞导电螺母与中央电极之间的电阻值，电阻值应当符合该型号火花塞的电阻值，如图 3-4-16 所示。

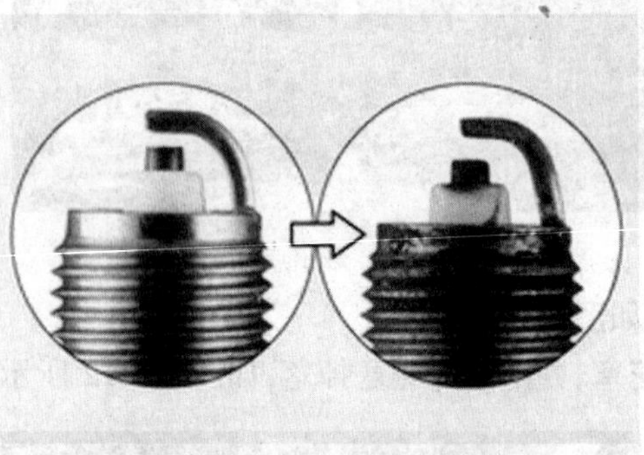

图 3-4-15　正常和烧损的火花塞

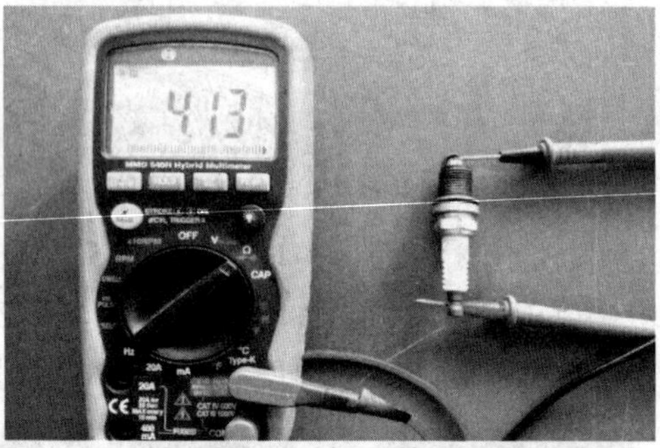

图 3-4-16　检测火花塞的电阻值

3）火花塞跳火的检查

（1）将火花塞插入点火线圈的安装孔，检查有无卡滞或不能到位的情况，如图 3-4-17 所示。

（2）选择搭铁连接线，并用两个大号鳄鱼夹连接，如图 3-4-18 所示。

（3）将火花塞侧电极与蓄电池负极之间用连接线连接，如图 3-4-19 所示。

（4）起动发动机，对故障汽缸与正常汽缸火花塞跳火情况对比。如故障汽缸火花塞火花的颜色、强度与正常汽缸有明显区别，说明该缸火花塞损坏，应更换火花塞，如图 3-4-20 所示。

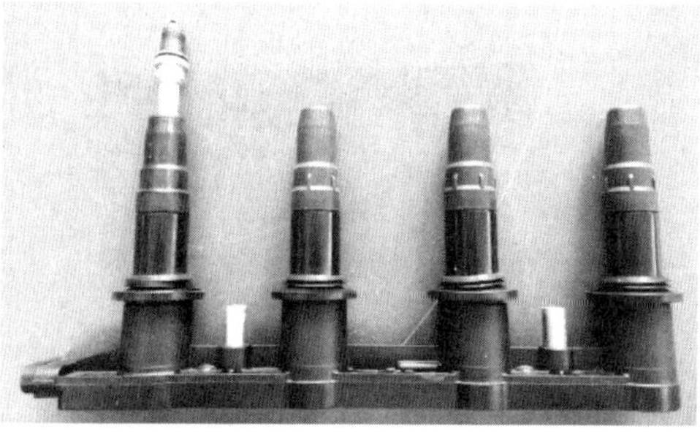

图 3-4-17　将火花塞插入点火线圈安装孔

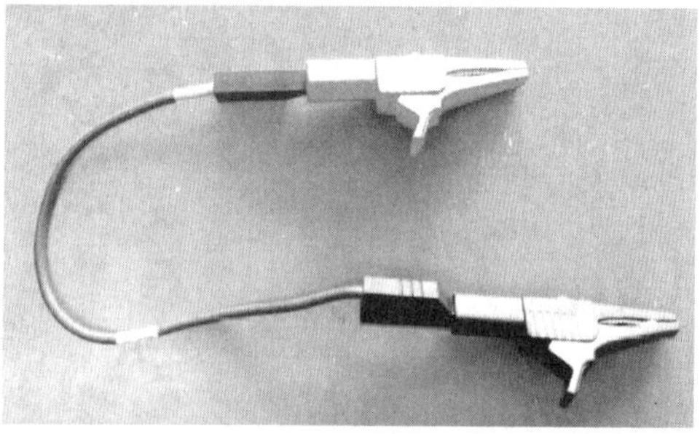

图 3-4-18　带鳄鱼夹的连接线

图 3-4-19　利用连接线将火花塞侧电极搭铁

图 3-4-20　对比正常和故障汽缸火花塞跳火情况

4)点火系统波形的检测

波形测试延长线可以购买或者自制,但由于专用测试延长线价格非常昂贵,经过反复检测发现,通常可以采用 4 根桑塔纳 3000 车型的 1 缸点火高压线来代替,如图 3-4-21 所示。

(1)拆卸点火线圈两颗固定螺栓,如图 3-4-22 所示。

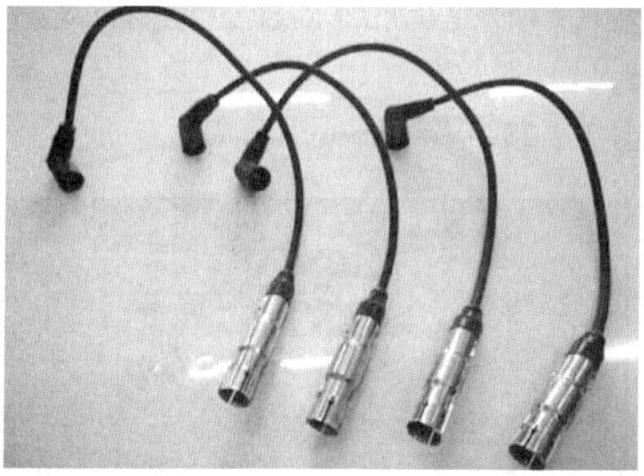

图 3-4-21　点火系统测试延长线

图 3-4-22　拆卸点火线圈固定螺栓

(2)将点火线圈取出,如图 3-4-23 所示。

(3)取下点火线圈护套。取出护套时,直接向外拔出即可,取下护套应妥善保管,如图 3-4-24 所示。

图3-4-23　取出点火线圈

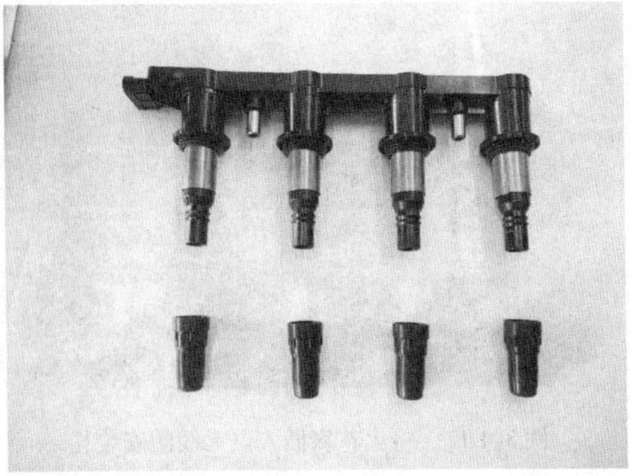

图3-4-24　取出点火线圈护套

(4)将点火系统测试延长线与点火线圈高压线接口相连接,如图3-4-25所示。

提示:注意连接良好,不能出现高压导线线芯裸露情况。

(5)将点火系测试延长线高压帽连接至车辆对应汽缸的火花塞,如图3-4-26所示。

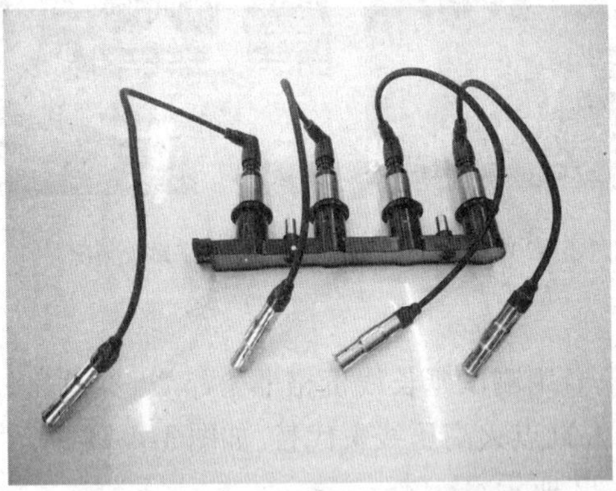

图3-4-25　连接点火系统测试线与点火线圈

图3-4-26　连接测试延长线高压帽至车辆火花塞

(6)将点火线圈妥善安置,如图3-4-27所示。

(7)示波器开机,选择"示波分析"功能,如图3-4-28所示。

图3-4-27　安置点火线圈至合适位置

图3-4-28　选择诊断仪示波分析功能

(8)选择“点火系统”功能,如图 3-4-29 所示。

(9)选择“次级点火”功能,如图 3-4-30 所示。

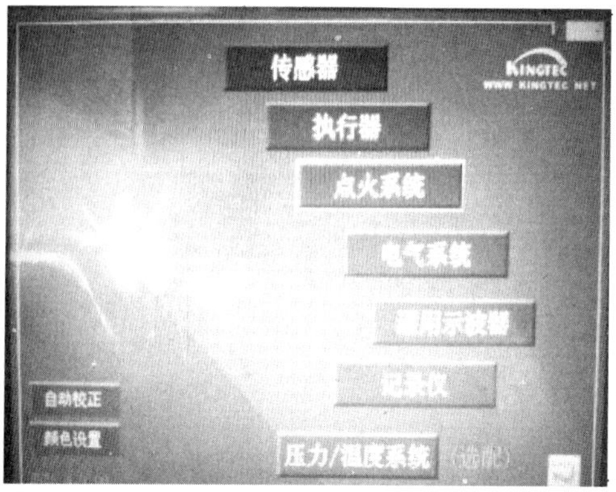

图 3-4-29　选择点火系统

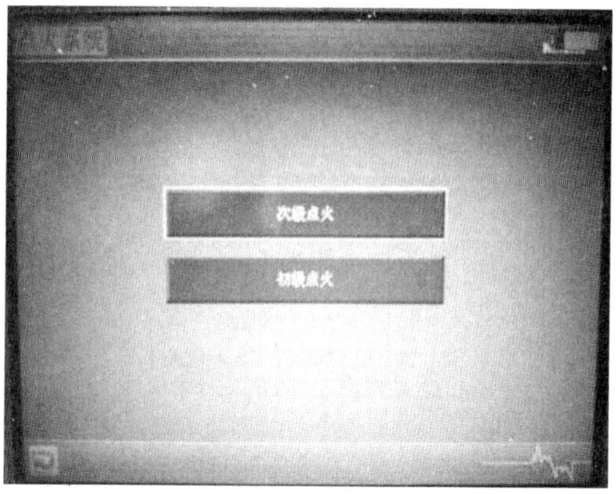

图 3-4-30　选择次级点火功能

(10)示波器设置。

①根据被测车辆,对示波器的“次级点火参数设置”进行设置,如图 3-4-31 所示。

②示波器“次级点火参数设置”,如图 3-4-32 所示。

图 3-4-31 选择次级点火参数设置

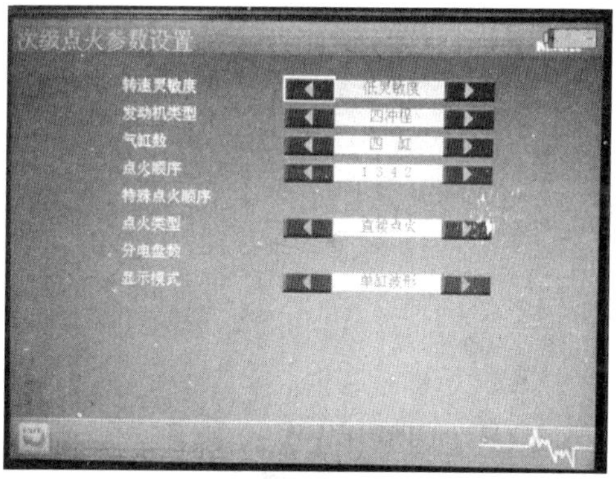

图 3-4-32　设置次级点火参数

次级点火参数主要有以下几个,各参数设置的要求及注意事项如下:

A. 转速灵敏度设置:“转速灵敏度”除了在“点火转速”分析功能中采用高灵敏度外,一般建议设置低灵敏度,以防止其对次级点火波形出现干扰。

B. 发动机类型设置:根据被测发动机冲程数,选择四冲程还或二冲程。

C. 汽缸数设置:根据被测发动机汽缸数设置缸数。

D. 点火顺序设置:查阅被测发动机维修手册,确定该型号发动机点火顺序(做功顺序)。此项设置非常重要,如果点火顺序设置错误,会导致判断故障汽缸出现错乱,所以该项必须落实维修资料。

E. 点火类型设置:根据被测车型选择点火类型。点火类型设置中有“传统点火”、“双缸同时点火”、“直接点火”三种,其中“直接点火”就是我们通常所说的单缸独立点火,此处的测试车型为科鲁兹 1.6AT,该发动机采用了一体式点火线圈,为直接点火。

F. 显示模式设置：该模式有“平行波形”、“并列波形”、“单缸显示”三种模式，可根据需要进行选择

(11)进入“次级点火测试”功能，如图 3-4-33 所示。

(12)根据诊断仪提示，选择合适的容性感应夹及连接通道。

①根据示波器提示，选择合适的测试感应容性夹传感器，如图 3-4-34 所示。

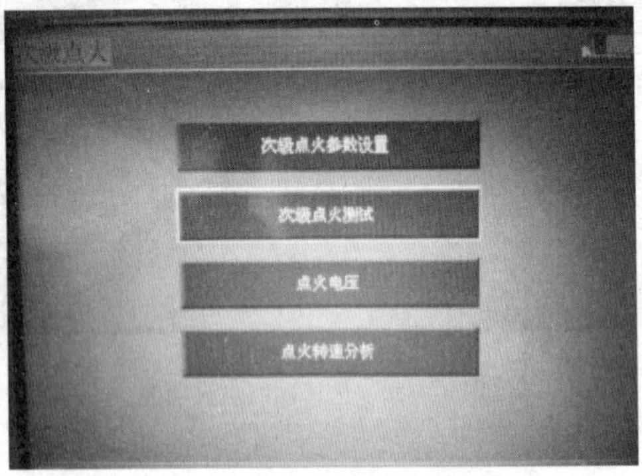

图 3-4-33　选择次级点火测试功能

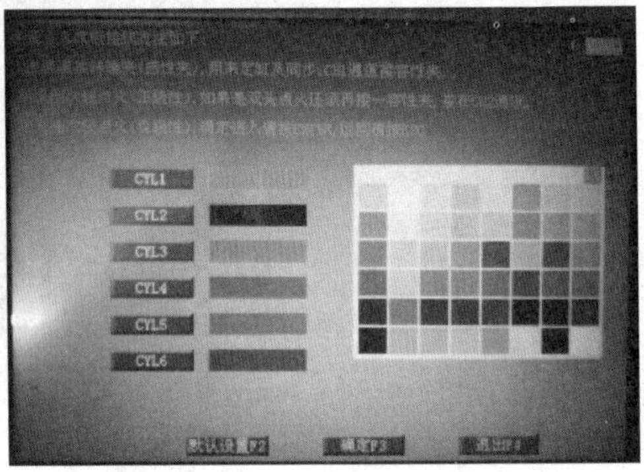

图 3-4-34　诊断仪连接要求界面

②选择转速感应夹，转速感应夹是一个单独的黑色夹子，其上有一个方向箭头说明，转速感应夹外形如图 3-4-35 所示。

③根据仪器提示，该转速感应夹接 5 通道，如图 3-4-36 所示。

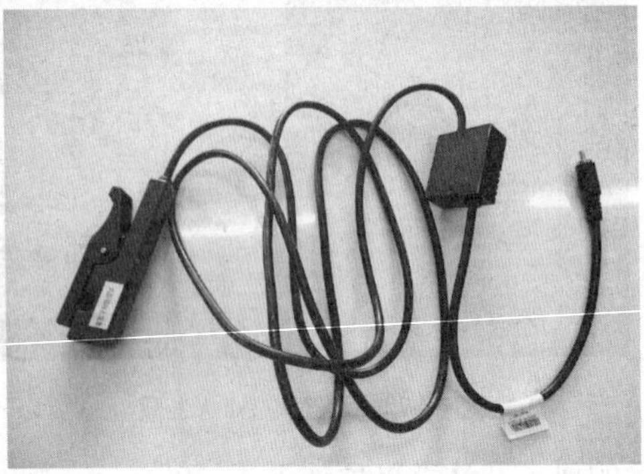

图 3-4-35　转速感应夹外形图

图 3-4-36　连接转速感应夹至示波器 5 通道

④选择感应容性夹，连接至通道 1，次级波形感应容性夹外形如图 3-4-37 所示。

⑤根据提示，将容性夹连接至通道 1，如图 3-4-38 所示。

(13)将转速容性夹和次级感应容性夹夹在点火系统测试延长线的外端。

①转速感应夹至 1 缸高压线上，注意感应夹提示“带有箭头的一面朝向火花塞”，如图 3-4-39所示。

②将四个正极感应夹子按照 1、2、3、4 缸的顺序，夹至各缸分缸高压线(点火系统测试延长线)，如图 3-4-40 所示。

③全部安装好，如图 3-4-41 所示。

(14)进入示波器次级点火波形测试界面，如图 3-4-42 所示(图为未起动状态波形)。

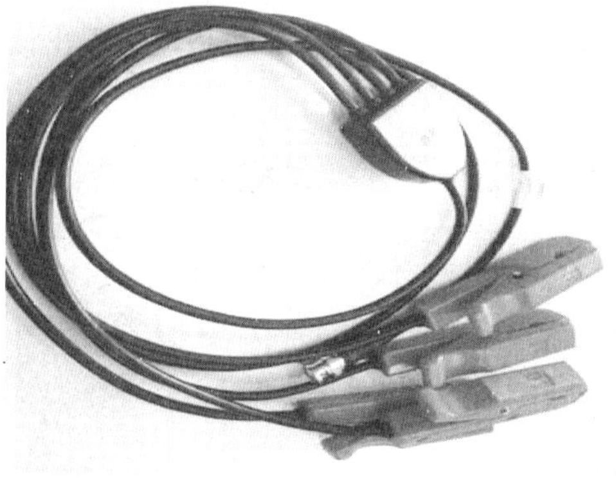

图 3-4-37 次级感应容性夹外形图

图 3-4-38 连接次级容性夹至示波器 1 通道

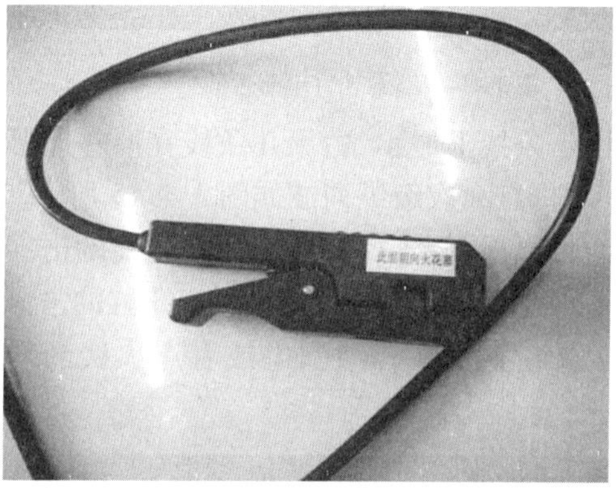

图 3-4-39 转速感应夹安装箭头提示

图 3-4-40 连接转速感应夹和次级感应夹

图 3-4-41 连接所有的容性夹至点火测试延长线

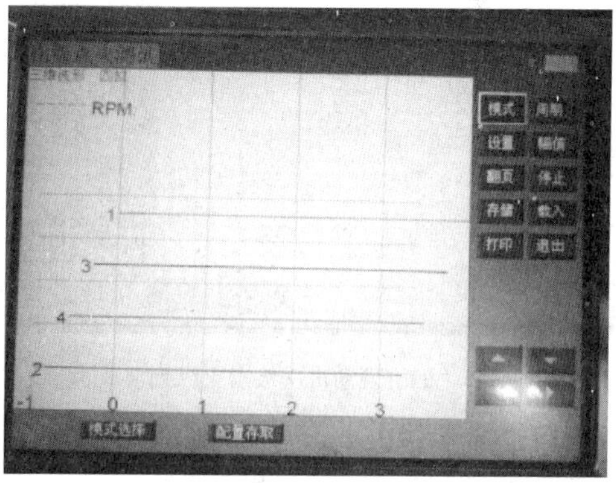

图 3-4-42 未启动发动机时的波形

(15)起动发动机,测试点火波形。通过示波器右上角的“设置”键,可以选择显示的波形为“三维”、“纵波”、“并列”和“单缸”几种模式,以便方便观看,各种波形显示模式的特点如下:

①三维波形:将各个汽缸的次级波形按照点火顺序错开显示,有助于对比各个汽缸点火波形的区别,尤其对某缸轻微故障时非常明显。图 3-4-43 为正常四缸发动机车辆的三维波形显示。

当某缸点火系统出现故障时，可以通过波形观察出其与其他三个汽缸点火波形的区别，如图 3-4-44 所示。改波形为故障车辆的三维点火次级波形，通过该波形可以明显看出该汽缸无击穿电压，很有可能是该缸点火线圈损坏或者存在漏电现象。

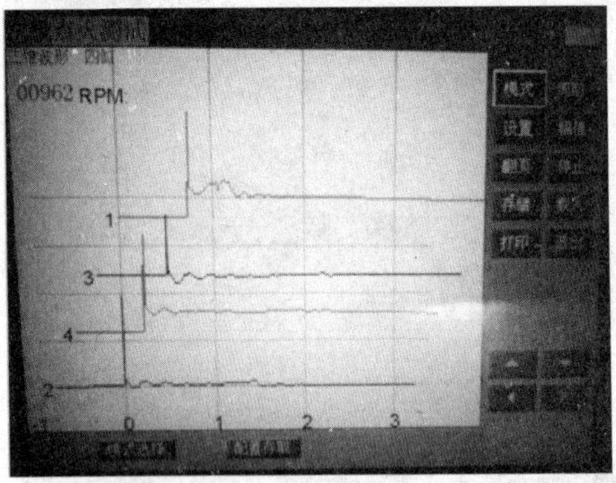

图 3-4-43　正常车辆的三维波形

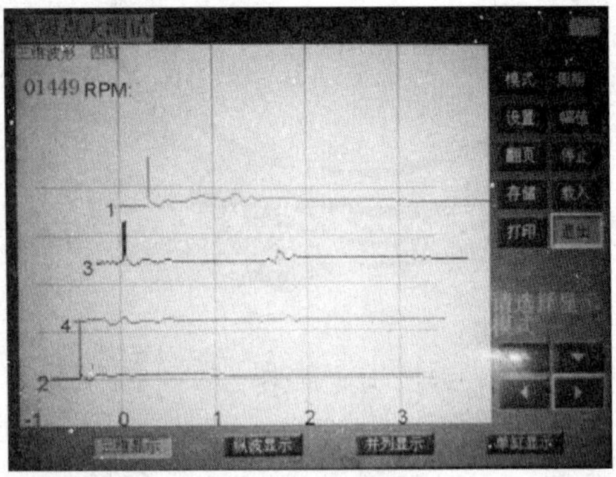

图 3-4-44　3 缸击穿电压过低三维波形

②纵波显示：将各个汽缸的波形击穿电压在同一条线上显示，由于几条线在同一屏幕上显示，不便于观察各缸区别，所以不常用。四缸发动机点火次级纵列波如图 3-4-45 所示。

③并列显示：并列波将各缸波形在同一水平线上显示，便于比较各个汽缸之间的击穿电压和燃烧电压的区别。图 3-4-46 为故障车辆的并列波。从图中可以明显看出 3 缸的击穿电压和燃烧电压均比其他三个汽缸低，说明该汽缸火花塞存在轻微漏电或者点火线圈功能衰退。

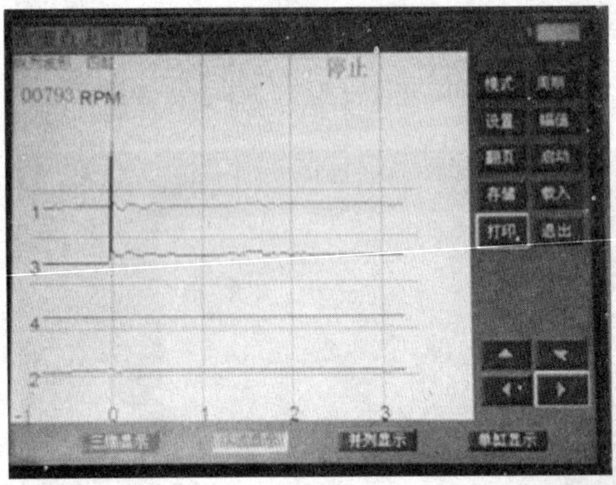

图 3-4-45　四缸发动机次级点火纵列波显示

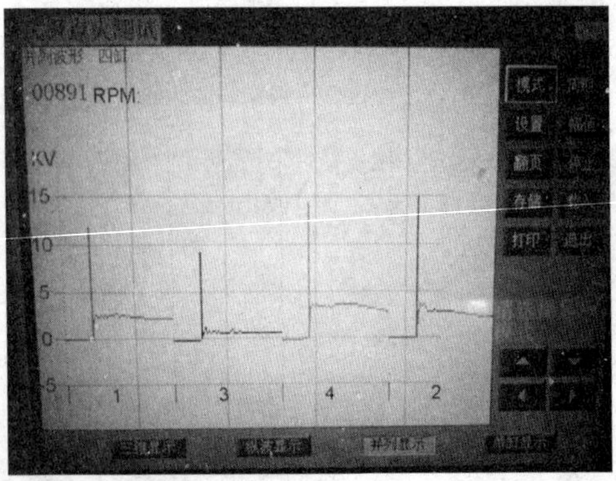

图 3-4-46　四缸发动机三缸火花塞漏电并列波

④单缸显示：用于将某一汽缸单独显示，可以将该汽缸整个工作循环的点火线圈工作情况显示出来，便于一对一分析，图 3-4-47 为正常单缸波形。

经过检测，该车三缸单缸波形如图 3-4-48 所示。

通过对点火波形分析，发现该缸点火系统存在明显漏电情况，由于火花塞已经检查，故将重点放在点火线圈的漏电检查上。

5）点火线圈绝缘胶套漏电检查

将搭铁连接线一端连接蓄电池负极，一端连接已经插入火花塞的点火线圈绝缘胶套，使鳄鱼夹距离绝缘胶套断面 2～3 厘米，如图 3-4-49 所示。

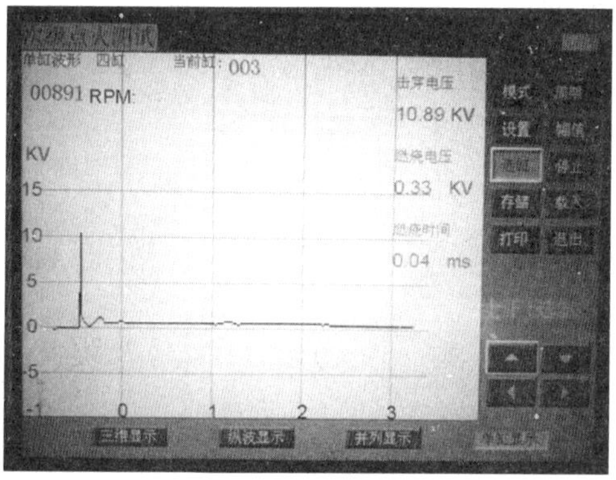

图 3-4-47　正常单缸波形

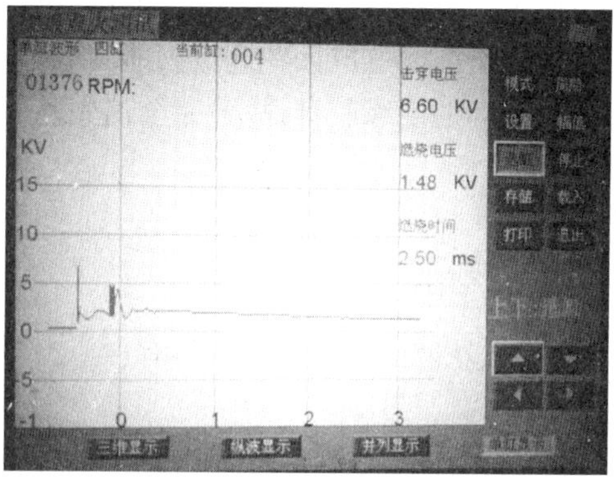

图 3-4-48　点火系统漏电单缸波形

起动发动机，如果火花塞的中央电极越过绝缘胶套的表面到鳄鱼夹的金属部分，说明绝缘胶套中间部分没有漏电，绝缘是正常的，如图 3-4-50 所示。

图 3-4-49　连接鳄鱼夹到绝缘胶套

图 3-4-50　火花从火花塞到鳄鱼夹

如果火花从胶套的某个部分漏出，而不经过火花塞中央点击，则说明绝缘胶套此处存在漏电情况，说明胶套破损，如图 3-4-51 所示。

图 3-4-51　漏电的绝缘胶套

由此可以发现,该汽缸绝缘胶套存在裂纹漏电的现象,而正是由于此处漏电,导致点火能量从此处泄漏而造成火花塞点火能力弱,进而导致该缸出现“失火”。

更换损坏的绝缘胶套,故障完全消失。

练一练

1. 填空题

(1)火花塞的常见检查项目有(　　　)、(　　　)、(　　　)、(　　　)及跳火能量检查等。

(2)科鲁兹发动机火花塞的正常电阻值是(　　　),火花塞间隙为(　　　)。

(3)一般点火系统的次级点火电压为(　　　)。

2. 选择题

(1)当读取点火系统次级波形的时候,电压的单位为(　　)。

A. kV　　B. V　　C. MV　　D. 都可以

(2)测量喷火花塞阻值时,万用表选用的挡位应该是(　　)。

A. 电压挡　　B. 二极管挡

C. 0 ~ 200 欧姆挡　　D. 0 ~ 10kΩ 欧姆挡

(3)如果分缸高压线由于腐蚀内部电阻过大会造成点火击穿电压(　　)。

A. 升高　　B. 降低　　C. 不变　　D. 不定

3. 判断题

(1)当火花塞电极间隙由于烧蚀导致间隙增大时,可通过调整的方式将间隙调整至正常值继续使用。(　　)

(2)火花塞如果电极间隙过小,会导致点火次级击穿电压降低。(　　)

(3)当发动机出现“失火”故障码时,肯定是由于点火系统异常导致的。(　　)

(4)当发动机出现失火故障时,只要喷油器是好的就肯定是点火系统的问题了。(　　)

4. 问答题

(1)造成失火故障的形成机理是什么?

(2)分析点火系统击穿电压异常的原因及检查项目。

(3)分析高压绝缘胶套漏电的原因及应急解决方法。

做一做

由学生进行现场操作,由教师根据评分标准进行打分,评定教学质量。

1. 火花塞的拆卸

每三人一组,完成科鲁兹轿车火花塞的拆卸。

2. 火花塞跳火检测

每三人一组,检测火花塞跳火情况。

3. 单缸独立点火系统次级波形检测

每三人一组，检测单缸独立点火系统次级波形。

任务评价

火花塞拆卸评价，见表 3-4-2。

火花塞拆卸评价表　　表 3-4-2

序号	内容及要求	评分	评分标准	自评	组评	师评	得分
1	准备	10	未进行车辆安全检查扣 5 分 未对车辆进行翼子板布防护扣 5 分				
2	清洁	10	未清洁发动机表面灰尘扣 1 分 未清洁点火线圈插头扣 5 分 未清洁点火线圈周围扣 4 分				
3	拆卸过程	50	选择工具不正确扣 5 分 拆卸点火线圈不正确扣 10 分 使用专用工具不正确扣 10 分 取出点火线圈不正确扣 10 分 选择火花塞套筒不合适扣 10 分 取出火花塞过程中掉落或脱落扣 5 分				
4	安装	10	先用手拧后用扳手拧扣 10 分				
5	安装扭矩	10	拧紧力矩不正确扣 5 分 调整预置扭力扳手不正确扣 5 分				
6	安全文明生产	10	检验结束后不清洁扣 5 分 检验后工量具不归位扣 5 分 量具落地或有碰撞，此项不得分				

火花塞检测评价，见表 3-4-3。

火花塞检测评价表　　表 3-4-3

序号	内容及要求	评分	评分标准	自评	组评	师评	得分
1	准备	5	未准备专用连接线扣 5 分 未准备鳄鱼夹扣 5 分				
2	火花塞拆卸	10	未正确选择合适工具扣 3 分 未选择正确工具取出火花塞扣 2 分 火花塞跌落扣 5 分 开始拆卸火花塞旋转方向错误，扣除安全文明分数				
3	清洁	5	未清洁火花塞外扣表 2 分 未清洁火花塞积炭扣 3 分				
4	火花塞间隙检测	15	厚薄规厚度选择不正确扣 5 分 厚薄规松紧度合适不正确扣 5 分 测量结果不正确扣 5 分				
5	火花塞跳火检查准备	15	断开喷油器线束连接器不正确扣 10 分 做好安全检查不正确扣 5 分				

续上表

序号	内容及要求	评分	评 分 标 准	自评	组评	师评	得分
6	火花塞跳火检查	10	连接搭铁线不正确扣10分 绝缘措施不到位导致操作人员被漏电电击，扣除安全文明分数				
7	绝缘胶套绝缘性检测	15	鳄鱼夹位置不正确扣5分 不出现跨越火花扣5分 绝缘措施不到位导致漏电扣5分				
8	火花塞电阻值检测	15	检测仪参数选择不正确扣5分 测量方法错误扣5分 结论不正确扣5分				
9	安全文明生产	10	检验结束后不清洁扣工具扣5分 检验后工量具不归位扣5分 量具落地或有碰撞，此项不得分				

单缸独立点火系统次级波形读取评分，见表3-4-4。

单缸独立点火系统次级波形读取评分表 表3-4-4

序号	内容及要求	评分	评 分 标 准	自评	组评	师评	得分
1	准备	5	点火系统测试延长线检查5分 点火系统测试延长线外观2分 点火系统测试延长线电阻值3分				
2	清洁	5	拆卸点火线圈前，清洁外部尘土2分 用气枪清洁容易落入灰尘部位3分				
3	拆卸点火线圈	5	工具选择不正确扣2分 螺栓旋转方向不正确扣5分				
4	点火系统测试延长线连接	15	取下点火线圈防护套2分 损坏防护套扣5分 正确连接点火系统测试延长线至点火线圈5分 正确连接点火系统测试延长线至各缸火花塞5分 火花塞汽缸连接顺序错误扣除本项全部分数				
5	连接示波器	10	转速感应夹选择不正确扣5分 次级感应夹选择不正确扣5分				
6	连接感应夹至车辆	20	转速感应夹未连接一缸扣5分 转速感应夹箭头方向未指向火花塞扣5分 次级感应夹连接顺序错误扣10分				
7	示波器使用	20	菜单选择不正确扣10分 未能正确按照要求做出各种波形，每种波形扣5分，共计15分				
8	安全文明生产	20	在试验过程中，出现漏电电击事故扣10分 检验结束后不清洁扣工具扣5分 检验后工量具不归位扣5分 量具落地或有碰撞，此项不得分				

教学提示

教学提示见表 3-4-5。

教 学 提 示　　表 3-4-5

<table>
<tr><td>项目三任务 4</td><td>电控燃油喷射发动机点火系统的检测与维修</td><td>学时</td><td>4</td></tr>
<tr><td>学习目标</td><td colspan="3">1. 掌握燃油喷射发动机点火系统检测与维修的方法；
2. 能使用燃油喷射发动机点火系统检测与诊断仪器和设备；
3. 能进行燃油喷射发动机点火系统检测与诊断和故障排除，并符合其工艺过程和要求</td></tr>
<tr><td>学习内容</td><td colspan="3">教学方法与建议</td></tr>
<tr><td>1. 燃油喷射发动机点火系统的检测诊断；
2. 点火系统波形检测与分析</td><td colspan="3">通过项目教学法实施教学：
1. 将燃油喷射发动机点火系统的检测诊断划分为：任务目标、任务导入、知识准备、任务实施、知识拓展、练一练、做一做、任务评价等内容，在老师的指导下制定方案并实施，最终进行评价；
2. 学生通过 8 个具体的过程，将理论知识融入实际操作中；
3. 教学过程中体现以学生为主体，教师进行适当讲解，并进行引导、督促和评估；
4. 教师应提前准备好各种多媒体资料、任务工单、教学课件，并准备教学场地和设备</td></tr>
<tr><td>教学媒体与设备</td><td>学生已有的知识、能力要求</td><td colspan="2">教师执教的要求</td></tr>
<tr><td>1. 实训设备：汽车、举升机、拆装机具等；
2. 故障诊断仪（KT600 带示波功能）、火花塞套筒、点火线圈拔出专用拆卸工具、厚薄规、万用表等；
3. 多媒体教学设备；
4. 多媒体教学课件、软件；
5. 网络教学资源；
6. 燃油喷射发动机点火系统考核任务单</td><td>1. 安全操作知识；
2. 汽车发动机构造与拆装；
3. 万用表使用</td><td colspan="2">1. 能够根据教学方法合理设计教学情境；
2. 熟悉燃油喷射发动机点火系统检测诊断的安全操作规程；
3. 能够完成燃油喷射发动机点火系统检测诊断工作；
4. 具备协调各方、处理学生误操作的能力</td></tr>
</table>

项目小结

（1）发动机电控系统故障检测诊断分析的基础是电控系统的基本组成和控制原理，所以掌握电控系统的结构以及控制原理是非常重要的。因此，在进行电控系统检测诊断教学时一定注意理论联系实际，用理论去指导检测诊断操作，诊断出故障后用理论分析故障的原因。

（2）发动机电控系统检测诊断一定遵守从表到里、由易到难的原则进行。一般的过程是首先检查真空管和线路连接是否正常，然后进行故障码读取、读取数据流和各种信号波形，最后根据故障码、数据流和信号波形综合分析故障点。

（3）电控发动机传感器和执行器都为一次性使用，不可修复，所以不必过分强调其内部结构，应强调掌握其性能要求、检测方法、检测标准以及拆装注意事项。

（4）在传感器和执行器检验时，要和学生的经验结合起来，以消除学生的神秘感。很多传感器和执行器在中学物理中都已经学习，比如喷油器就是一个电磁阀、节气门位置传感器就是一个滑动电阻、温度传感器就是一个热敏电阻。

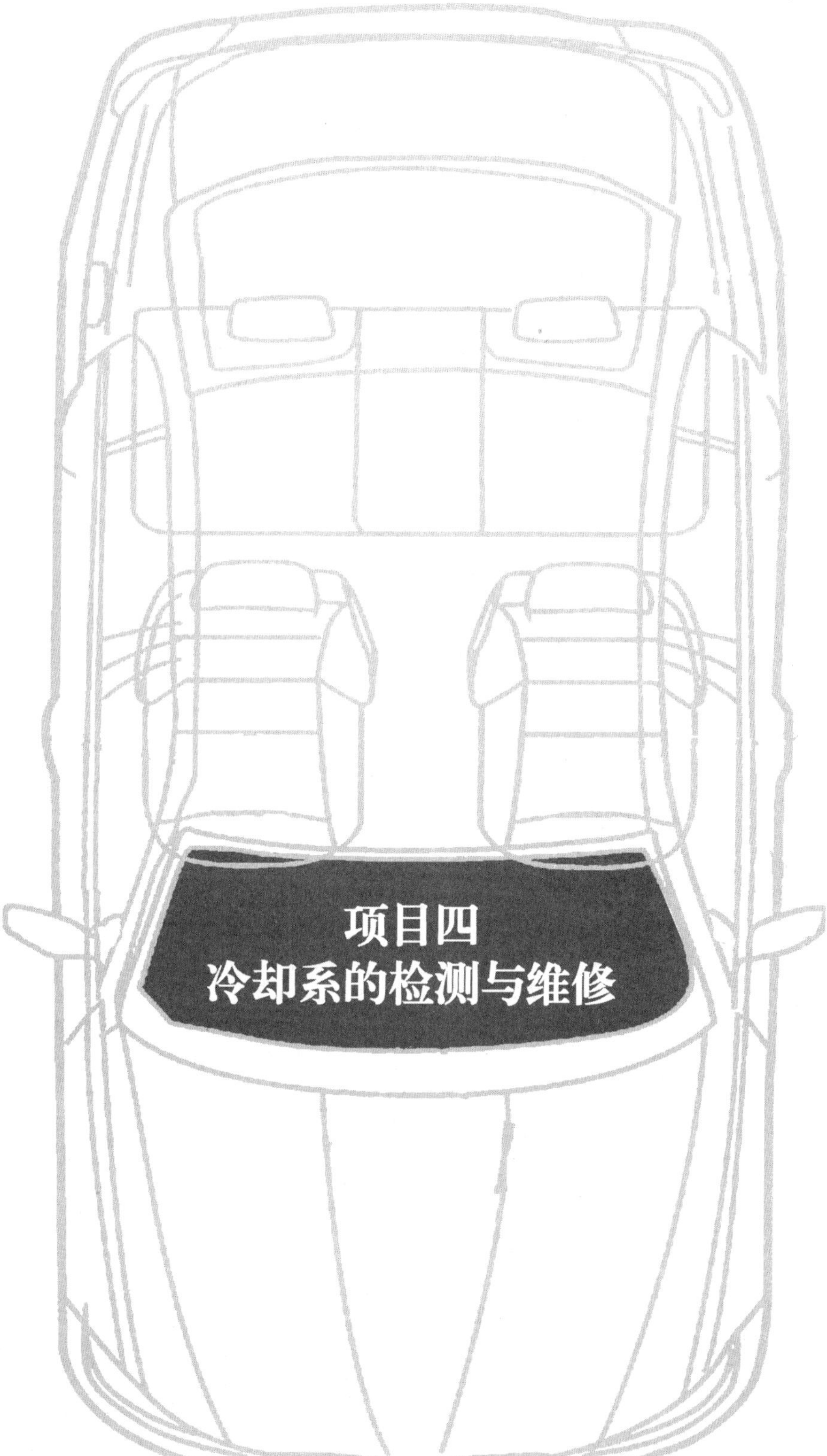

项目四 冷却系的检测与维修

项目描述

由于燃烧和摩擦的原因，发动机工作中会产生很多热量，因此需要进行冷却，冷却系承担着对发动机温度进行调节的任务。

发动机正常工作温度应该为85~105℃。发动机温度低于85℃，燃料雾化不好，燃油经济性变差，机油流动性不好，发动机容易磨损；高于105℃，发动机容易过热，轻则加速零件磨损，引起发动机爆燃，重则由于活塞的膨胀而引起拉缸。

任务 冷却系的检测与维修

任务目标

(1)对发动机水温不正常进行诊断排除。

(2)对冷却液进行检查、添加和更换。

(3)对冷却系统主要零部件进行检修。

任务导入

一轿车行驶中水温突然升高，超过110℃，驾驶员及时停车打救援电话，维修人员到达现场后找不到水温升高的原因，将车拖到修理厂进行检查维修。

任务准备

一、冷却系技术状况的变化及对发动机工作性能的影响

冷却系技术状况的变化表现在发动机工作温度过高或过低，常见的是工作温度过高。温度过低，主要表现在冬季，常见原因是保温措施不当、风扇离合器工作失常、节温器损坏等。

1. 发动机温度过高对发动机工作性能的影响

冷却系技术状况的变化表现为发动机工作温度过高或过低，常见的是工作温度过高。

发动机水温过高，将导致汽缸充气效率降低和燃烧不正常，使发动机的功率下降、燃料经济性变差，容易产生早燃和爆燃；使机油的黏度降低，发动机零件会因润滑不良而加速磨损，甚至导致活塞因高温膨胀卡死在汽缸中，引起拉缸甚至捣缸的严重后果。

2. 发动机温度过低对发动机工作性能的影响

发动机温度过低，使混合气点燃困难、燃烧迟缓，使发动机的热效率降低，造成发动机功

率下降和燃料消耗增加;因温度过低而使燃油汽化不良,燃油会凝结在汽缸壁上流入曲轴箱,既增加了燃料的消耗,又稀释机油而影响正常润滑;燃油因温度过低而凝结在汽缸壁上,会破坏汽缸壁的机油膜,影响汽缸的润滑,加速汽缸的磨损。

试验表明,当发动机工作温度降至65~70℃以下时,汽缸磨损明显增加。水温45℃时汽缸磨损速度是80℃的4~5倍。综合考虑,发动机最佳工作温度为90~105℃。

二、发动机温度不正常的原因

发动机温度过高的原因比较复杂,有冷却系本身的原因,也有点火时间、配气相位、摩擦副摩擦热过高等因素。

1.冷却系本身的原因

(1)冷却液不足或冷却水中有空气。冷却液不足会使冷却系统的冷却效率降低,致使发动机温度过高;冷却液中有空气,空气会随着冷却液在发动机冷却水道中循环,也会使冷却系统的冷却效率降低。

(2)水箱、缸体和缸盖内的水道堵塞。水箱、缸体和缸盖内的水道堵塞会使冷却液在水道内的循环量变小,使冷却效果变差。另外,散热器护罩网或散热器芯通风道被杂物堵塞,也会使汽车迎面风的冷却效果降低,会导致发动机温度过高。

(3)风扇不工作或节温器打不开。节温器打不开,冷却液不能进行大循环而进入水箱,将使水温升高。

2.点火时间过晚或过早

点火时间过迟,活塞已经下行,压力不断减小,燃烧速度减慢,燃烧产生的最高推力发生在活塞下行中部,这样大量的热量没有转换为动力,而是以热的形式传给汽缸壁,进而传给冷却液而使发动机温度过高。点火时间再迟一些,排气终了还未燃烧完毕,燃烧的废气进入排气歧管,会使排气歧管温度很高,有时把排气管烧的像化铁炉的颜色一样通红,会引起发动机温度升高。

点火时间过早,活塞上行压缩点燃后的混合气,燃烧压力很高,燃烧速度过快,形成爆燃(就是爆炸),会引起发动机温度升高。

3.配气相位过早或者过晚

配气相位过早或者过晚引起的发动机温度过高与点火时间不准的原因相似。

配气相位过早或过晚都会使发动机的温度升高,其中排气门配气相位影响最大。排气门打开过早,高温燃烧的气体排入排气管,会使排气管温大大升高,引起发动机高温;排气门打开太晚,会使汽缸内的温度升高,引起发动机高温。

4.发动机摩擦热过高

摩擦副配合过紧或者润滑不良,摩擦副产生的摩擦热会使发动机温度升高,其中以曲轴轴承间隙过小或汽缸间隙过小最为严重。

5.汽缸垫损坏

汽缸垫损坏,如果造成水道与汽缸相通,燃烧的气体会加热冷却液,使发动机的温度大大升高。

6. 水温表指示不准

如果水温表指示温度比实际的冷却水温度高,给驾驶员和维修人员一个错误的信号,会误以为发动机高温。

7. 发动机负荷

发动机长期处于大负荷高转速工作,会产生很大的热负荷,会使发动机高温。

发动机温度过低不大常见,常指发动机起动时温度低温,发动机热起困难。发动机温度过低的主要原因是节温器不能关闭、风扇离合器损坏或温控开关损坏等。

任务实施

一、询问

维修人员向驾驶员询问,驾驶员反映汽车行驶中发动机水温突然升高,无其他不正常的现象。

二、诊断过程

1. 发动机水温过高诊断的要求

(1)对冷却液进行检查。

(2)对节温器和风扇的工作情况进行检查。

(3)检查散热器芯是否堵塞。

2. 仪器准备

万用表。

3. 诊断过程

1)检查冷却液

主要检查冷却液液面高度是否正常(冷却液的量)和冷却液是否变质。

冷却液不足或者变质,都会使发动机温度过高,甚至引起发动机缸体、缸盖和水泵腐蚀。

(1)检查冷却液的液面高度。

观察冷却液在膨胀水箱内的液面高度,应在最高位(max)和最低位(min)之间,如图4-0-1所示。

起动发动机,使发动机达到正常工作温度,冷却液液位应在(max)刻线位置。

如果发动机冷却液不足,应检查水箱、水泵、缸体、缸盖等零部件有无漏液;观察各个水管接头处有无冷却液泄漏。如果外观没有发现冷却液泄漏,有可能是汽缸垫损坏造成缸孔与水道相通,冷却液进入汽缸后随着尾

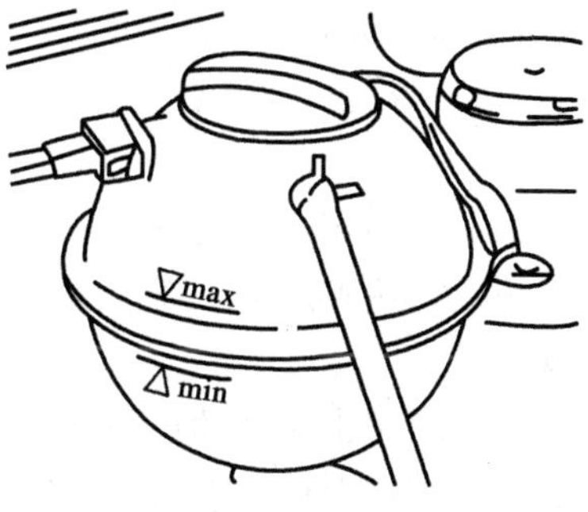

图4-0-1　发动机冷却液液面高度检查

气排出。

应加注同型号的冷却液，如果混用容易起化学反应、沉淀或产生气泡。这样对冷却液的防腐、防垢、防沸、防冻、防锈等功效会产生较大影响。

(2)冷却液质量检查。

冷却液在工作中可能会变质或被脏污。变质冷却液的冰点会升高，冬季可能会冻裂缸体，而且会腐蚀缸体、缸盖、水箱和水泵等零部件。

冷却液多为绿色和红色的液体，如果冷却液的颜色发生变化或者有泡沫，说明冷却液变质，应及时更换。如果发现冷却液没脏污，应找到脏污的原因(常常是冷却液接触的零件损坏，如汽缸垫)，排除故障后彻底清洗冷却系统，然后按规定加注冷却液。

2)检查节温器的工作情况

当发动机冷车运转时，冷却液应该进行小循环，以使发动机迅速热起，此时用手触摸水箱的上水室进水管应为冷态，如果温度较高，说明节温器不能关闭，如图4-0-2所示。如果发动机达到正常工作温度，节温器主阀门应开启，用手触摸水箱的上水室进水管应烫手，否则说明节温器没有打开。节温器不打开或者不能关闭，均应更换。

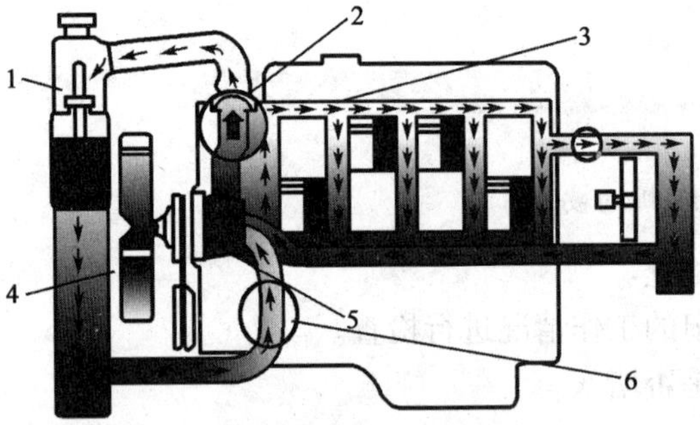

图4-0-2 节温器工作情况检查

1-散热器;2-节温器;3-出水口;4-风扇;5-水泵;6-入水口

3)检查散热器芯通风道

检查散热器芯通风道是否被杂物堵塞，如有堵塞应清除脏物使其畅通，保证风扇风和迎面风对冷却液冷却。

4)检查汽缸孔是否与水道相通

如果缸垫或汽缸体、汽缸盖平面损坏，会造成汽缸孔与水道相通，燃烧气体会加热冷却液，造成发动机温度过高，而且高压燃烧气体会进入冷却系统。

打开水箱盖，如果有大量气泡放出，说明缸盖损坏造成水汽相通，应及时地查找原因进行排除。

5)检查风扇工作情况

发动机达到正常工作温度后观察冷却风扇是否工作，如果不工作或者转速太低，应加以排除。

一些轿车由于发动机横置或后置，多采用电动冷却风扇。风扇电机由散热器的水温开关控制，并且有高、低速两个挡位，低速挡在水温低于沸点时工作，高速挡在水温高于沸点时工作。电动风扇的电源不受点火开关控制，因此发动机熄火后，如果散热器中冷却液的温度高于 88 ~ 93℃，电动冷却风扇运转是正常的。如果低于 88℃，风扇仍在运转，则是不正常的；温度高于 98℃时，风扇停止运转也是不正常的。

电动冷却风扇不工作检查的步骤：

(1)检查熔断丝，如损坏应更换。

(2)若熔断丝完好，则应检查温控开关，将温控开关短接，若此时风扇转动，说明温控开关损坏。

(3)若更换温控开关风扇仍不转动，找到电动冷却风扇继电器，可用一条电线将继电器插座上触点的两个插孔短接，同时查看电动冷却风扇有无运转，如果没有运转，可能是风扇电机损坏。

(4)拔下风扇电机的导线插头，用两条导线连接蓄电池和万用表电流挡直接给风扇电机通电(图 4-0-3)，如果电流为零，风扇电机不转，说明风扇电机线圈断路；如果电流过大，说明风扇电机的线圈短路。

(5)拔下风扇电机的导线插头，直接用万用表电阻挡的两表笔测量风扇电机线圈的电阻值，应符合标准，否则应更换。

(6)冷却系和空调冷凝器共用一个直流永磁电动冷却风扇，它由装在散热器上的温度控制开关或空调继电器控制。当空调工作时，电动冷却风扇维持常转，因此当散热风扇因故障停止转动时，应立即停止使用空调。

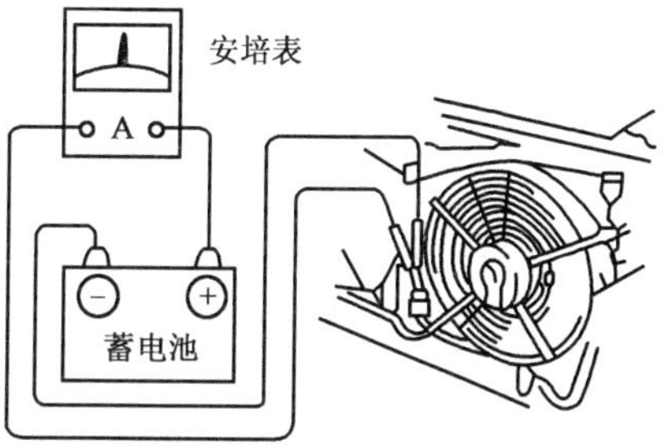

图 4-0-3　冷却风扇的检查

(7)检查电动冷却风扇停转温度。当发动机冷却液温度下降时，电动冷却风扇将从高挡降至低挡转动，直至停止转动，桑塔纳轿车风扇停转温度为 88 ~ 93℃。

三、节温器检查

1. 节温器检查的要求

(1)检查节温器开启温度。
(2)检查节温器最大开度的温度。
(3)检查节温器的最大开启高度。

2. 仪器准备

(1)温度计。
(2)加热器。
(3)游标卡尺。

3. 检查步骤

(1)将拆下的节温器浸入水中加热，当水温达到 85℃时，节温器应打开，如图 4-0-4 所示。
(2)当冷却液温度升高到 105℃时，节温器阀门完全打开。
(3)用游标卡尺测量节温器的升程，应为 7mm(图 4-0-4)。

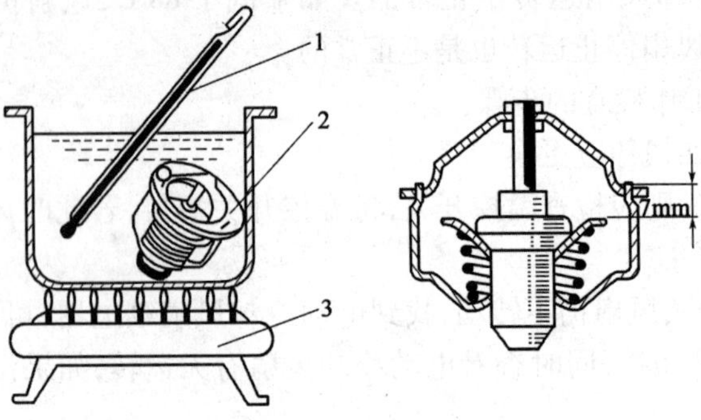

图 4-0-4 节温器检查
1-温度计;2-节温器;3-加热器

四、检查散热器的密封性能

1. 检查散热器的密封性的要求

(1)检查散热器的密封性。

(2)检查散热器盖的密封性。

2. 仪器准备

水箱密封性检测仪

3. 检查步骤

(1)将散热器的进出水口堵死,并注满水。

(2)将检查仪装到散热器上,用检查仪手泵对其加压到 100kPa,观察检查仪上压力表的指示压力是否出现明显下降,观察外部有无漏水现象,如图 4-0-5 所示。

或者将散热器的进出水口堵死,在散热器内充入 50~100kPa 的压缩空气,并将其浸泡在水中,检查有无气泡冒出。凡是冒气处,便是渗漏部位,应做好记号,以便焊修或更换。

散热器修理方法有焊修法和堵漏法。焊修法主要针对上、下水室的破洞、凹陷和散热水管的渗漏部位施以修复。堵漏法是利用堵漏剂对散热器的裂纹在 0.3mm 左右时就车进行修补,这种方法别适合途中应急抢修。

(3)将散热器盖检验器装到散热器盖上,并对散热器盖加压,检查密封性能和蒸气阀的开启压力,如图 4-0-6 所示。当压力升高到 120~150kPa 时,蒸气阀必须打开,否则需要更换散热器盖。

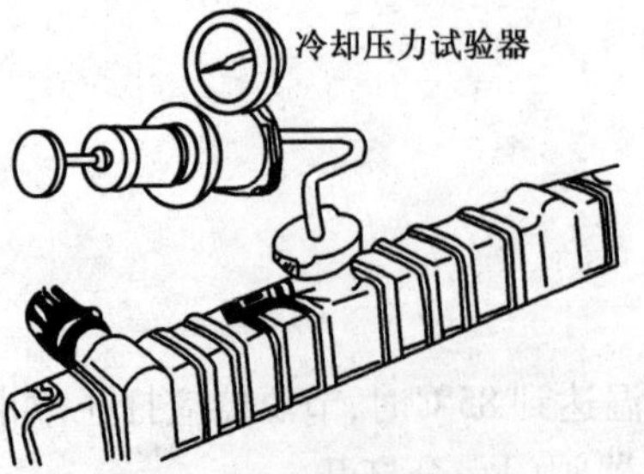

图 4-0-5 散热器压力试验

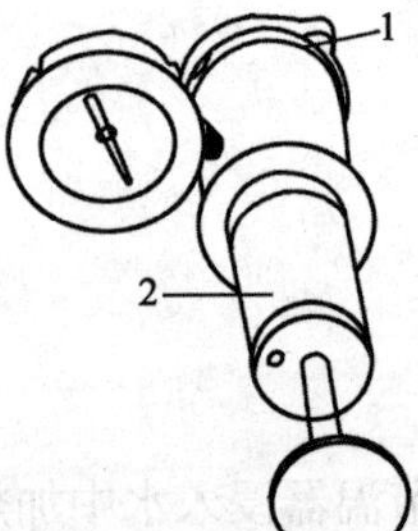

图 4-0-6 散热器盖压力试验
1-压力盖;2-压力试验器

五、温控开关的检查

1. 检查温控开关的要求

(1)检查温控开关导通的温度。

(2)检查温控开关关闭的温度。

2. 仪器准备

(1)万用表。

(2)温度计。

(3)加热器。

3. 检查步骤

(1)把温控开关拆下放入热水中,把万用表换到电阻挡,把2个触笔分别按到温度控制开关的接线端和外壳上(图4-0-7),改变水的温度,观察万用表指针的动态,当冷却温度达到92℃ ±2℃时,温控开关开始导通,万用表指针指示接通。

(2)停止加热,使冷却液温度下降,当冷却液温下降至87℃ ±2℃时,万用表指针应指示断开(电阻无穷大)。

上述检查方法是以上海桑塔纳轿车为例说明的,其他车型可参照此方法检查,只是温控开关工作的条件不同而已。例如,夏利轿车温控开关导通温度必须超过90℃,低于90℃不通;奥迪轿车温控开关水温在90℃以上时,Ⅰ速连接线应导通,105℃以上时,Ⅱ速连接线应导通,否则说明温控开关有故障,应予以更换。

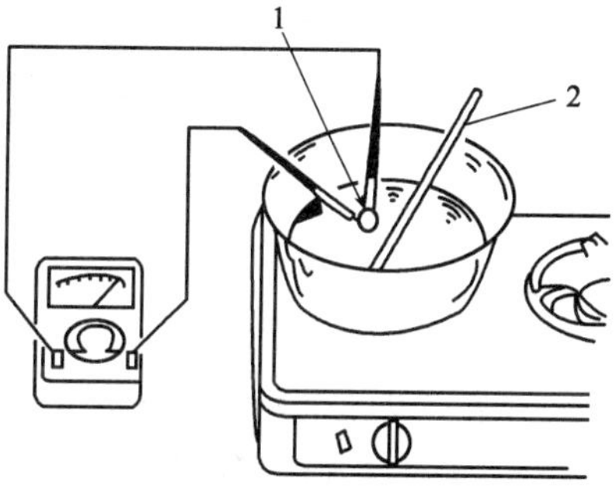

图4-0-7 温控开关的检查
1-散热器温度控制开关;2-温度计

六、冷却液的更换

1. 更换冷却液的要求

(1)放出冷却液。

(2)添加冷却液。

(3)检查冷却液液面高度。

2. 仪器准备

(1)拆装工具一套。

(2)冷却液。

3. 检查步骤

(1)将汽车停在平地位置。

(2)当发动机冷却到常温时,拧下散热器盖。注意:发动机温度过高,则不要急于将散热器盖拧下,以防烫伤。

(3)将散热器和缸体放水开关拧开,并将冷却系统冲洗干净。

(4)拧紧放水开关,将冷却液加到“max”线处,然后盖上散热器盖。

(5)起动发动机运转数分钟。

(6)将发动机熄火,加注冷却液至膨胀水箱的“max”线。

(7)检查放水开关有无渗漏现象。

知识拓展

假防冻液的危害及真假鉴别

使用伪劣防冻液对汽车发动机损害非常大,轻则堵塞管路,影响冷却效果,重则腐蚀损坏缸体、缸盖、水泵、水箱等零部件。所以更换防冻液时要对冷却液真假进行甄别。冷却液应从以下几点甄别:

1. 防冻液的外观

1)防冻液外包装

查看包装上的厂名、厂址、电话、生产日期、冰点、沸点等项目,正规产品标注齐全,字迹清晰,假冒伪劣产品字迹模糊容易擦掉,且包装标识内外不符或标注不全。劣质防冻液的外包装常常也很漂亮,但这些厂家无专业罐装设备,手工罐装密封性不好,经运输后瓶颈处常有溢漏痕迹。

2)防冻液颜色

优质防冻液颜色醒目、清亮透明、有明显的颜色,劣质的防冻液经常比较浑浊,不透明。

现在市场上的防冻液有很多种颜色,例如:道达尔防冻液为荧光绿色、加德士特级防冻液为橙色、蓝星防冻液为蓝色、统力防冻液为红色。防冻液本身是无色透明的液体,这些防冻液之所以做成鲜艳的颜色,主要是为了便于区分和辨别而加入了一些染色剂,另外一个作用就是防止误食。防冻液的颜色和性能、质量没有必然的联系。道达尔多效防冻液制备成特殊的荧光绿色,是加入了荧光物质,主要是为了便于检漏。如果防冻液颜色不对,可能为假冒伪劣。

2. 冻液的味道

防冻液主要成分是乙二醇,没有异味,而劣质防冻液的主要原料是工业甲醇或各种杂醇等化工下脚料,大多有刺鼻的异味,人闻了会头晕、流泪。

3. 防冻液的手感

优质防冻液手捻感觉十分细腻,而假防冻液比较粗糙。如果防冻液包装桶口有白色固体出现,防冻液手感很涩,包装桶用手提起较重,有可能为假冒防冻液。

练一练

1. 填空题

(1)正常发动机水温一般为(　　)。

(2)加德士特级防冻液应为(　　)色。

(3)冷却液达到(　　)℃时节温器应全开。

2. 选择题

(1)当冷却温度达到(　　)℃时,温控开关开始导通。

A. 85℃　　B. 92℃　　C. 100℃　　D. 105℃

(2)发动机水温不能超过(　　)。

A. 87℃　　B. 95℃　　C. 105℃　　D. 110℃

(3)电动冷却风扇不工作与(　　)有关。

A. 节温器　　B. 水箱　　C. 温控开关　　D. 点火时间

3. 判断题

(1)当发动机冷车运转时,用手触摸水箱的上水室进水管,应为冷态。(　　)

(2)发动机达到正常工作温度,用手摸水箱的上水室进水管,应冷态。(　　)

(3)发动机水温与配气相位无关。(　　)

(4)发动机水温与混合气空燃比有关。(　　)

4. 问答题

(1)发动机水温过高或过低对发动机性能有什么影响?

(2)点火时间对发动机水温有什么影响? 分析其原因。

(3)如何检查水箱的密封性? 介绍其工艺过程。

(4)全面介绍发动机水温过高的检测过程。

做一做

由学生进行现场操作,由教师根据评分标准进行打分,评定教学质量。

每三人一组,完成节温器的检查。

任务评价

节温器检查评分,见表4-0-1。

节温器检查评分表　　表4-0-1

序号	内容及要求	评分	评分标准	自评	组评	师评	得分
1	准备	20	未准备温度计扣5分 未准备加热设备5分 未准备加热容器扣5分 未准备游标卡尺扣5分				
2	加热	20	未记录开启温度扣10分 未记录全开温度扣10分				
3	测量节温器升程	30	测量温度不正确扣10分 测量方法不正确扣10分 判断错误扣10分				

续上表

序号	内容及要求	评分	评 分 标 准	自评	组评	师评	得分
4	结果判断	20	节温器开启温度判断错误扣10分 节温器全开温度判断错误扣10分				
5	安全文明生产	10	结束后不清洁扣5分 工量具不归位扣5分 工具落地或有碰撞,此项不得分				

教学提示

教学提示见表4-0-2。

教 学 提 示 表4-0-2

<table>
<tr><td>项目四任务</td><td>冷却系的检测与维修</td><td>学时</td><td>4</td></tr>
<tr><td>学习目标</td><td colspan="3">1. 掌握冷却系统技术变化的原因以及对发动机工作性能的影响;
2. 能对发动机冷却液进行检查;
3. 能对冷却系零部件进行检查,并且进行正确判断;
4. 能进行冷却液的添加;
5. 各种工作符合其工艺过程和要求</td></tr>
<tr><td>学习内容</td><td colspan="3">教学方法与建议</td></tr>
<tr><td>1. 冷却系统技术变化的原因以及对发动机工作性能的影响;
2. 冷却液的检查与更换;
3. 冷却系统零部件检查</td><td colspan="3">通过项目教学法实施教学:
1. 将冷却系统的检测与维修划分为:任务目标、任务导入、知识准备、任务实施、知识拓展、练一练、做一做、任务评价等内容组成,在老师的指导下制定方案并实施,最终进行评价;
2. 学生通过8个具体的过程,将理论知识融入实际操作中;
3. 教学过程中体现以学生为主体,教师进行适当讲解,并进行引导、督促和评估;
4. 教师应提前准备好各种多媒体资料、任务工单、教学课件,并准备教学场地和设备</td></tr>
<tr><td>教学媒体与设备</td><td>学生已有的知识、能力要求</td><td colspan="2">教师执教的要求</td></tr>
<tr><td>1. 实训设备:汽车、举升器、拆装机具等;
2. 万用表、加热器、温度计、冷却系密封检测仪等;
3. 多媒体教学设备;
4. 多媒体教学课件、软件;
5. 网络教学资源;
6. 冷却系统检测与维修考核任务单</td><td>1. 安全操作知识;
2. 汽车发动机构造与拆装;
3. 万用表使用</td><td colspan="2">1. 能够根据教学方法合理设计教学情境;
2. 熟悉冷却系统检测与维修的安全操作规程;
3. 能够完成冷却系统的检测与维修工作;
4. 具备协调各方、处理学生误操作的能力</td></tr>
</table>

项目小结

冷系统结构简单,维修作业相对来说比较容易,但是其工作性能的好坏对发动机的性能和寿命有很大的影响,如果使用和维修不当会造成发动机主要零部件损坏,甚至造成发动机报废。冷却系统使用维修主要要做到以下几点：

(1)经常检查冷却液的液面高度和冷却液的质量,如果发现冷却液液面过低应及时添加,发现冷却液变质应及时更换。

(2)应添加与原品牌相同的冷却液,否则可能会起不良反应,有的会形成沉淀物,容易导致水管堵塞,造成冷却液循环不好,引起发动机水温过高。

(3)发动机冷却液温度不仅与冷却系本身的工作有关,同时也和混合气浓度、配气相位、点火时间、汽缸垫密封性和摩擦功有关。所以当发动机水温过高时,如果经检查冷却系本身工作没有问题,要注意检查其他有关系统的工作性能。

(4)当发现发动机水温过高时,要立即停车,并及时联系救援和修理。

项目五
润滑系的检测与维修

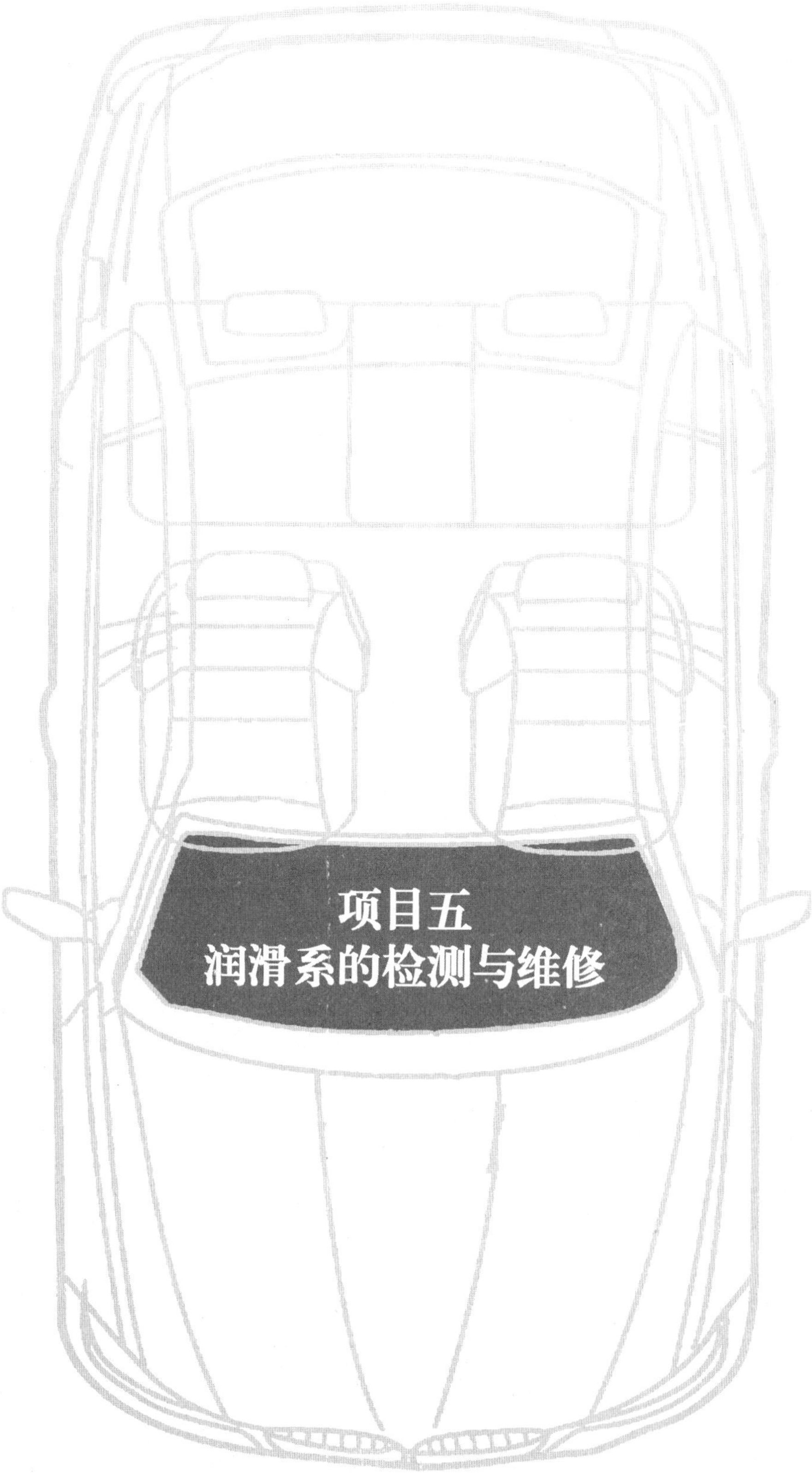

项目描述

机油润滑对发动机来说非常重要。如果润滑系统出现故障而不及时维修,会对发动机造成严重的损害。汽车在行驶中,如发现机油报警灯亮起应及时进行维修。如果发动机润滑不良,几分钟就可能造成发动机严重损坏。

任务 润滑系的检测与维修

任务目标

(1)检查、添加和更换发动机机油。

(2)检查、修理发动机机油泵。

(3)检查机油压力开关。

任务导入

一轿车行驶 8 万 km,运行中发现机油报警灯闪烁,驾驶员及时停车,并到修理厂进行修理。

任务准备

一、润滑系技术状况的变化

1. 机油压力过高或过低

润滑系技术状况变坏的主要标志是机油压力发生变化。

机油压力过高和过低都将影响运动零件的润滑和寿命。压力过低,摩擦副得不到充分的机油,不仅润滑不良,且机油的冷却、清洗和密封作用降低,造成零件磨损加剧,寿命降低,甚至产生拉缸、抱瓦的恶性事故。压力过高,机油量过大,带到摩擦面的机械杂质增多,也可使磨损加剧。严重时还可能造成润滑系统薄弱环节处破裂。使用中如果机油压力突然增高,可能是由于油道堵塞造成的,会引起摩擦副的恶性磨损,所以出现机油压力过高时要及时检查修理。

机油压力过低是常见故障,主要原因是机油泵工作不良、限压阀损坏、系统内各处的配合间隙过大、接合面不密封或油量不足。系统内的配合间隙主要包括机油泵本身的配合间隙和曲轴及凸轮轴的配合间隙。前者使油泵产生的油压降低,后者使系统泄油量增加,油压降低,且后者是使用过程中造成机油压力降低的主要原因。因此若使用中油压逐渐降低,试图通过调整限压阀来调高油压是不可能的。限压阀只能在新机或大修时调整机油压力。使用中除非因杂物将限压阀垫起或弹簧断裂造成阀泄漏等阀本身的故障应予排除外，通常是不应调整的。

2. 机油变稀或变质

发动机润滑系正常工作时，机油不断地在发动机内循环流动，对各运动摩擦表面进行强制润滑，并从各摩擦表面带走磨屑和摩擦热。由于有效地向缸壁飞溅，保证了活塞环和缸壁在高温高压下的密封性和润滑作用。但是随着车辆行驶里程的增加，发动机机油滤清器的过滤能力逐渐降低，机油中积聚了水、燃油、胶质、金属颗粒，致使机油失去了润滑作用，甚至出现滤清器和油道脏堵。

1）机油变质的原因

当机油颜色变黑或呈乳白色，同时黏度下降时，说明已变质，失去润滑性能。机油变质的主要原因包括以下几点：

（1）发动机温度高（指机油温度高于105℃，冷却液温度高于95℃），机油受热氧化，使机油生成胶质和炭渣；一部分燃烧生成物与汽缸内冷凝水结合而生成酸性物质混入机油内，使机油被稀释。

（2）曲轴箱通风不畅或汽缸垫密封不良，使废气窜入曲轴箱和缸盖罩，废气里的高温有害燃气使机油变质，使添加剂的抗氧化性和分散性能减弱，促进了泡沫的形成，使机油变成了乳化液，破坏了油膜。实验证明，当水分达到1%时，机件磨损将加快2.5倍。

（3）机油滤清器堵塞，滤清效率差，空气中的灰尘、杂质、机件磨损下来的金属屑和燃烧后的炭渣等机械杂质混入机油内。

2）维修中判断机油变质的简单方法

（1）油流观察法：取两只量杯，其中一个盛有待检查的机油，另一只空放在桌面上，将盛满机油的量杯举高离开桌面30～40cm并倾斜，让机油慢慢流到空杯中，观察其流动情况，质量好的机油的油流应该是细长、均匀、连续不断，若出现油流忽快忽慢，时而有大块流下，则说明机油已变质。

（2）手捻法：将机油在大拇指与食指之间反复研磨，较好的机油手感有润滑性、磨屑少、无摩擦，若感到手指之间有沙粒般的较大摩擦感，则表明机油内杂质多，不能再用，应更换新机油。

（3）油滴痕迹法：取一张干净的白色滤纸，滴油数滴在滤纸上，待机油渗漏后，若表面有黑色粉末，用手触摸有阻涩感，则说明机油里面杂质已很多，好的机油无粉末，用手摸上去干而光滑，且呈黄色痕迹。

二、发动机机油压力标准

发动机机油压力怠速时应为0.05～0.10MPa，中速应为0.20～0.50MPa。机油压力过高或过低都应及时修理。

任务实施

一、询问

维修人员向驾驶员询问，驾驶员反映汽车行驶中机油报警灯突然点亮，没有其他不正常的现象。

二、诊断过程

1. 检查机油

1）检查机油的要求

（1）检查机油液面高度。

（2）检查机油的质量。

2）仪器准备

擦布。

3）检查步骤

（1）检查机油的数量。

将车停放在平坦的场地上，停机 10min 后拔出机油尺，将机油尺用抹布擦净油迹后插入机油尺导孔，再拔出查看液位，液位应该在上标记 A 和下标记 B 之间，如图 5-0-1 所示。如果超出上刻线，应放出机油；如果低于下刻线，可从加油口处添加，待 10min 后再次检查液位。补充时应严格注意清洁，并检查是否有渗漏现象。

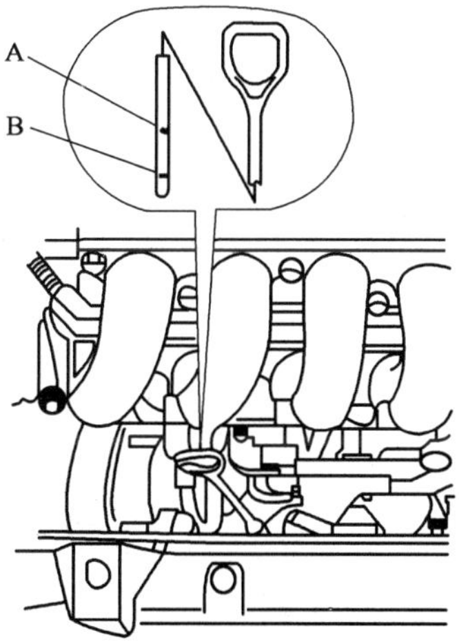

图 5-0-1　机油液面高度

（2）检查机油的质量。

在检查液位时，应注意检查发动机机油的污染程度。检查机油尺上的机油，不应有金属色，不应变稀、变稠、严重变黑和油性变差的现象。当机油达到使用里程或有以上现象时，应及时更换机油。

2. 机油压力检查

1）机油压力检查的要求

（1）检查机油压力。

（2）判断压力是否符合标准。

2）仪器准备

（1）机油压力表。

（2）拆装工具一套。

3）检查步骤

（1）拆下发动机机油压力开关，安装机油压力表附件 A 和机油压力表 B，如图 5-0-2 所示。

(2)起动发动机。如果压力表显示没有机油压力或压力过低,立即关闭发动机。故障排除后转至下一程序。

(3)使发动机达到正常工作温度,此时发动机机油温度应在80℃左右,机油压力应为:怠速时为最小70kPa,3000r/min时最小340kPa。

(4)如果机油压力与规格不符,应检查机油滤清器、机油压力限压阀、机油滤清器和机油泵。

(5)如果机油压力符合规定,应检查机油压力传感器、机油报警灯线路等。

三、机油泵的检查

1. 机油泵检查的要求

(1)检验机油泵及限压阀。

(2)确定机油泵可否使用。

2. 仪器设备

(1)平尺一个。

(2)厚薄规一个。

3. 检查步骤

(1)检查内转子A和外转子B之间的径向间隙。

用厚薄规测量内转子A和外转子B之间的径向间隙(图5-0-3),间隙应小于0.20mm。机油泵的总体结构,如图5-0-4所示。

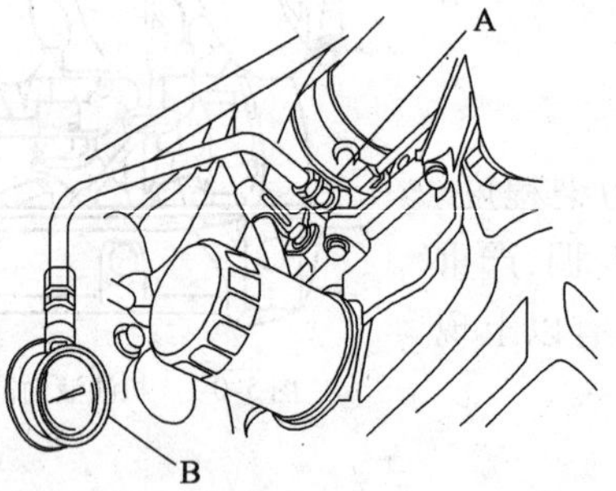

图5-0-2　安装机油压力表

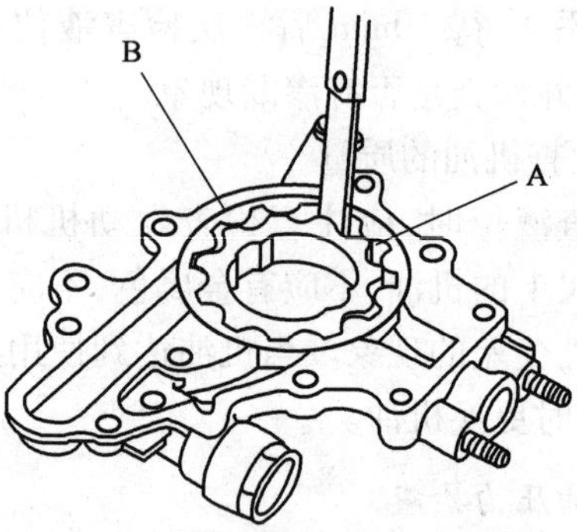

图5-0-3　检查内转子A和外转子B之间的径向间隙

(2)检查转子A和机油泵壳体B之间的间隙。

用平尺和厚薄规检测转子A和机油泵壳体B之间的间隙(油泵转子的轴向间隙,见图5-0-5),间隙应小于0.15mm。

(3)检查外转子A和机油泵壳体B之间的径向间隙。

用厚薄规检查外转子A和机油泵壳体B之间的径向间隙(图5-0-6),间隙应小于0.20mm。

(4)检查转子和机油泵壳体是否有划伤或其他损坏,如有应更换油泵(图5-0-5)。

(5)检查并确认机油泵运转顺畅。

(6)检查限压阀,表面不应有拉伤,弹簧弹力符合标准。

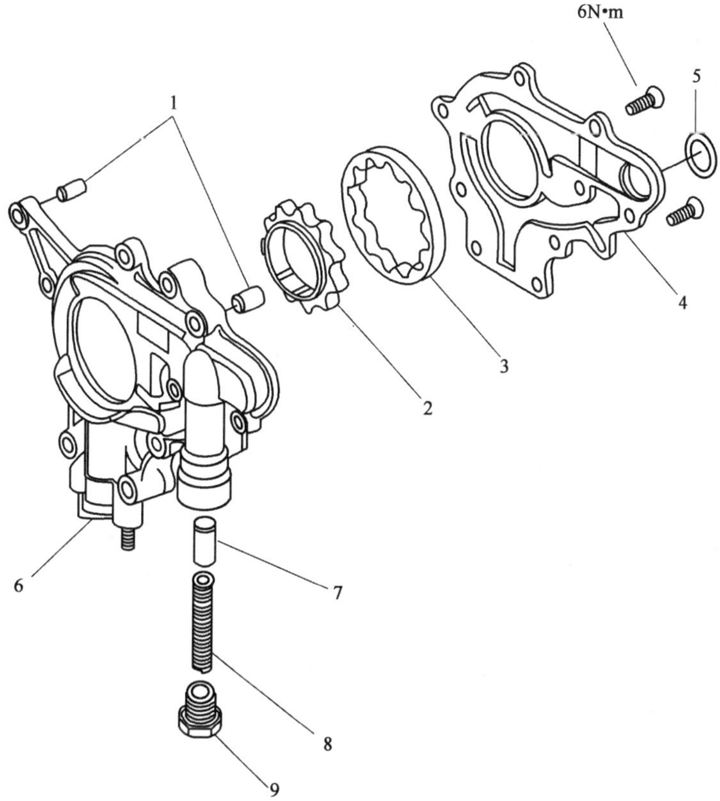

图 5-0-4　机油泵的总体结构

1-定位销;2-内转子;3-外转子;4-油泵盖;5-O 形圈;6-泵壳体;7-限压阀(阀必须能在壳体内自由滑动。如果有划痕则将其更换);8-弹簧;9-密封螺栓

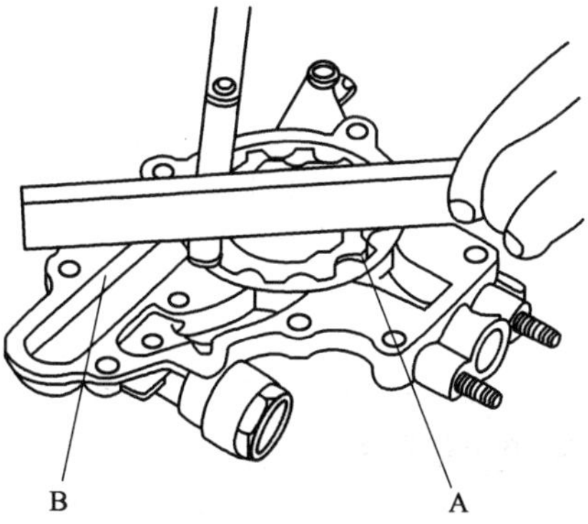

图 5-0-5　检查转子轴向间隙

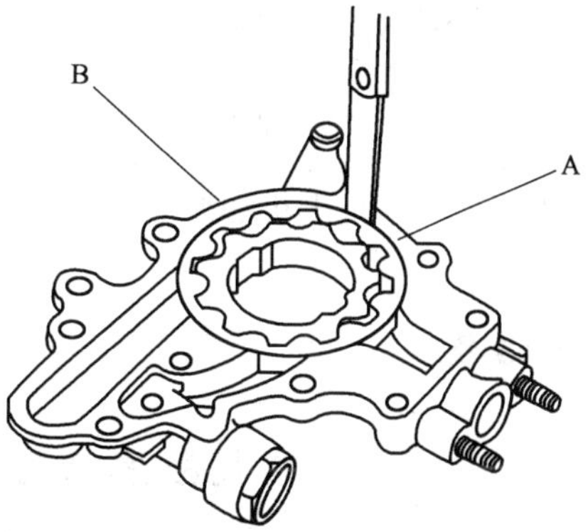

图 5-0-6　外转子 A 和机油泵壳体 B 径向间隙检查

四、检查与安装机油滤清器

1. 机油滤清器检查与安装的要求

(1)检查机油滤清器。
(2)安装机油滤清器。

2. 仪器准备

(1)机油滤清器扳手。
(2)机油。

3. 检查步骤

1)检查机油滤清器。

滤清器的更换应根据厂家规定进行,使用中应严格遵守更换周期。另外,滤清器在使用中出现堵塞或密封橡胶圈损坏也应及时更换。滤清器的检查方法是:待发动机运转一段时间后,用手触摸机油滤清器,如果滤清器发热,说明滤清器工作正常;如果只是微热甚至不热,说明滤清器堵塞。

2)更换机油滤清器

(1)趁热放出发动机机油。
(2)用专用工具拆下机油滤清器,如图 5-0-7 所示。
(3)在滤清器密封垫上涂上干净机油,如图 5-0-8 所示。

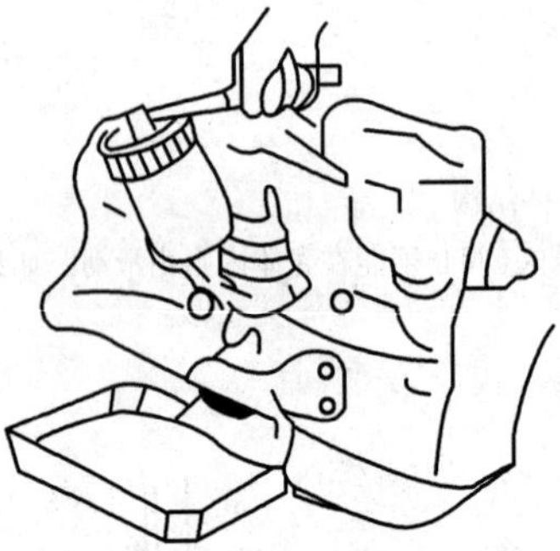
图 5-0-7　拆卸机油滤清器

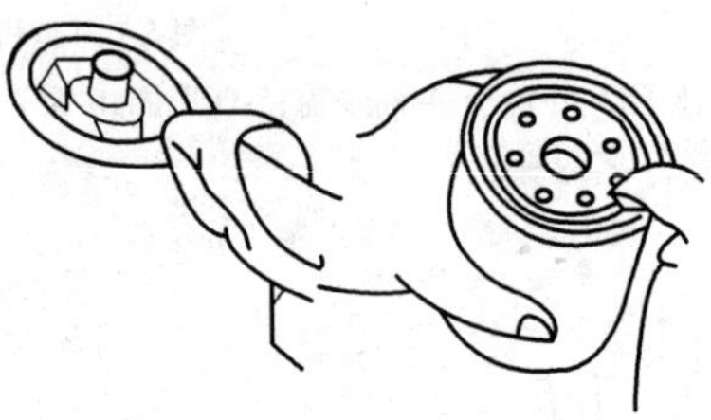
图 5-0-8　在密封垫上涂机油

(4)用手轻轻地拧上机油滤清器,直到感到有阻力为止。再用专用工具,重新拧紧机油滤清器 3/4 圈。

知识拓展

假机油滤清器的危害及真假鉴别

一、假机油滤清器的危害

发动机常用机油滤清器的构造,如图 5-0-9 所示。假机油滤清器主要问题是滤纸太薄、滤纸骨架强度不够。最为严重的是为了节约制造成本,滤清器不装旁通阀。

(1)机油滤清器可以滤去直径0.001mm以上的颗粒。滤清器滤纸太薄,滤清效果变差,使过多过大的颗粒进入发动机摩擦副之间,加速零件磨损。

(2)机油滤清器滤纸骨架强度太低,机油压力会将滤芯压瘪,使机油通过滤纸的阻力增加,影响摩擦副的润滑。有时滤芯被压成一团,将滤清器出油口完全堵死,机油会压开旁通阀,没有经过滤清的机油直接进入摩擦部位,会大大加速零件磨损。有的假冒滤清器根本就没有旁通阀,压成一团的滤纸将滤清器出油口完全堵死后,摩擦副完全失去润滑,一旦出现这种情况,很快会引起抱瓦的严重故障。

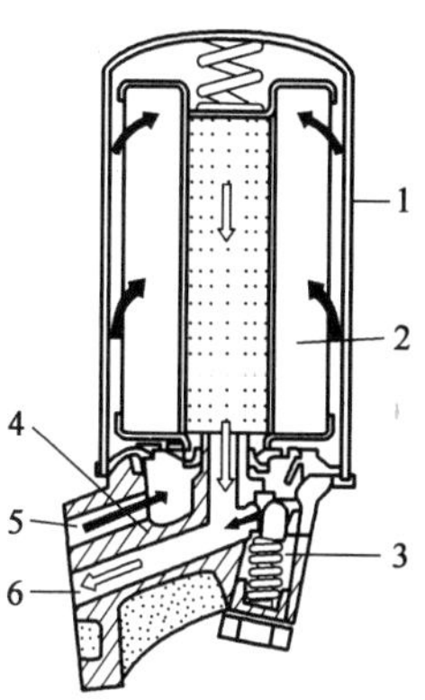

图5-0-9　机油滤清器构造
1-外壳;2-滤芯;3-旁通阀;4-壳体;5-进油口;6-出油口

二、如何区分真假机滤

1. 外部入手:区分真假机滤

真滤清器:厂标字体印刷清晰,印刷油漆质感好;橡胶密封圈材质好、横截面为矩形,各处截面尺寸一致,无扭曲;机油滤清器较重,螺纹加工精密。

假机油滤清器:字体印刷不够清晰,印刷油漆表面粗劣;垫片的密封材质差,高温高压下可能造成机油的渗漏,甚至导致起火;机油滤清器相对较轻,螺纹上面有明显的车削痕迹。

图5-0-10为真假机滤的外观比较。

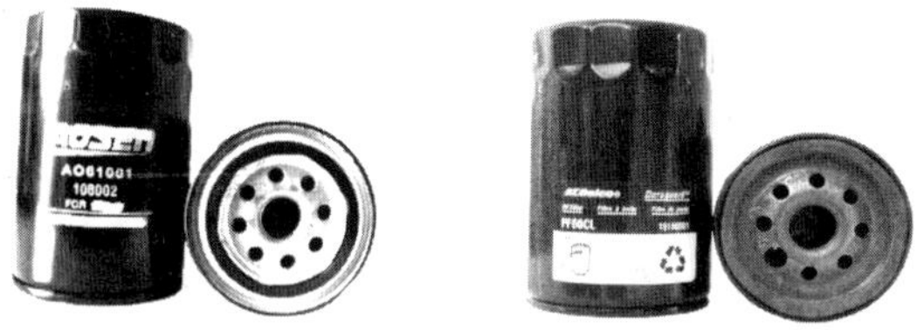

a)假机油滤清器　　b)真机油滤清器

图5-0-10　真假机油滤清器的外观

2. 滤清器纸质滤芯

真滤清器:滤纸材质根据所用机油专门研发,密度高、强度大。金属骨架强度高,一般较假润滑油滤清器要厚重,以确保过滤效果。

假滤清器:使用的滤纸材质不一,密度低,比较薄,无法对机油中的杂质进行有效过滤。

3. 滤清器旁通阀

真滤清器:内部设旁通阀,在滤清器堵塞的情况下仍可保证足够量的机油供应,保证发动机的润滑。

假滤清器:没有旁通阀,滤清器一旦发生堵塞,发动机将无法获得足够的机油进行润滑。

练一练

1. 填空题

(1)发动机怠速时机油压力一般为(　　)。

(2)发动机 2000r/min 时机油压力一般为(　　)。

2. 选择题

(1)机油压力过低的常见原因为(　　)。

A. 限压阀打不开　　B. 限压阀关闭不严

C. 发动机温度过低　　D. 机油黏度过高

(2)机油压力过高的常见原因为(　　)。

A. 限压阀打不开　　B. 限压阀关闭不严

C. 汽缸间隙过大　　D. 活塞环损坏

3. 判断题

(1)发动机机油压力不能过低,但是可以比较高。(　　)

(2)发动机温度过高容易造成机油压力过低。(　　)

(3)轴承间隙过大会造成机油压力降低过低。(　　)

(4)机油滤清器没有旁通阀可能造成机油压力过低。(　　)

4. 问答题

(1)机油压力过高的原因有哪些?

(2)机油压力过低的原因有哪些?

做一做

由学生进行现场操作,由教师根据评分标准进行打分,评定教学质量。

每三人一组,完成机油泵的检查。

任务评价

机油泵的检查见表 5-0-1。

机油泵的检查　　表 5-0-1

序号	内容及要求	评分	评 分 标 准	自评	组评	师评	得分
1	准备	10	未准备平尺扣 5 分 未准备厚薄规 5 分				
2	清洁	10	未清洁机油泵扣 3 分 未清洁平尺扣 3 分 未清厚薄规扣 4 分				
3	检查内外转子之间的间隙	10	检查方法不正确扣 10 分				

续上表

序号	内容及要求	评分	评 分 标 准	自评	组评	师评	得分
4	检查转子与壳体端面的间隙	20	检查方法不正确扣 10 分				
5	检查外转子与壳体的径向间隙	10	检查方法不正确扣 10 分				
6	检查结果及判断	30	结果不正确扣 10 分 判断不正确扣 20 分				
7	安全文明生产	10	结束后不清洁扣 5 分 工量具不归位扣 5 分 工具落地或有碰撞，此项不得分				

教学提示

教学提示见表 5-0-2。

教 学 提 示　　表 5-0-2

<table>
<tr><td>项目五任务</td><td>润滑系的检测与维修</td><td>学时</td><td>4</td></tr>
<tr><td>学习目标</td><td colspan="3">1. 掌握润滑系统技术变化的原因以及对发动机工作性能的影响；
2. 能对发动机机油进行检查；
3. 能对润滑系统零部件进行检查，并且进行正确判断；
4. 能进行发动机机油进行检查和添加，能更换机油滤清器和发动机机油；
5. 维修操作符合其工艺过程和要求</td></tr>
<tr><td>学习内容</td><td colspan="3">教学方法与建议</td></tr>
<tr><td>1. 润滑系统技术变化的原因以及对发动机工作性能的影响；
2. 机油的检查与更换；
3. 润滑系统零部件检查</td><td colspan="3">通过项目教学法实施教学：
1. 将润滑系统的检测与维修划分为：任务目标、任务导入、知识准备、任务实施、知识拓展、练一练、做一做、任务评价等内容组成，在老师的指导下制定方案并实施，最终进行评价；
2. 学生通过 8 个具体的过程，将理论知识融入实际操作中；
3. 教学过程中体现以学生为主体，教师进行适当讲解，并进行引导、督促和评估；
4. 教师应提前准备好各种多媒体资料、任务工单、教学课件，并准备教学场地和设备</td></tr>
<tr><td>教学媒体与设备</td><td>学生已有的知识、能力要求</td><td colspan="2">教师执教的要求</td></tr>
<tr><td>1. 实训设备：汽车、举升机、拆装机具等；
2. 机油压力表、机油滤清器专业扳手、平尺、厚薄规等；
3. 多媒体教学设备；
4. 多媒体教学课件、软件；
5. 网络教学资源；
6. 润滑系统检测与维修考核任务单</td><td>1. 安全操作知识；
2. 汽车发动机构造与拆装；
3. 万用表使用</td><td colspan="2">1. 能够根据教学方法合理设计教学情境；
2. 熟悉润滑系统检测与维修的安全操作规程；
3. 能够完成润滑系统的检测与维修工作；
4. 具备协调各方、处理学生误操作的能力</td></tr>
</table>

项目小结

润滑系统结构简单，维修作业相对来说比较简单，但是其工作性能的好坏对发动机的性能和寿命有很大的影响，如果使用和维修不当会造成发动机主要零部件损坏，甚至导致发动机报废。

润滑系统的使用、维修应主要做到以下几点：

(1)经常检查机油的液面高度和机油的质量，如果发现机油液面过低应及时添加，发现油质变坏应及时更换。

(2)按照厂家的规定定期更换机油和机油滤清器。

(3)更换机油滤清器时，要注意滤清器的检查，如果发现假冒或劣质的滤清器绝对不能装车，防止造成发动机的严重损伤。安装机油滤清器时，注意滤清器接合面的清洁，并保证其拧紧力矩符合规定，否则会造成机油泄漏。

(4)当发现机油报警灯亮时，要立即停车，并及时联系救援和修理。

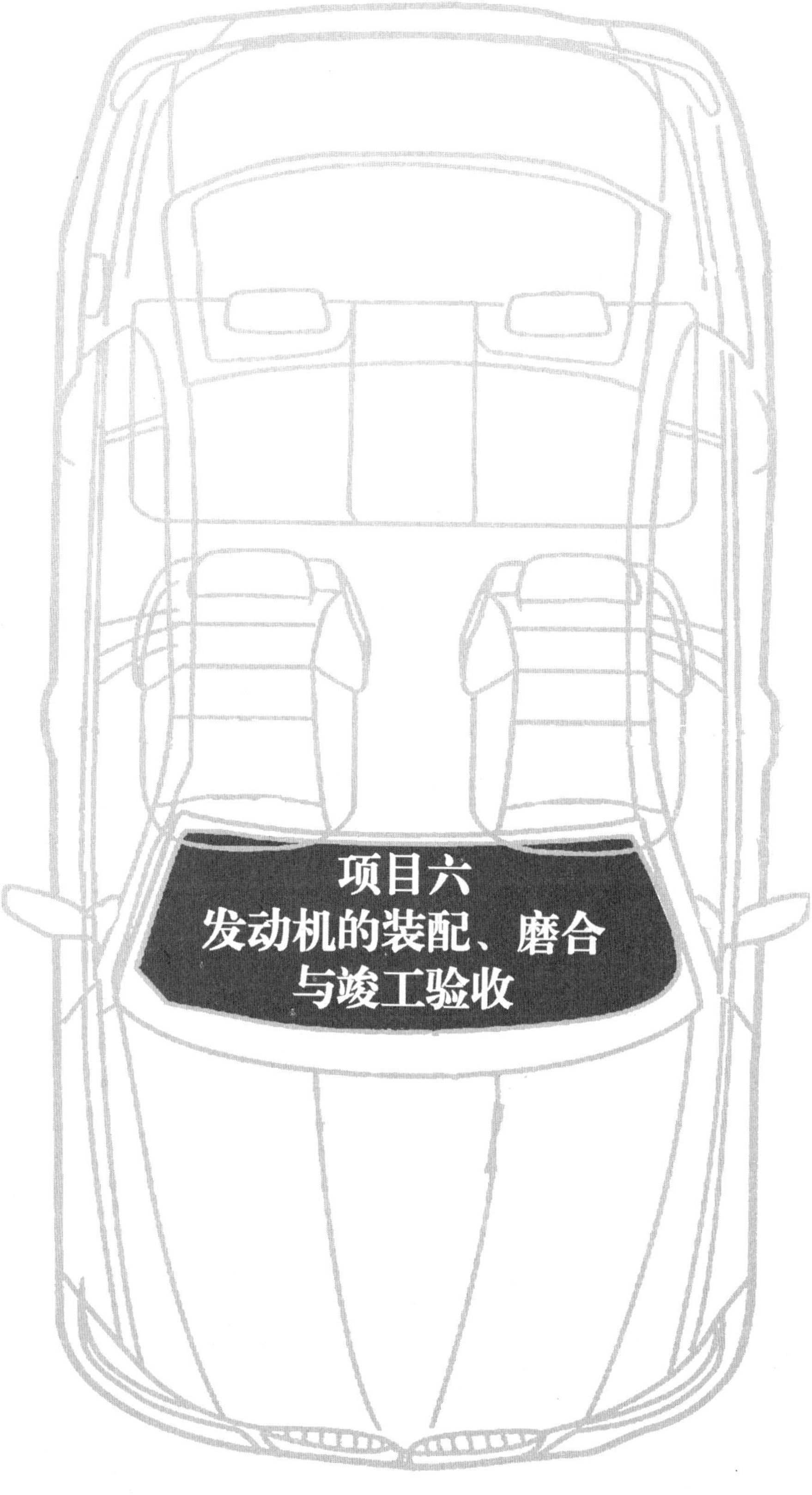

项目六 发动机的装配、磨合与竣工验收

项目描述

发动机装配是发动机修理的重要工艺过程，其质量好坏会直接影响发动机的动力性、经济性和寿命。发动机装配过程中，要注意做好过程检验，修理竣工后，要做好竣工检验，以确保装配质量，防止发动机带病运行。

任务1　发动机的装配与调整

发动机装配中要做好过程检验。这不仅仅是对装配质量的检验，也是对发动机零部件和附件质量的最后检验，装配过程中可能会发现零部件存在的质量问题。

任务目标

(1)对发动机进行装配调整。

(2)对发动机装配过程进行检验，并做好过程检验记录单。

任务导入

一台卡罗拉1ZR－FE发动机，零部件齐全合格，准备进行装配。

任务准备

一、发动机装配中应注意的一般问题

(1)准备装配的零部件和附件都要经过试验或检验，必须保证质量合格。

(2)装配前要认真清洗零件，特别是汽缸体、汽缸盖的机油道清洗，并用压缩空气吹干。装配用的场地、工具、工作台也应保持清洁。

(3)按规定配齐螺栓、螺母、垫圈、开口销等标准件。各种密封垫片、油封、密封条、开口销、锁紧铁丝等在大修时应全部换新。上述大都为一次性使用的零件和材料，小修拆卸时也应换新。

(4)各相对运动零件的配合表面在装配时均应涂机油，以保证发动机开始运动时的润滑。

(5)注意装配标志和零件的互换性。对组合加工件、重要配合副、正时传动件和调整垫等，应按规定的位置和方向(标记)装配，不可错乱，以免破坏其相互位置关系和配合特性、平衡状态等。如曲轴轴承盖、连杆轴承盖和轴瓦要原位装配，各活塞连杆组的位置，气门及挺杆的位置等。

(6)注意装配过程检验。各部位的配合间隙，特别是关键部位的重要配合间隙必须符合技术标准，如活塞与汽缸的配合间隙，曲轴、凸轮轴与其轴承的配合间隙，曲轴、凸轮轴、活塞销的轴向间隙等。

(7)重要螺栓、螺母，如连杆螺母、主轴承螺栓、汽缸盖螺栓等，必须按规定力矩和顺序分

次均匀地拧紧，使之达到规定的紧度，以避免由于受力不均造成零件变形，甚至破裂。

(8)螺栓螺母锁止要正确可靠。使用弹簧垫圈时，垫圈规格应正确；使用开口销时，开口销分开后应分别压在螺栓端面和螺母侧面；使用铁丝时，应用 8 字形同时锁止两只螺栓。

(9)注意各部位的密封，防止漏水、漏油。进口及部分国产车的重要密封部位要求涂密封胶。油封安装时，应先在唇口和外缘涂机油润滑，再用压具压入。装配过程中，要防止油封歪斜、唇口损坏。

二、发动机装配工艺过程及主要技术要求

发动机的装配程序与其结构有关。总的顺序应是先内后外，前面工序装配的机件不妨碍后续工序的装配工作。

1. 安装曲轴组件

(1)曲轴与飞轮组装时飞轮定位应可靠。换新飞轮时，除应重新进行动平衡外，应作出点火或喷油正时记号，如图 6-1-1 所示。

(2)装主轴瓦时注意上下轴瓦不可装反。有油孔或油槽的为上轴瓦。同时，应观察轴瓦上的油孔或油槽与座孔上的油道口是否对正。

(3)对分开式油封，应先装上两端主轴瓦。靠合油封，使油封端面相互压紧，油封表面要全面接触曲轴油封轴颈，其紧度应合适。油封过紧可能会因摩擦产生高温损伤主轴瓦，不紧则可能漏油。

(4)推力轴承装配时，应使有减磨合金层的一面朝向曲轴曲柄一侧，以减小摩擦。

(5)安装曲轴时，要注意复查曲轴的轴承间隙。一是要用塑料规条检查轴承间隙是否符合标准；二是紧固主轴瓦盖时，应从中间向两侧交叉分三次拧紧螺栓，全部轴承盖螺栓达到规定力矩时，用手扳转曲柄应能顺利转动曲轴。若过紧，可逐道松动轴承盖检查。若哪一道松开后紧度变小，即为该道轴承过紧，应查明原因予以排除。

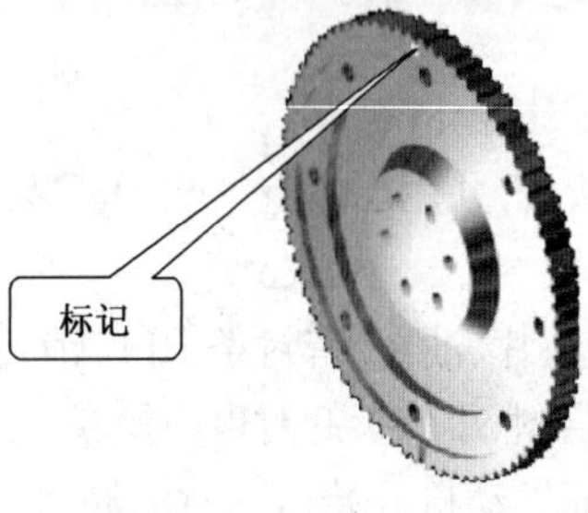

图 6-1-1　点火或喷油正时记号

(6)检查曲轴轴向间隙，应符合标准。如果曲轴轴向间隙过小，会造成曲轴转动力矩增加，甚至因曲轴轴向膨胀顶裂缸体。如果曲轴轴向间隙过大，会造成工作中曲轴轴向窜动，轻则影响配气机构的工作，重则顶裂缸体，影响离合器的工作。

2. 安装活塞连杆组

(1)将不装活塞环的活塞连杆组装入缸体，转动曲轴复查活塞与缸壁的配合间隙，如果感觉转动阻力过大，说明活塞与汽缸孔的间隙过小。

(2)检查活塞顶距汽缸上平面的距离应符合技术要求。曲轴的曲柄半径、连杆大小头孔轴线的距离、活塞销孔轴线到活塞顶的距离、曲轴轴承孔轴线到汽缸体上平面的距离即使都符合标准，但是以上 4 个零件尺寸误差累计起来，可能会使活塞上止点时活塞顶与汽缸体上平面的距离超过标准，所以发动机装配时应认真检查该值。

一般汽油机活塞顶不应高出缸体上平面，否则会影响发动机的压缩比，甚至活塞上止点时碰撞汽缸盖。某些柴油机可根据检测数据选用对应厚度的汽缸垫来调整活塞上止点时活塞顶与汽缸体上平面的距离，以使压缩比保持在一定范围内。如尼桑轻型柴油机，当活塞顶距汽缸上平面的测量值小于0.49mm、小于0.49～0.57mm、大于0.57mm时，便可对应选用1.12mm、1.19mm、1.28mm三种厚度的缸垫。

(3)检查校正活塞偏缸。曲轴连杆轴颈轴线与曲轴主轴颈轴线不平行、连杆变形、汽缸孔轴线与曲轴轴承孔轴线不垂直等都会引起活塞在汽缸中偏斜(俗称偏缸)。活塞偏缸会加速汽缸磨损，甚至将缸孔捣裂。所以发动机装配时要注意检查活塞偏缸，如果有偏缸现象，应查明原因进行排除。

(4)安装活塞环时，注意活塞环的安装位置，一般活塞环上都打有装配位置和装配方向，有标记的一侧应朝上。活塞环上没有装配位置的，镀铬环装应装在第一道环槽内。

(5)活塞环开口位置尽可能避开侧压面，以减少活塞在上止点换向过程中对活塞环开口处密封性的影响；相邻环开口位置夹角尽可能大，使漏气路线最长。如为三道环，第一道环开口在活塞销轴线方向，三道环开口相间120°角；四道环者，一、二道开口相间180°，三、四道开口相间180°，二、三道开口相间90°，开口均在与活塞销轴线呈45°角处。

(6)安装活塞环时要使用专用活塞环钳安装，防止安装中活塞环产生扭曲变形和折断。

(7)按规定力矩拧紧连杆螺母后，转动曲轴复查连杆轴承间隙，如果曲轴转动力矩突然增加，应查明原因进行排除。沿轴向用手锤轻击或用手扳动连杆轴承盖，连杆大端应能沿轴向移动。若感觉过紧，可转动曲轴数圈再检查。仍过紧，则应查明原因予以排除。

3. 下置和中置凸轮轴的安装

对于下置和中置凸轮轴，安装活塞连杆组后即可安装凸轮轴组件。

(1)检查凸轮轴的轴向间隙。凸轮轴组件组装好后要检验其轴向间隙，如图6-1-2所示，一般为0.10～0.20mm。对于斜齿正时齿轮来说，若轴向间隙过大，应更换止推凸缘。切勿通过磨削正时齿轮隔套来调整，以免改变配气正时。

(2)注意对正正时记号：曲轴与凸轮轴的正时齿轮都有正时标记，安装时要对正，如图6-1-3所示。

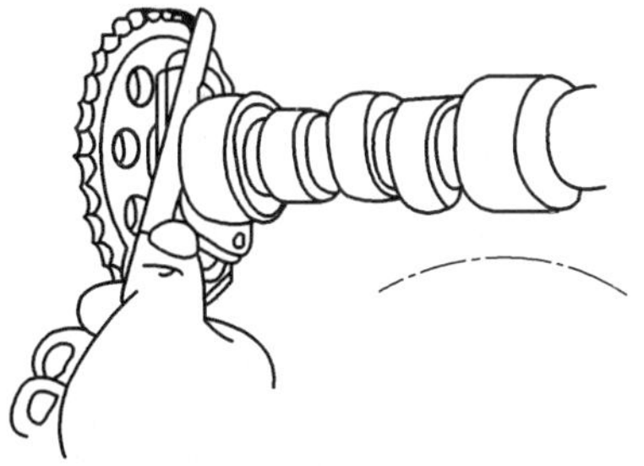

图6-1-2　凸轮轴轴向间隙检查

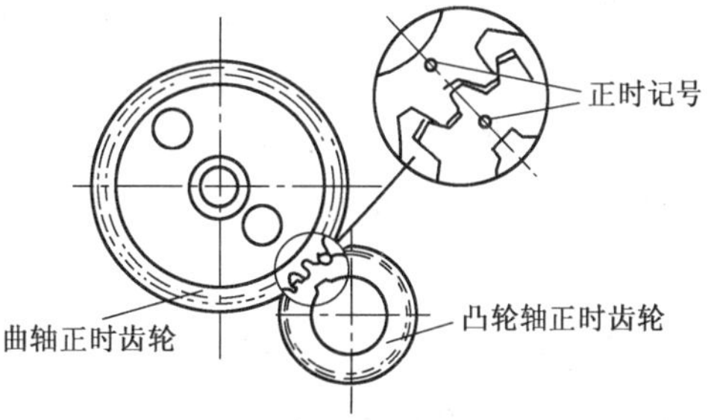

图6-1-3　正时齿轮传动正时记号的对正

4. 顶置凸轮轴发动机汽缸盖的组装

(1)气门与气门杆配合精度很高，而且气门工作锥面已经配合好，所以气门为不可互换件，安装气门时要将气门装回原处。

(2)气门锁片应安装到位,否则锁片不能将气门可靠锁住,锁片可能会脱掉,气门会掉入燃烧室,引起顶活塞的严重后果。

(3)气门挺杆与承孔配合精度很高,应原位装配。

(4)安装凸轮轴时,要将第一缸活塞转到压缩上止点位置。

(5)安装凸轮轴之前,先装上各轴承盖,检查凸轮轴轴承孔是否错位,如果有错位要检查原因,并进行排除。

(6)安装凸轮轴时,1 缸的凸轮必须向上,凸轮基圆与气门挺杆接触,保证 1 缸的进、排气门均为关闭状态。

装上轴承盖后,先按对角线交替旋紧第 2、第 5 道的轴承盖(4 缸发动机),然后再装上第 1、3 道的轴承盖,最后装上第 4 道的轴承盖。按力矩分次拧紧全部轴承盖螺栓。

5. 安装汽缸盖

(1)缸垫的安装。汽缸垫要按正确的方向安装。有些汽缸垫上标有“朝上”、“朝前”、“此面朝上”,或标有英文字样,有标记的一面必须朝向汽缸盖。

有些汽缸垫没有安装方向标记,安装时要注意金属皮的翻边方向。汽缸垫一般用两片铜皮和一层耐热的石棉组合而成,它们之间靠汽缸口等处的翻边连接在一起。因此,汽缸垫一边比较光滑,一边有翻边。由于汽缸垫翻过处的金属较多,在压紧条件下,此处变形比较大,故在安装时应区分下述两种情况:

①当汽缸体与汽缸盖的材料都是铸铁时,汽缸垫翻边的一面应朝向汽缸盖。这是因为工作时汽缸盖的变形相对较大,即使汽缸垫的翻边在汽缸盖上留下压痕,也比较容易修整。

②当汽缸体为铸铁、缸盖为铝合金时,由于铝合金的膨胀系数大、硬度低,所以汽缸垫翻边的一侧应朝向缸体,光滑一侧朝向缸盖,以防止汽缸盖产生压痕变形。

(2)安装汽缸盖时,要保证汽缸盖的水道和油孔与缸垫上的水道和油孔对齐,否则会影响缸盖、气门和气门座圈的冷却,影响缸盖相关零部件的润滑。

(3)缸盖螺栓的拧紧。缸盖螺栓的拧紧应按照规定的力矩交叉分次拧紧,否则会引起缸盖变形,影响缸垫的密封性。

缸盖螺栓分单次拧紧和两次拧紧。对于铝合金缸盖,由于铝合金的膨胀系数大于缸盖螺栓的膨胀系数,所以发动机热态时缸盖螺栓的应力大于冷态,热态时缸盖与缸体对缸垫的压力会更大,所以铝合金缸盖,在冷态时拧紧缸盖螺栓即可。对于铸铁缸盖,由于铸铁的膨胀系数小于缸盖螺栓的膨胀系数,所以发动机热态时缸盖螺栓的应力小于冷态,热态时缸盖与缸体对缸垫的压力会变小。所以在冷态下拧紧缸盖螺栓后,发动机热态后应再次将缸盖螺栓拧紧到规定力矩。

6. 顶置凸轮轴发动机正时机构的安装与调整

安装正时机构的关键一是保证正时记号对正,二是保证正时带(链)的松紧度合适。

(1)对正正时记号。正时记号包括缸盖上的正时记号、缸体上的正时记号、正时带(链)轮上的正时记号和正时带(链)上的正时记号。装配正时机构时,应将曲轴转到一缸压缩上止点位置,正时带(链)轮上的正时记号应与缸盖、缸体上的正时记号对齐;装上正时带(链)后,正时带(链)上的正时记号应与正时带(链)轮上的正时记号对齐。

(2)调整正时带(链)的紧度。正时带(链)安装后紧度要合适。正时带(链)紧度过大,则导致正时带(链)的应力过大,会加速正时带(链)的损坏,增加凸轮轴的负荷;正时带(链)的紧度过小,则导致正时带(链)过松,发动机工作中很容易跳齿,会破坏正时。所以将正时带(链)装到带轮或链轮上后要对其紧度进行调整,使之符合标准。

(3)正时复查。调整好正时传动机构后,摇转曲轴两周,观察正时记号是否仍然对齐,如果有变化,应重新进行安装调整,确保发动机工作时正时正确。

7. 气门间隙的调整

气门间隙调整分为逐缸调整法和两次调整法。

1)逐缸调整法

转动曲轴,使某缸活塞位于压缩上止点,此时该缸进、排气门均完全关闭,所以两气门间隙均可以调整。这种方法准确可靠,但是效率较低,8 缸以上的发动机必须用这种方法调整。

2)两次调整法

将第 1 缸活塞转到压缩上止点位置,可以调整一半气门;转动曲轴 360°,可以调整其余各个气门。这样,曲轴在两个位置既可以调整全部气门。

四冲程发动机一缸上止点可调气门见图 6-1-4。转动曲轴 360°,可调剩余气门。

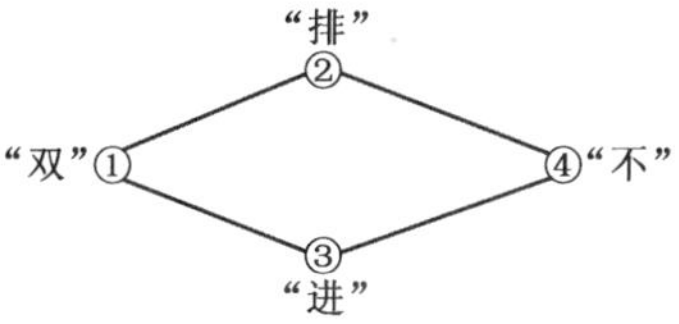

“双”:进、排气门均可调;

“排”:排气门可调;

“不”:进、排气门均不可调;

“进”:进气门可调。

a)4缸发动机

(点火顺序1、2、4、3)

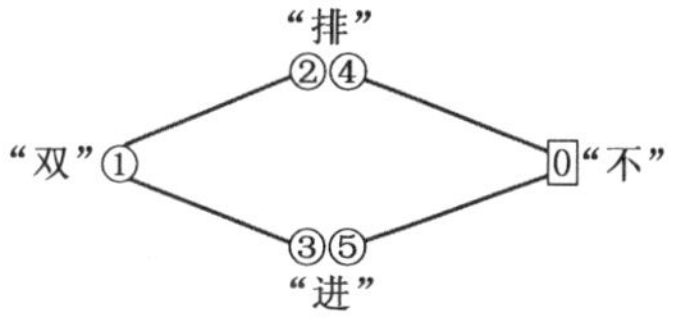

“双”:进、排气门均可调;

“排”:排气门可调;

“不”:进、排气门均不可调;

“进”:进气门可调;

“0”:单数缸机的虚设缸。

b)5缸发动机

(点火顺序1、2、4、5、3)

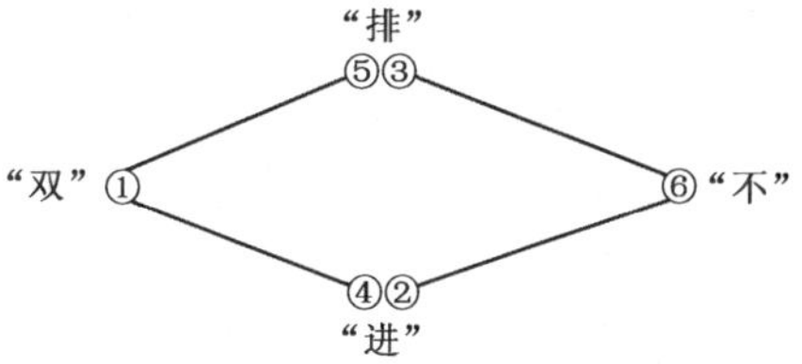

“双”:进、排气门均可调;

“排”:排气门可调;

“不”:进、排气门均不可调;

“进”:进气门可调。

c)6缸发动机

(点火顺序1、5、3、6、2、4)

图 6-1-4　四冲程发动机一缸上止点可调气门

8. 安装油底壳及附件

(1)安装机油泵时,泵内应注入机油。

(2)安装油底壳时要保证壳内清洁无异物,密封垫涂密封胶。

(3)安装机油滤清器时,橡胶密封圈要涂抹机油,拧紧力矩应足够,保证密封不泄漏。

(4)按装进、排气歧管时,要使垫片有翻遍的一面朝向汽缸盖。

(5)安装水泵和发动机时,应检查、调整皮带紧度。

任务实施

发动机型号:卡罗拉 1ZR-FE 发动机。

卡罗拉 1ZR-FE 发动机的结构,如图 6-1-5 ~ 图 6-1-9 所示。

一、发动机装配的要求

(1)对发动机进行装配调整。

(2)按照技术标准进行过程检验,并做好过程检验记录。

二、仪器设备

(1)丰田汽车专用工具一套。

(2)带磁力表座的百分表一个。

(3)汽车维修辅料(擦布、清洗油等)。

三、检查步骤

1. 汽缸盖总成组装

1)安装直螺纹塞

用 44N · m 的力矩拧紧 3 个新衬垫和 3 个直螺纹塞,如图 6-1-10 所示。

2)安装气门弹簧座

将气门弹簧座安装到汽缸盖上。

3)安装气门杆油封

(1)在新油封上涂抹一薄层发动机机油。安装进气门和排气门油封时应注意区分进、排气门油封,进气门油封为灰色、排气门油封为黑色,如图 6-1-11 所示。如将进气门油封安装至排气侧或将排气门油封安装至进气侧,会导致发动机故障。

(2)用专用工具 SST 压入油封,如图 6-1-12 所示。如不用专用工具 SST 压入,会造成油封损坏或安装不到位。

4)安装进气门

(1)在进气门的头部涂抹适量的发动机机油,如图 6-1-13 所示。

(2)将气门、压缩弹簧和弹簧座圈安装到汽缸盖上,要保证将气门装到原来的位置上。

(3)用 SST 和木块压缩弹簧并安装 2 个座圈锁片,如图 6-1-14 所示。用塑料锤轻敲气门杆顶部以确保锁片安装到位。

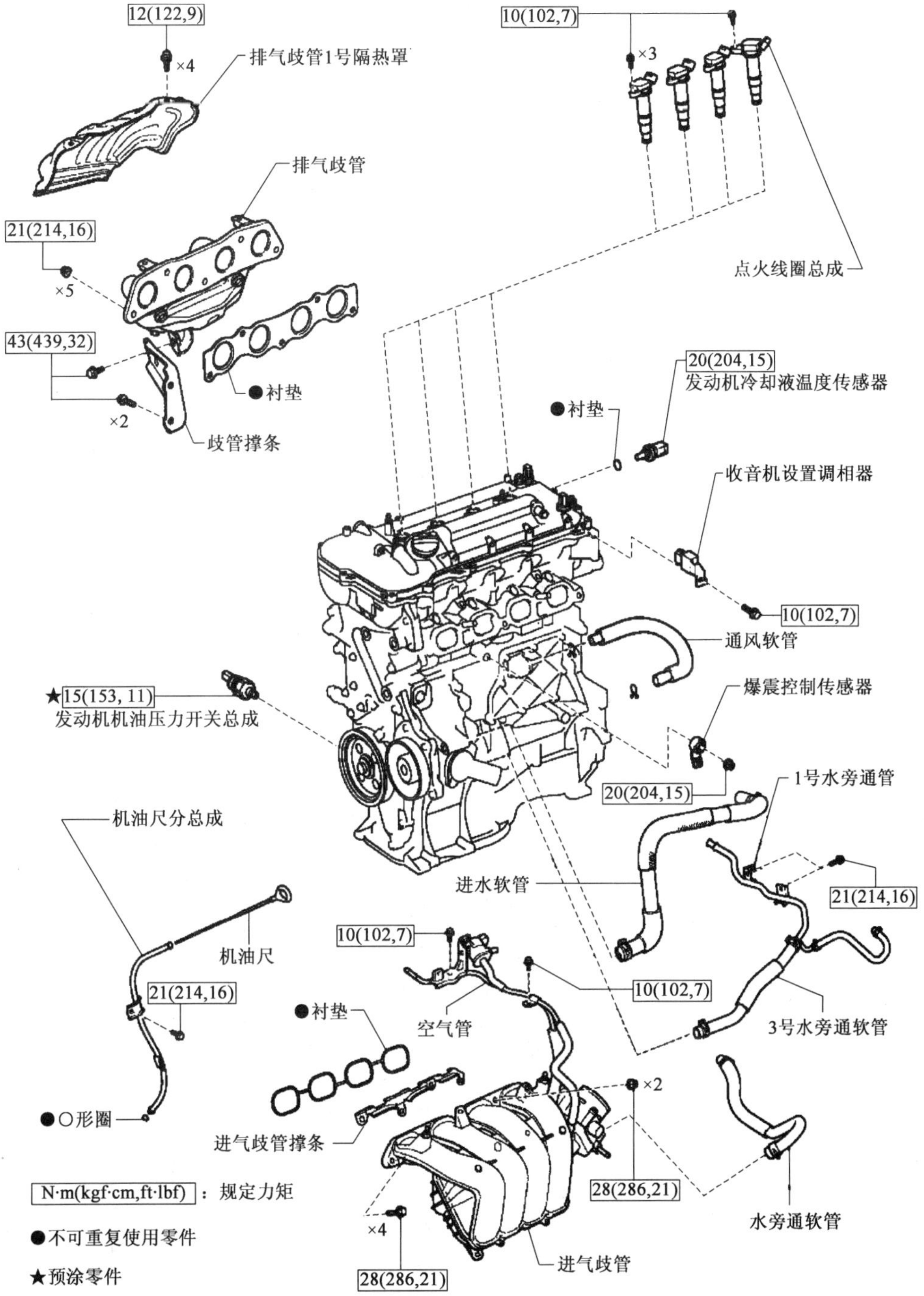

图 6-1-5　发动机总体结构

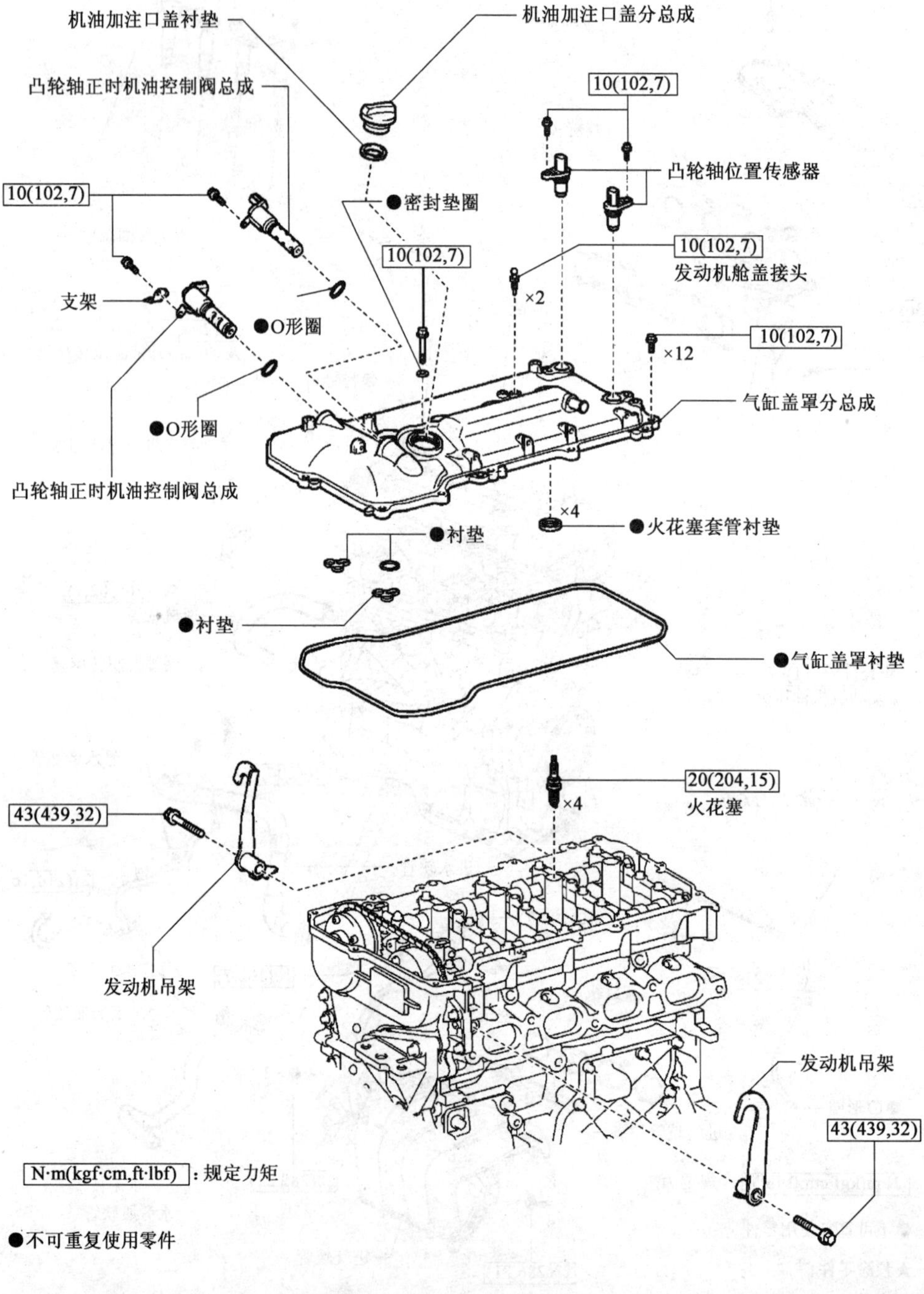

图6-1-6　发动机气门室盖

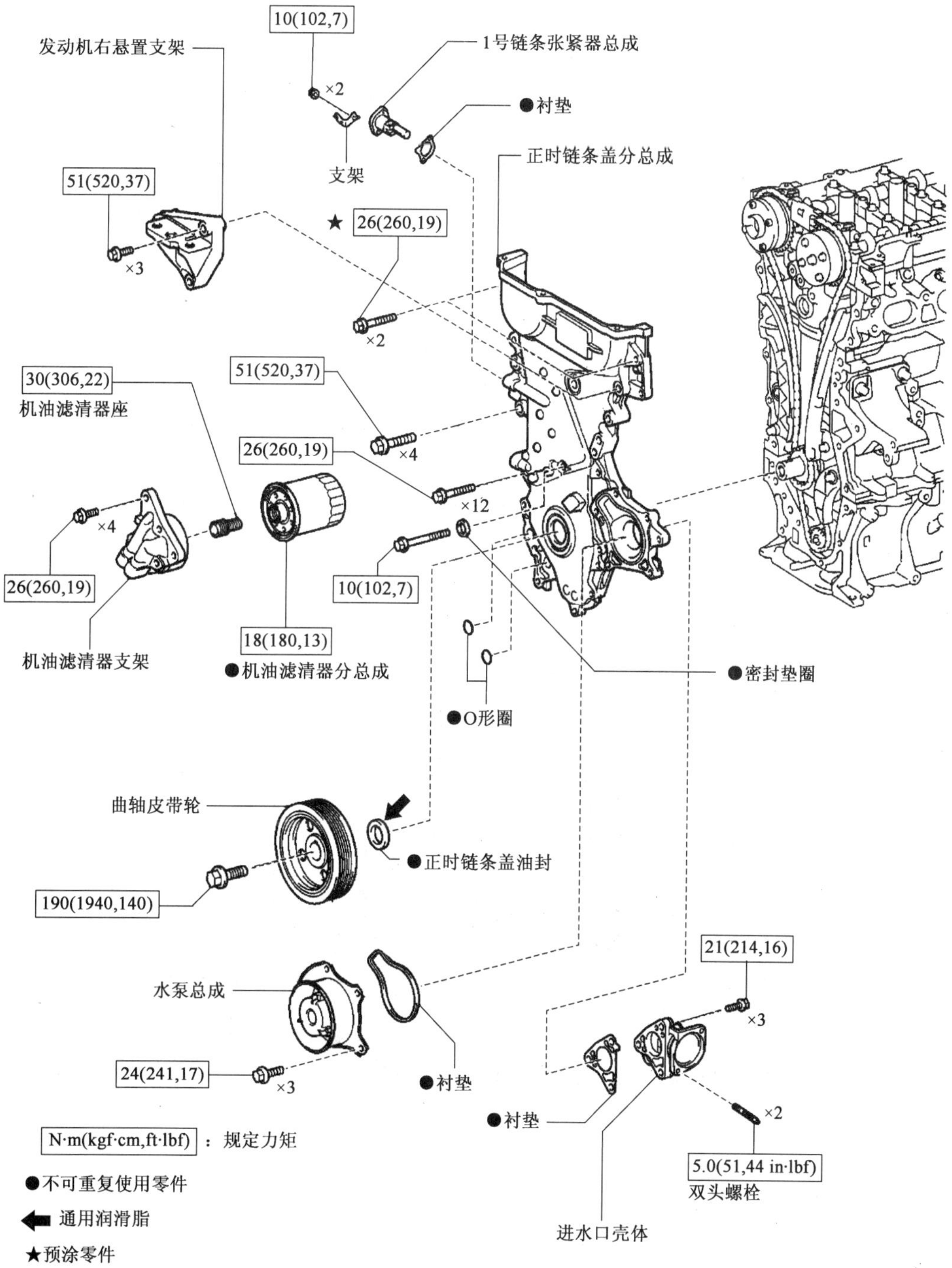

图 6-1-7　发动机正时室盖

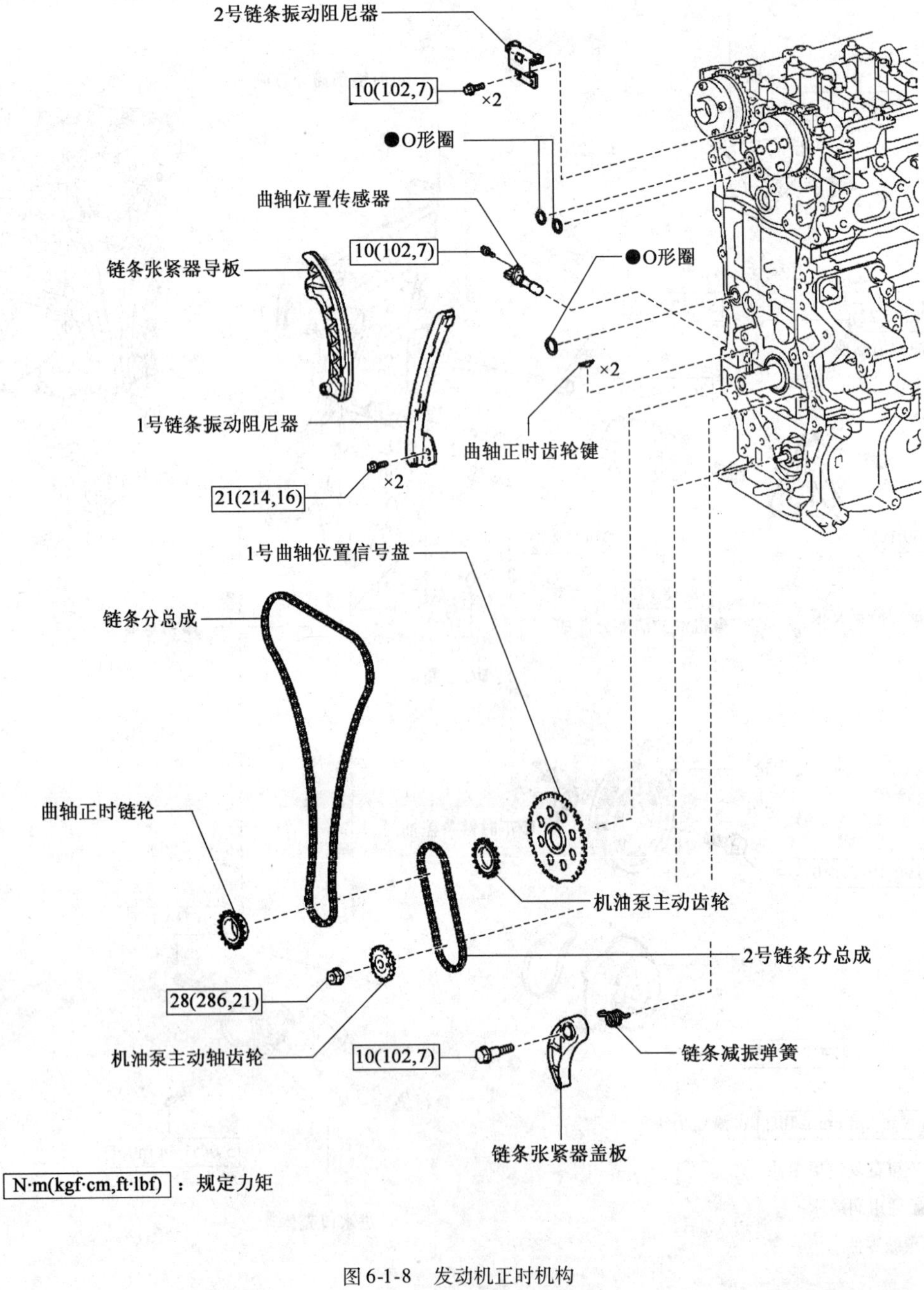

图 6-1-8　发动机正时机构

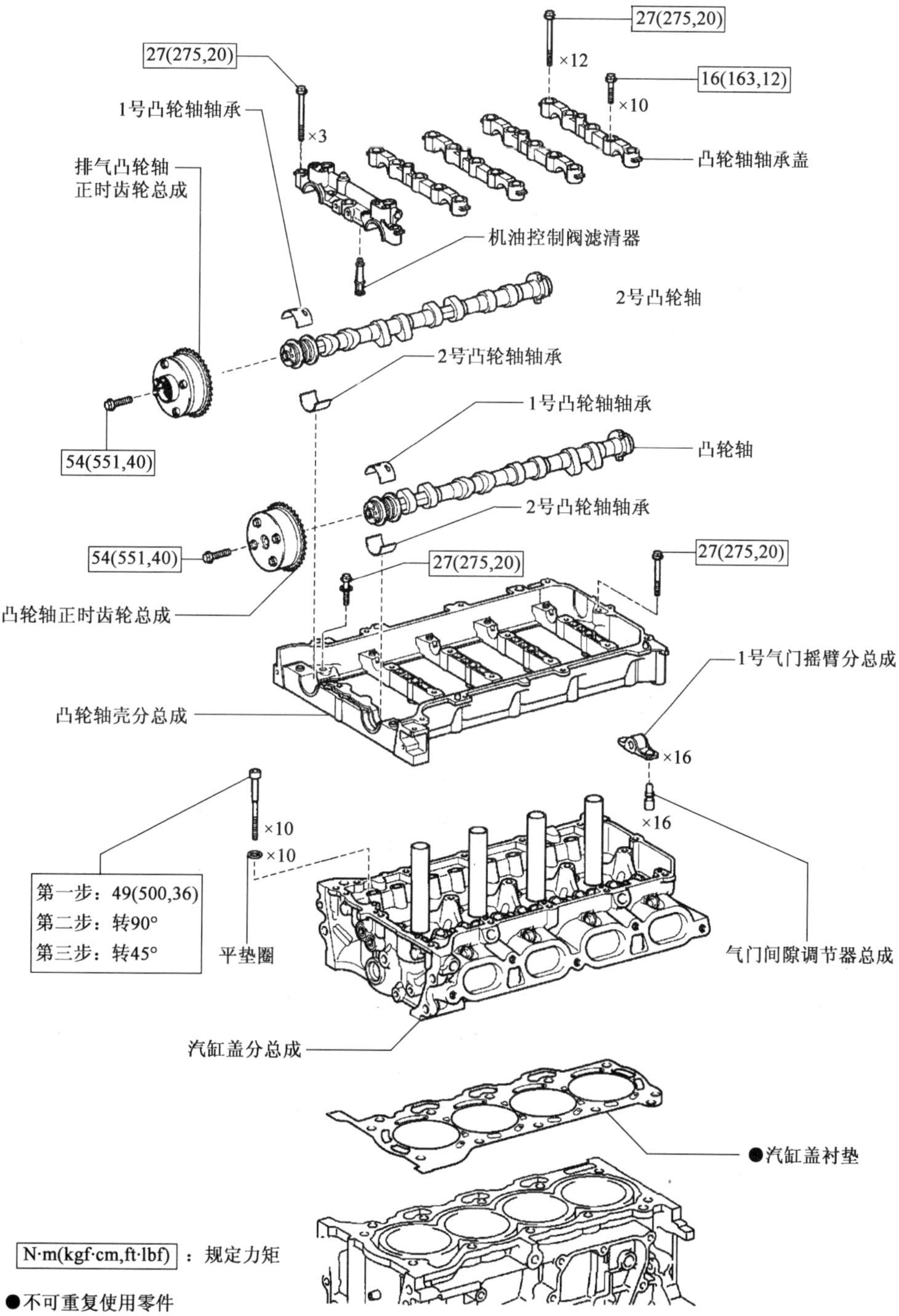
27(275,20)
×12
27(275,20)
16(163,12)
1号凸轮轴轴承
×10
×3
排气凸轮轴
正时齿轮总成
凸轮轴轴承盖
机油控制阀滤清器
2号凸轮轴
2号凸轮轴轴承
54(551,40)
1号凸轮轴轴承
凸轮轴
2号凸轮轴轴承
54(551,40)
27(275,20)
27(275,20)
凸轮轴正时齿轮总成
1号气门摇臂分总成
凸轮轴壳分总成
×16
×10
×16
×10
第一步：49(500,36)
第二步：转90°
第三步：转45°
平垫圈
气门间隙调节器总成
汽缸盖分总成
●汽缸盖衬垫
N·m(kgf·cm,ft·lbf)：规定力矩
●不可重复使用零件

图 6-1-9　发动机汽缸盖

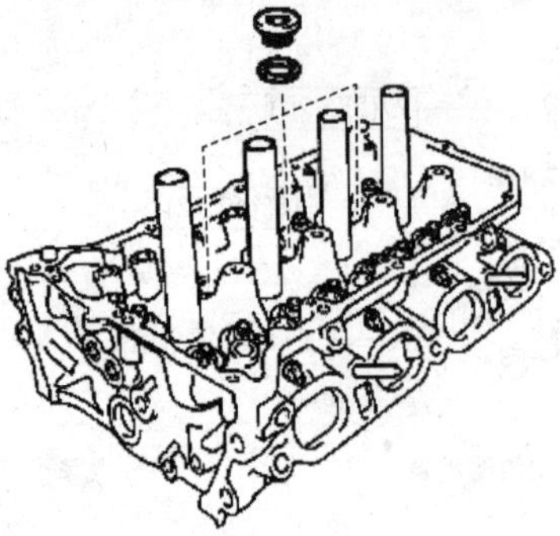

图 6-1-10 安装直螺纹塞

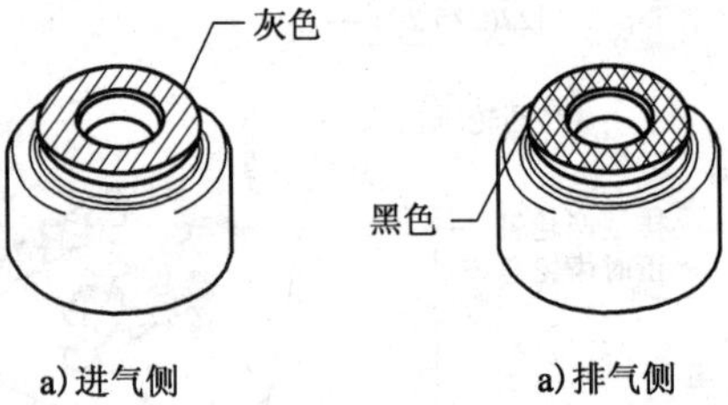

图 6-1-11 进、排气门油封

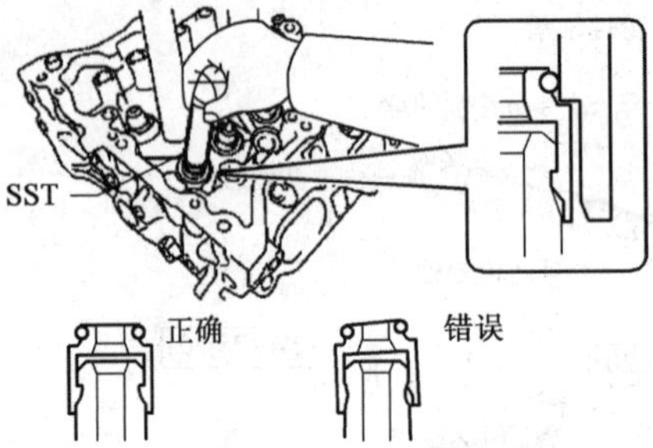

图 6-1-12 安装气门杆油封

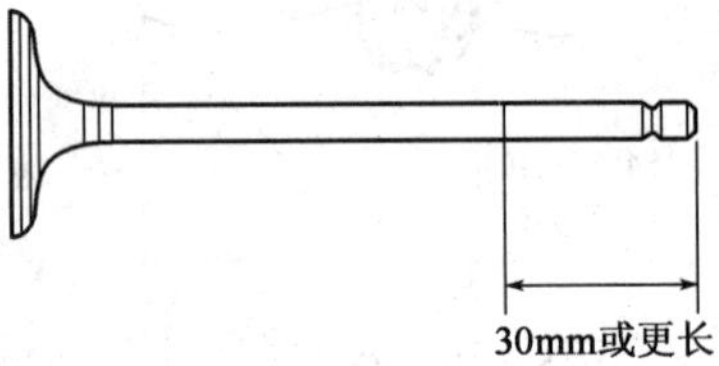

图 6-1-13 进气门头部涂抹机油

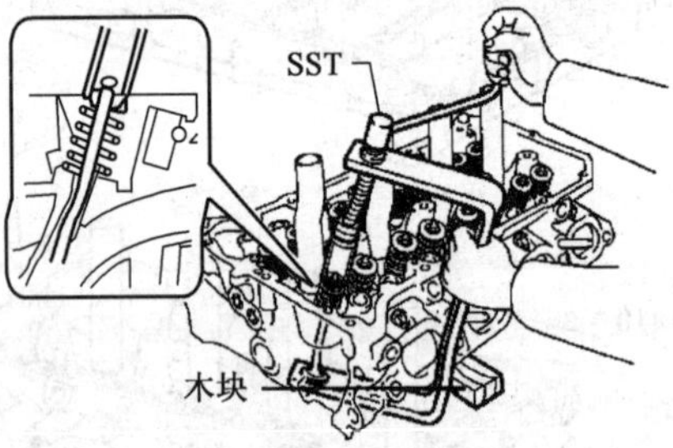

图 6-1-14 安装进气门

注意：

①小心不要损坏气门杆顶部。

②小心不要损坏座圈。

用同样方法安装排气门。

2. 安装曲轴

1)安装喷油嘴

将喷油嘴装在汽缸体上，用 10N · m 的力矩拧紧紧固螺栓。

2)安装曲轴轴承

(1)将带机油槽的上轴承安装到汽缸体上(除 3 号轴颈外)。注意不要在轴承外圆和座孔表面上涂抹发动机机油。

(2)用刻度尺测量汽缸体边缘和上轴承边缘间的距离，如图 6-1-15 所示。

尺寸$(A-B)$:0.7mm 或更小。

(3)将曲轴下轴承装入座孔,与上轴承一样,用游标卡尺测量轴承两端与轴承盖边缘的距离,如图 6-1-16 所示。

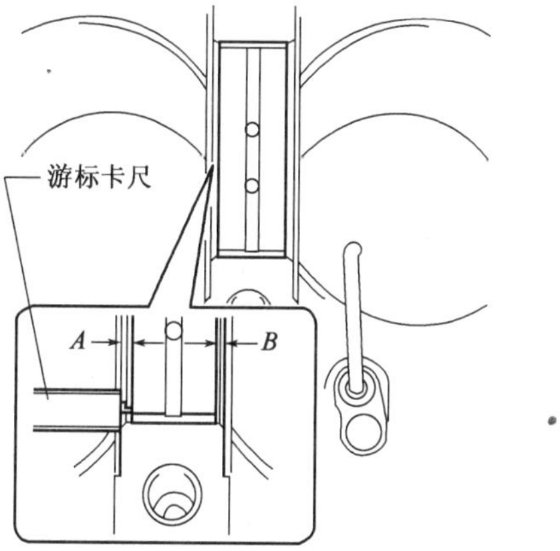

图 6-1-15　测量汽缸体边缘和上轴承边缘间的距离

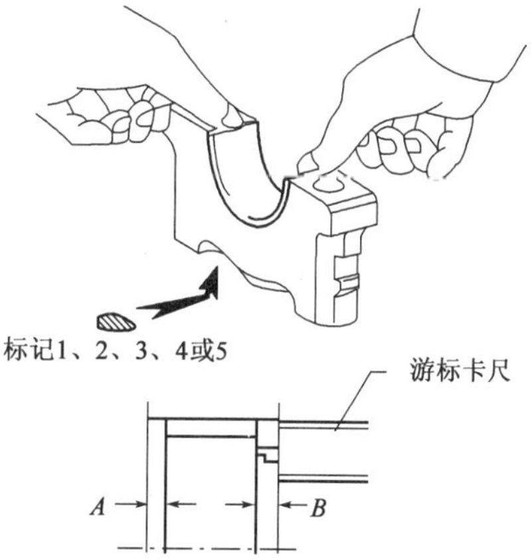

图 6-1-16　下轴承的安装及测量

尺寸($A-B$):0.7mm 或更小。

(4)安装曲轴上止推垫圈。

①上止推垫圈上的机油槽向外,将 2 个止推垫圈安装到汽缸体的 3 号轴颈下方,如图 6-1-17所示。

②在曲轴止推垫圈上涂抹发动机油。

3)安装曲轴

(1)将曲轴放入缸体。

(2)将塑料间隙规沿轴颈轴向摆放在各轴颈上,如图 6-1-18 所示。

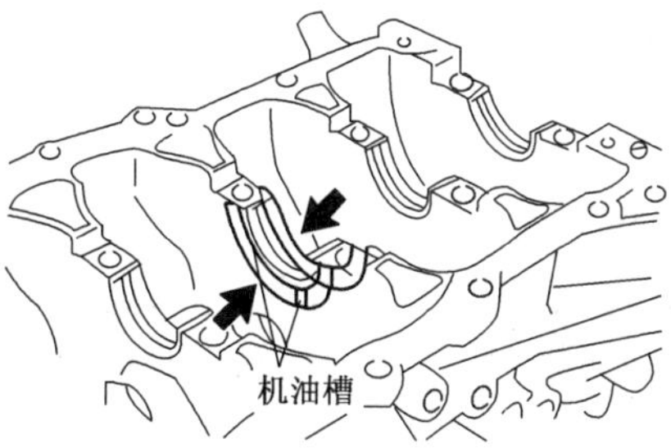

图 6-1-17　安装推力轴承

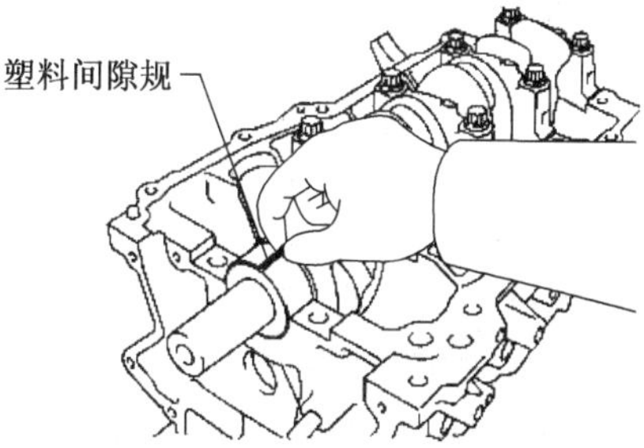

图 6-1-18　摆放塑料规条

(3)检查主轴承盖标记,并将主轴承盖安装在汽缸体上,如图 6-1-19 所示。各主轴承盖上都标有一个数字以指明安装位置。

(4)用塑料锤轻轻敲击轴承盖,以确保轴承盖可靠落座。

(5)在轴承盖螺栓的螺纹上涂抹一薄层机油。

(6)安装曲轴主轴承盖螺栓。

(7)按顺序分三次紧固主轴承盖螺栓到 40N · m,如图 6-1-20 所示。

(8)用油漆在轴承盖螺栓前端做标记,如图 6-1-21 所示。

(9)按图 6-1-20 所示数字顺序,将轴承盖螺栓再紧固 90°。不要转动曲轴。

(10)按图 6-1-20 所示相反的顺序分三次拧松主轴承盖螺栓,取下 5 个轴承盖。

(11)用测量塑料间隙规测量间隙规条最宽处,如图 6-1-22 所示。然后将黏附在曲轴轴颈上的塑料规条清洁干净。

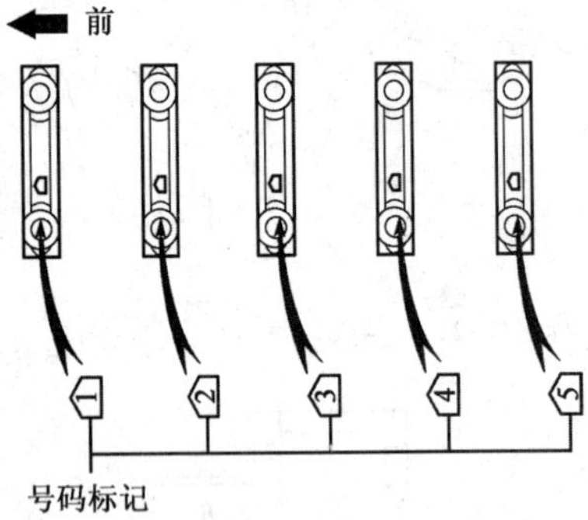

图 6-1-19 检查主轴承盖标记

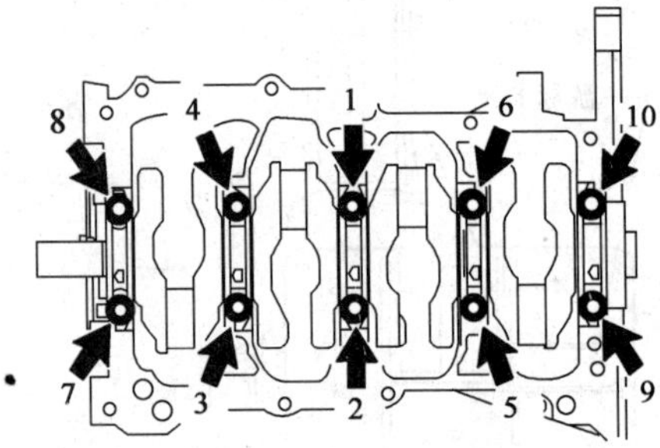

图 6-1-20 主轴承盖螺栓紧固次序

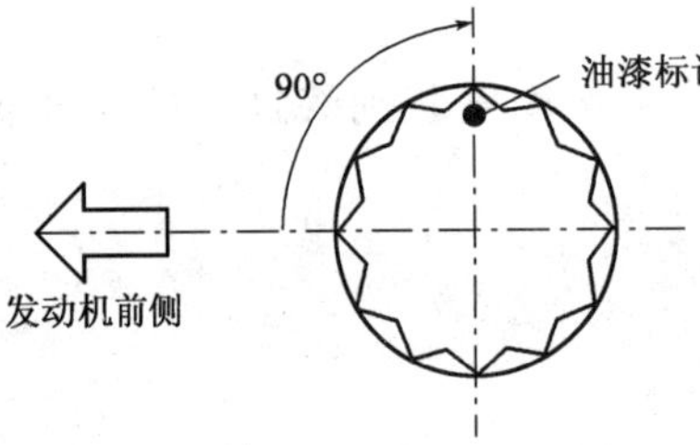

图 6-1-21 做油漆标记

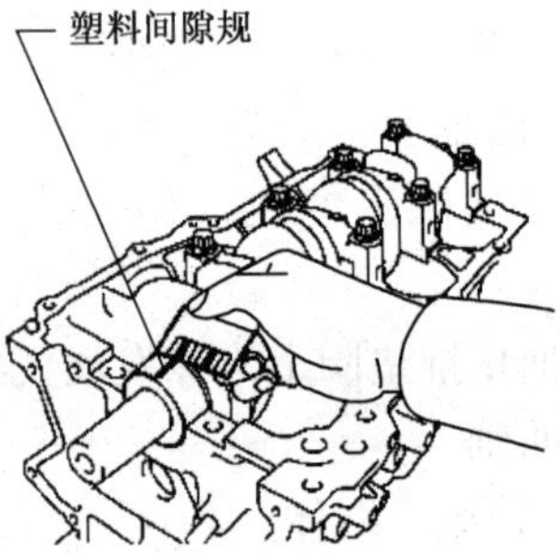

图 6-1-22 测量轴承间隙

标准油膜间隙:0.016 ~0.039mm。

最大油膜间隙:0.050mm。

(12)抬下曲轴,在上下曲轴轴承上涂抹机油。

(13)把曲轴放在缸体上,按(4) ~(9)的步骤紧固轴承盖螺栓。

(14)测量曲轴的轴向间隙。将带磁力表座的百分表表座固定在汽缸体适当的位置,使百分表表头垂直顶在曲轴前端。用螺栓刀前后撬动曲轴,百分表的摆动量为曲轴的轴向间隙。如果轴向间隙大于最大值,应成套更换推力轴承。

标准轴向间隙:0.04 ~0.14mm。

最大轴向间隙:0.18mm。

曲轴推力轴承厚度为 2.43 ~2.48mm。

转动曲轴,如果发现转动力矩过大,应查明原因进行排除。

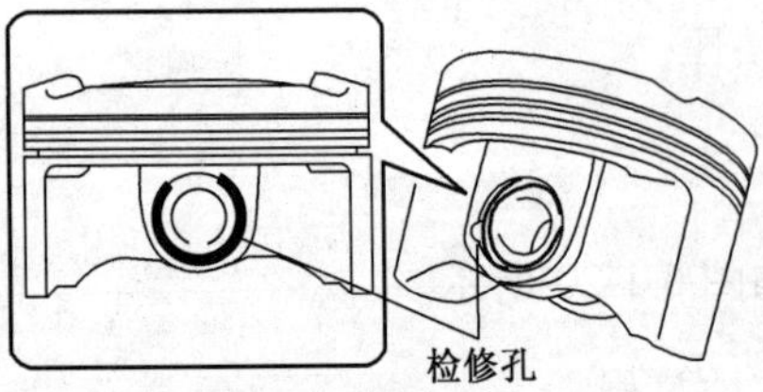

图 6-1-23 安装活塞销卡环

3. 活塞连杆组的安装

(1)用螺丝刀将新卡环安装到活塞销孔的一端,如图 6-1-23 所示。要确保卡环的端隙与活塞上的活塞销孔切口部位(检验孔)错开。

(2)逐渐加热活塞到80～90℃,对准活塞和连杆上的朝前标记(图6-1-24),并用拇指推入活塞销。

(3)使用螺丝刀在活塞销孔的另一端安装一个新卡环。确保卡环的端隙与活塞上的活塞销孔切口部位(检验孔)错开。

(4)在活塞销上来回移动活塞,检查活塞和活塞销的安装情况,连杆应转动灵活。

(5)安装活塞环组件。

①用手安装油环胀圈和油环刮片,如图6-1-25所示。安装胀圈和油环时,使环端处于相反的两侧。

②用活塞环扩张器安装2个压缩环,使油漆标记处于图6-1-26所示的位置。

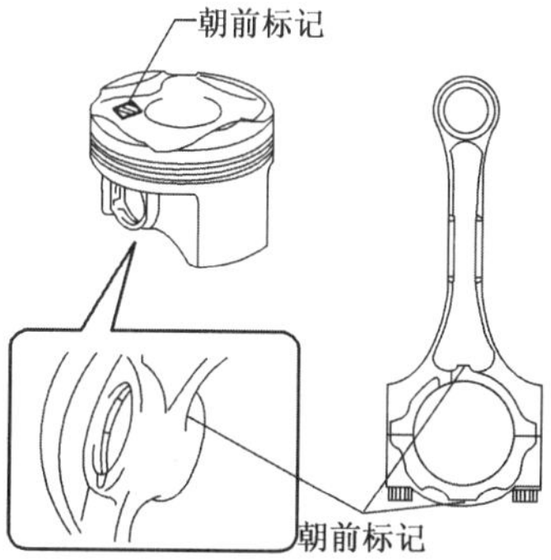

图6-1-24　活塞销安装

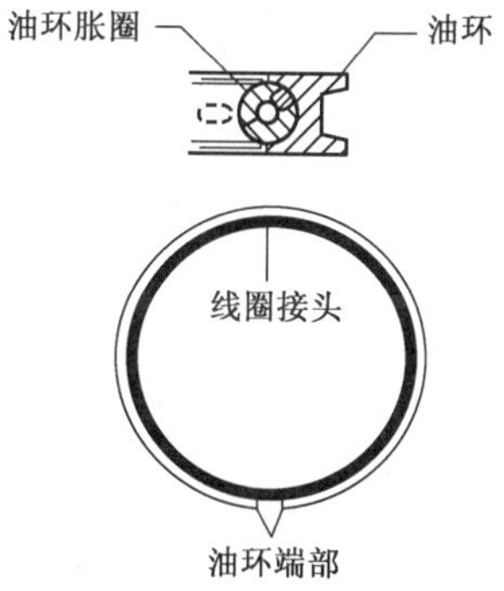

图6-1-25　安装进气门

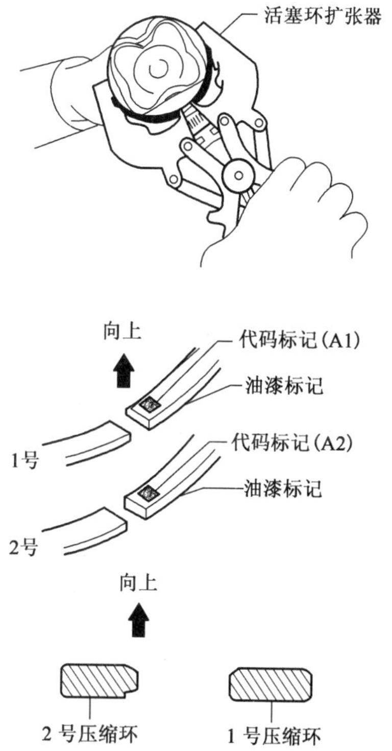

图6-1-26　用活塞环扩张器安装2个压缩环

注意:

A. 安装1号压缩环,使代码标记(A1)朝上。

B. 安装2号压缩环,使代码标记(A2)朝上。

C. 油漆标记仅在新活塞环上才能检查到。重新使用活塞环时,检查各活塞环外形,以将其安装到正确的位置。

D. 放置活塞环以使活塞环端处于如图6-1-27所示位置。

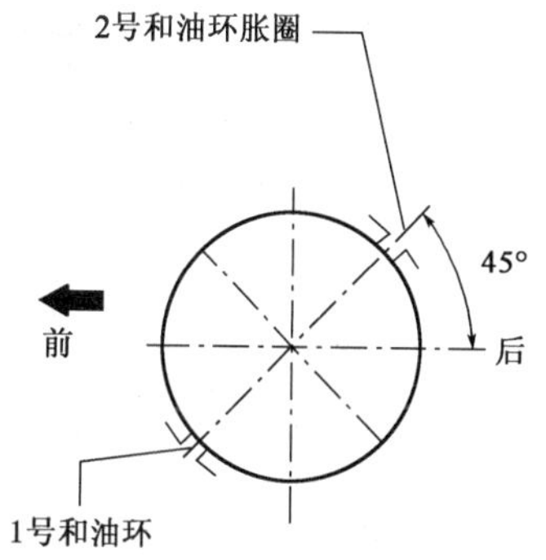

图6-1-27　活塞环的开口位置

(6)安装连杆轴承。将连杆轴承安装到连杆和轴承盖上。用与主轴承相同的方法测量连杆边缘和轴承盖边缘与连杆轴承边缘间的距离。

(7)在汽缸壁、活塞、连杆轴承表面上涂抹发动机机油。

(8)使活塞朝前标记朝前,用活塞环压缩器将相应号的活塞和连杆总成压入汽缸内,如图 6-1-28 所示。连杆插入活塞时,不要使其接触机油喷嘴。

(9)选择与连杆相对应的连杆盖和连杆轴承,将轴承装入轴承座内,并涂上机油。

(10)检查并确认连杆盖的凸起部分朝向正确的方向,在连杆盖螺栓的螺纹上和螺栓头下部涂抹一薄层发动机机油,装上连杆螺栓,分几次交替拧紧到 40N · m。

(11)用油漆在轴承盖螺栓前端做标记,然后将轴承盖螺栓拧紧 90°。

(12)转动曲轴,转动阻力不可过大,否则应查明原因进行排除。

4. 安装机油泵总成

1)用 3 个螺栓安装机油泵总成(图 6-1-29)

螺栓拧紧力矩为 21N · m。

2)安装 2 号油底壳

(1)清洁 2 号油底壳接合面,不要让机油滴在油底壳接合面上。

(2)在图 6-1-30 所示的位置连续涂抹密封胶(直径 2.5mm)。

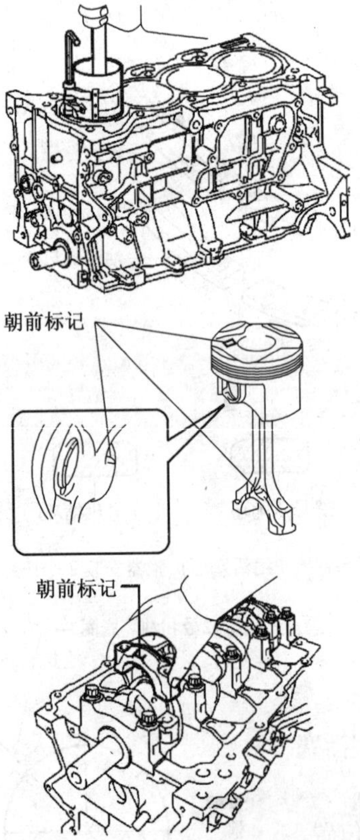

图 6-1-28 将活塞连杆组装入汽缸孔

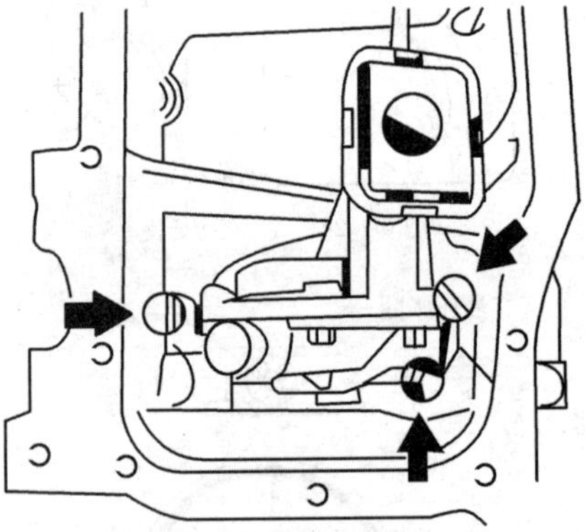

图 6-1-29 安装机油泵总成

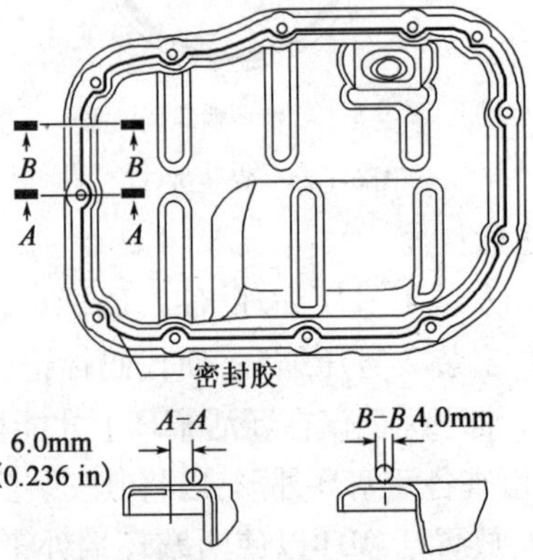

图 6-1-30 涂密封胶

密封胶:丰田原厂黑密封胶,Three Bond1207B 或同等产产品。

涂抹密封胶后 3min 内,安装 2 号油底壳。安装后至少 2h 内不要起动发动机。

(3)按规定的力矩拧紧12个螺栓,拧紧力矩为10N·m,如图6-1-31所示。

3)安装2号链条总成

(1)转动曲轴,使键槽朝上。转动机油泵驱动轴,使键槽朝向水平位置,如图6-1-32所示。

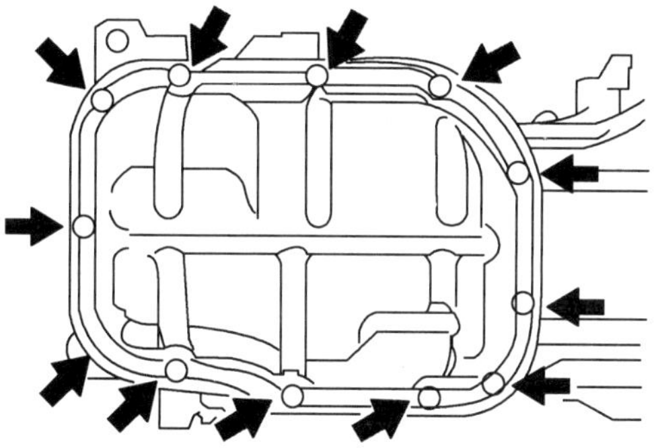

图6-1-31　安装2号油底壳

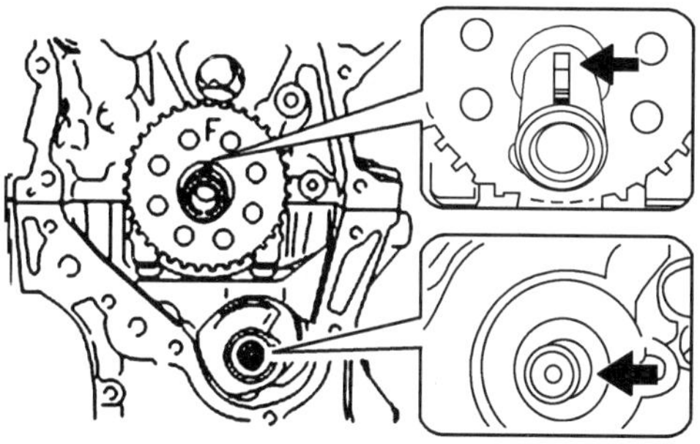

图6-1-32　机油泵轴和曲轴位置

(2)将链条装在链轮上,使黄色链条对准每个链轮的正时标记,如图6-1-33所示。

(3)将链轮安装在曲轴和机油泵轴上,如图6-1-34所示。

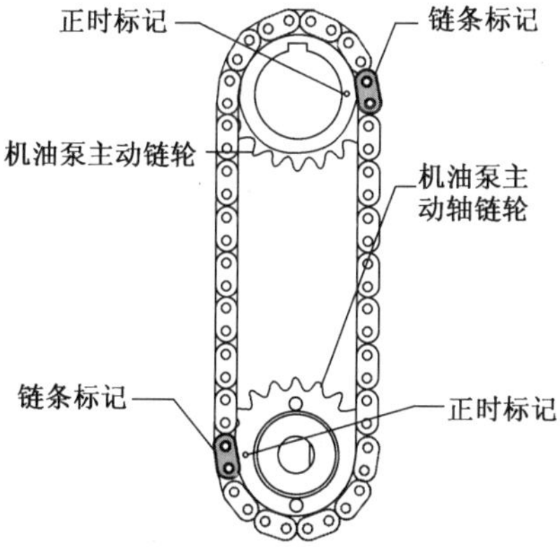

图6-1-33　安装链条

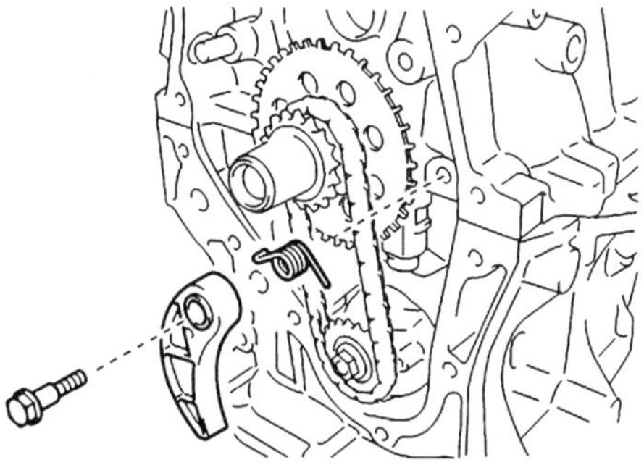

图6-1-34　安装链轮

(4)用拇指暂时紧固曲轴链轮,将减振弹簧插入调节孔,然后用螺栓安装链条张紧器盖板,螺栓紧固力矩为10N·m。

(5)转动机油泵轴,使机油泵主动轴链轮的调节孔对准机油泵槽,如图6-1-35所示。

(6)将一个直径为4mm的杆插入机油泵主动轴齿轮的调节孔中,以便将齿轮锁定就位,然后用28N·m紧固螺母,如图6-1-36所示。

4)安装曲轴正时链轮

将曲轴正时链轮装在曲轴上,如图6-1-37所示。

5)安装1号链条振动阻尼器

安装1号链条振动阻尼器,用21N·m的力矩拧紧2个螺栓。

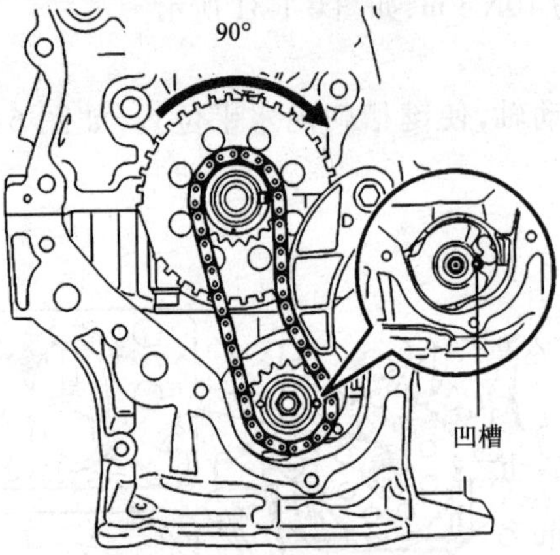

图 6-1-35　使机油泵主动轴链轮的调节孔对准机油泵槽

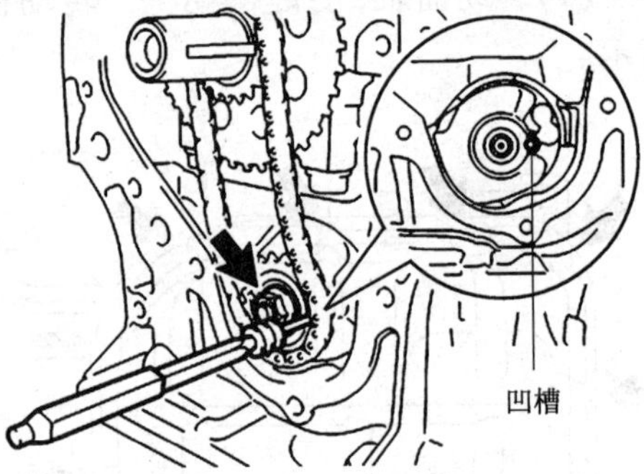

图 6-1-36　紧固机油泵链轮锁紧螺母

5. 安装汽缸盖总成

1）安装汽缸盖衬垫

将新衬垫放在汽缸体表面上，使印有批次号的一面向上，如图 6-1-38 所示。检查缸垫上的水道、机油孔是否对齐。

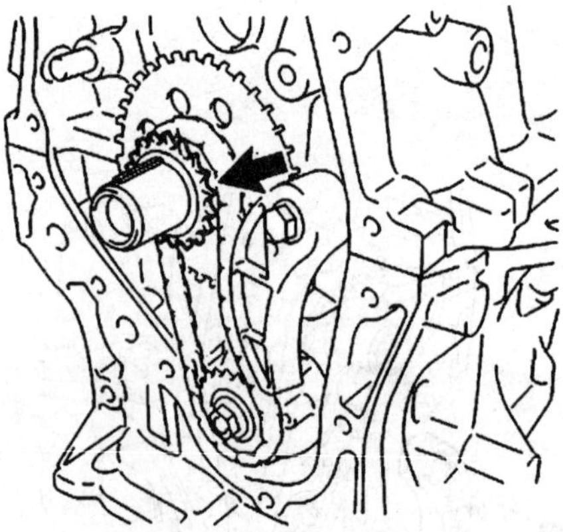
图 6-1-37　安装曲轴正时链轮

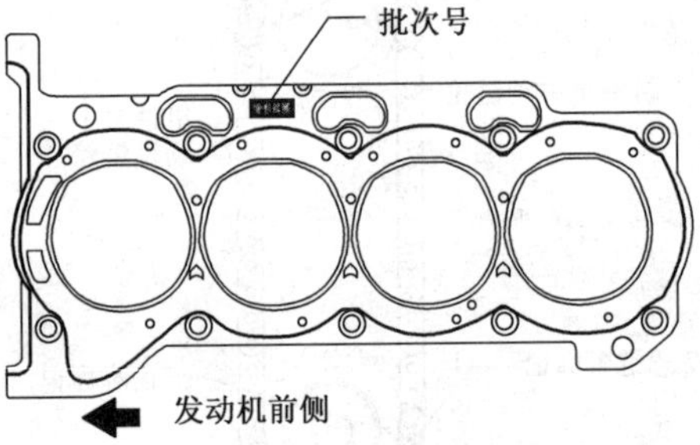

图 6-1-38　汽缸垫安装方向

2）安装汽缸盖分总成

（1）在螺栓的螺纹和与垫圈相接触的螺栓头下面部涂抹一薄层发动机油。

（2）将螺栓和平垫圈安装至汽缸盖上。

（3）按照图 6-1-39 所示的顺序，分三次将缸盖螺栓拧紧到 49N · m。

（4）用油漆在汽缸盖螺栓前端做标记，如图 6-1-40所示。

（5）将汽缸盖螺栓再次紧固 90°，然后再紧固 45°。

（6）检查并确认油漆标记，现在与前端呈 135°。

3）安装气门间隙调解器总成

（1）将气门间隙调节器放入装有新发动机油的容器中。

（2）将 SST 顶端插入气门间隙调节器的柱塞中，并用顶端挤压柱塞中的单向球，如图 6-1-41所示。

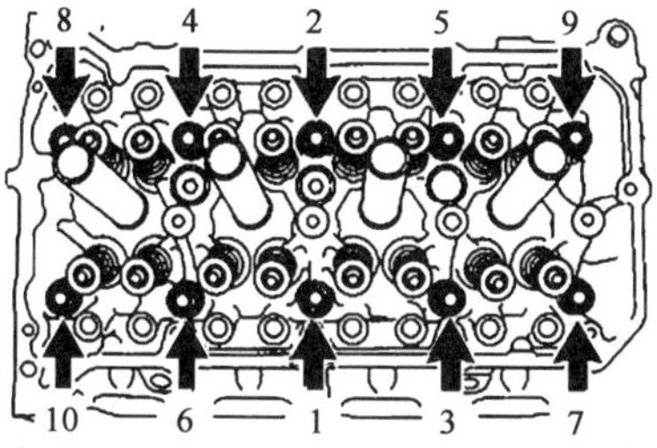

图 6-1-39　缸盖螺栓的拧紧次序

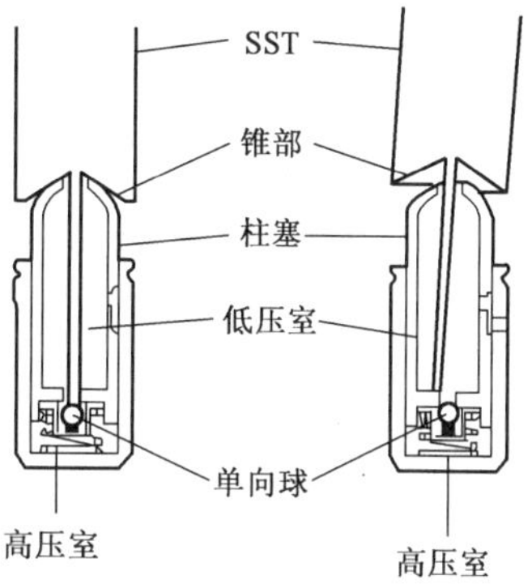

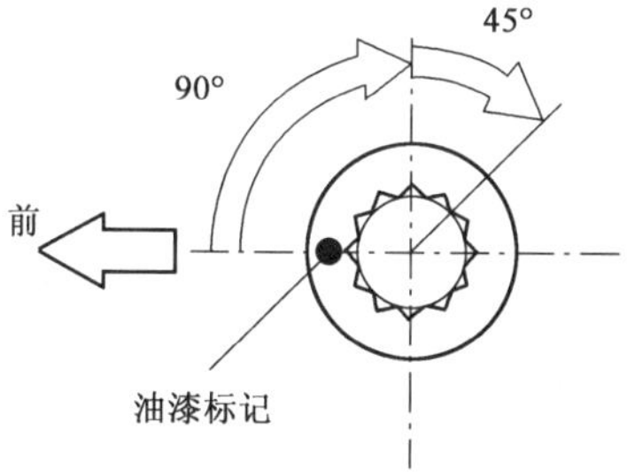

图 6-1-40　汽缸盖螺栓前端标记

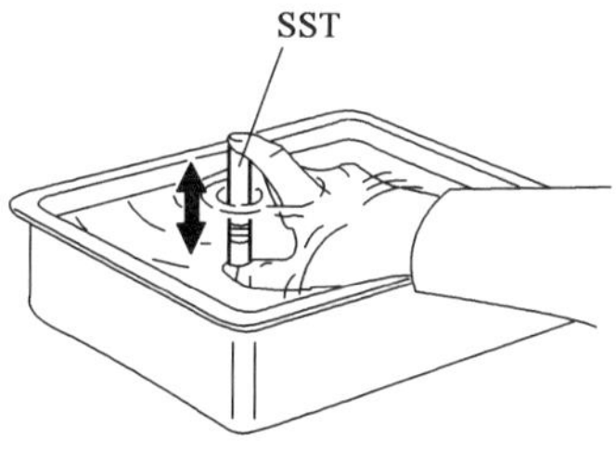

图 6-1-41　气门间隙调节器的检查

(3)将 SST 和气门间隙调节器压在一起,上下移动 5 ~6 次。

(4)检查柱塞的运动情况并排气。排气时要确保 SST 的端部压住单向球,否则空气不会从高压室排出。

(5)放气后拆下 SST,然后迅速且用力地按压柱塞,柱塞应很难移动。如果不符合规定,应更换气门间隙调解器。

(6)将气门间隙调解器装入缸盖。

4)安装 1 号气门摇臂分总成

在气门间隙调解器端部和气门杆端上涂抹发动机油,按图 6-1-42 所示的位置放上气门摇臂。

5)安装凸轮轴轴承

将凸轮轴轴承放入座孔,用游标卡尺测量轴承盖边缘与轴承边缘的距离,应为 0.07mm,如图 6-1-43 所示。

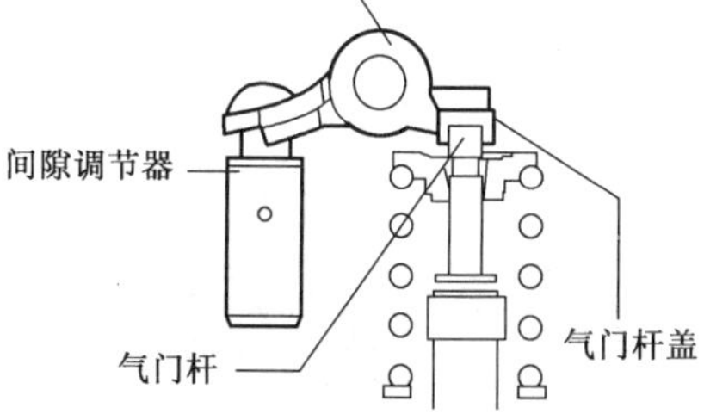

图 6-1-42　1 号气门摇臂分总成安装

6)安装机油控制阀滤清器

检查轴承盖上滤清器清洁无异物,安装时不要碰触滤网,如图 6-1-44 所示。

7)安装凸轮轴

(1)在凸轮轴轴颈上和轴承表面涂抹发动机油,装上凸轮轴,如图 6-1-45 所示。注意:将凸轮轴置于 1 缸进、排气门关闭位置。

(2)按规定的位置和方向,装上凸轮轴轴承盖,保证凸轮轴的锁销如图 6-1-46 所示。

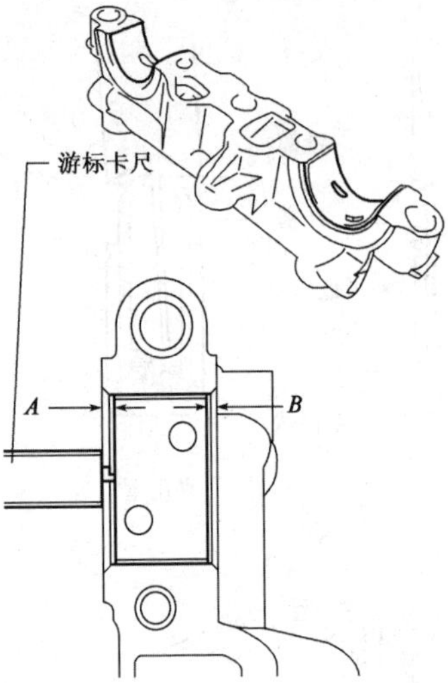

图 6-1-43　凸轮轴轴承检查

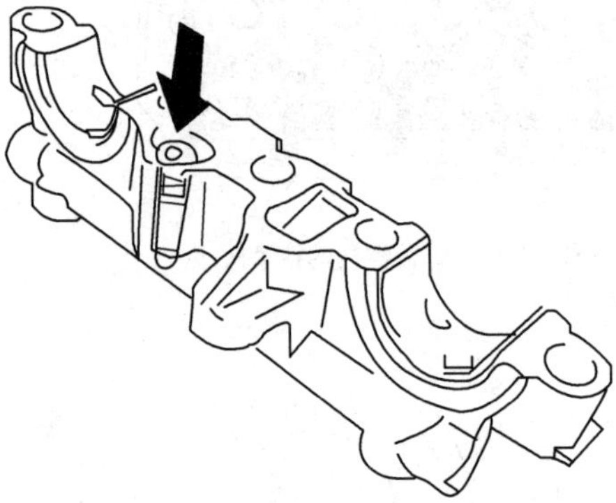
图 6-1-44　安装机油控制阀滤清器

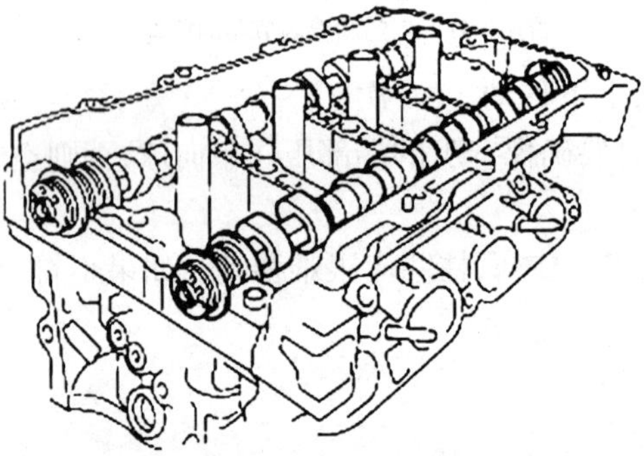
图 6-1-45　安装凸轮轴

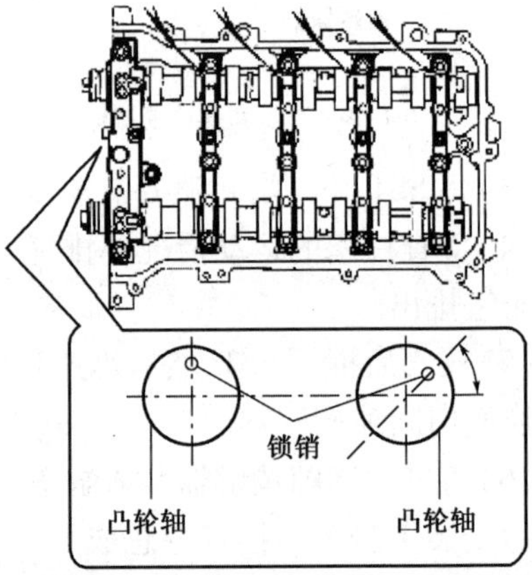

图 6-1-46　安装凸轮轴轴承盖

(3)按如图 6-1-47 所示的顺序,将轴承盖螺栓紧固到 16N · m。

8)安装凸轮轴壳分总成

(1)在图 6-1-48 所示的位置连续涂抹密封胶,密封胶直径为 3.5 ~4.0mm。在涂抹密封胶后 3min 内安装凸轮轴壳分总成。

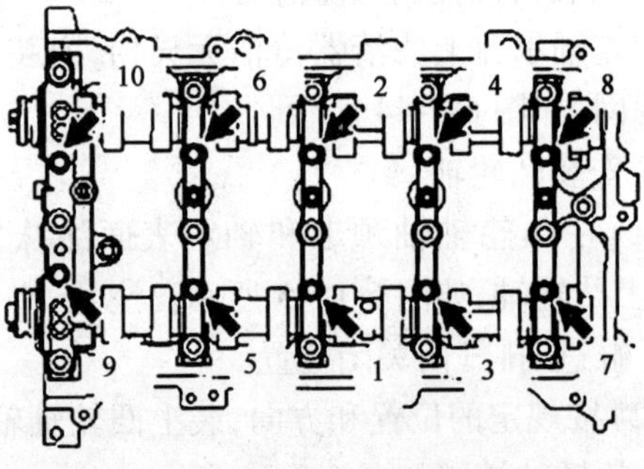

图 6-1-47　紧固轴承盖螺栓

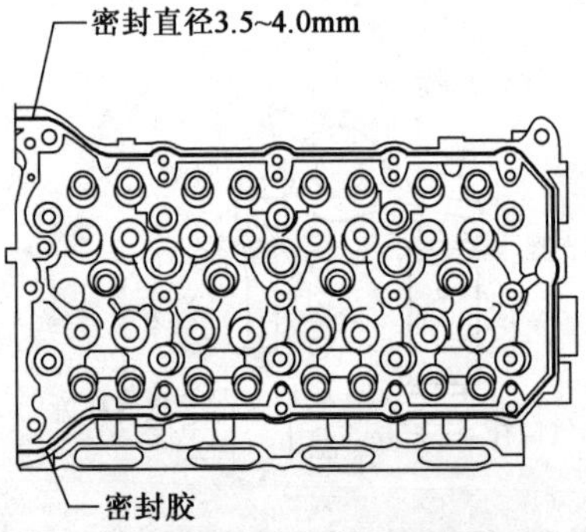

图 6-1-48　涂抹密封胶

注意:安装后至少 2h 内不要起动发动机。

(2)按图 6-1-49 的次序分次将 17 个螺栓拧紧到 27N · m。

注意:如果在安装过程中任何螺栓出现松动,则拆下凸转轴壳,清洁安装表面原来的密封胶,并重新涂抹密封胶,并确保先前涂抹的密封胶未进入任何机油通道。

(3)安装凸轮轴壳后,擦去凸轮轴壳和汽缸盖之间渗出的密封胶。

9)安装凸轮轴正时齿轮总成

(1)检查并确认锁销安装于凸轮轴上,如图 6-1-50 所示。

(2)使凸轮轴上的直销与正时齿轮的键槽对齐,将正时齿轮装在凸轮轴上。

注意:不要太用力推入正时齿轮总成,否则可能会损坏正时齿轮总成的安装表面。

(3)将凸轮轴正时齿轮总成轻轻推入凸轮轴的同时,按图 6-1-51 的方向旋转凸轮轴正时齿轮(不要反方向旋转),确保齿轮销进入键槽中。

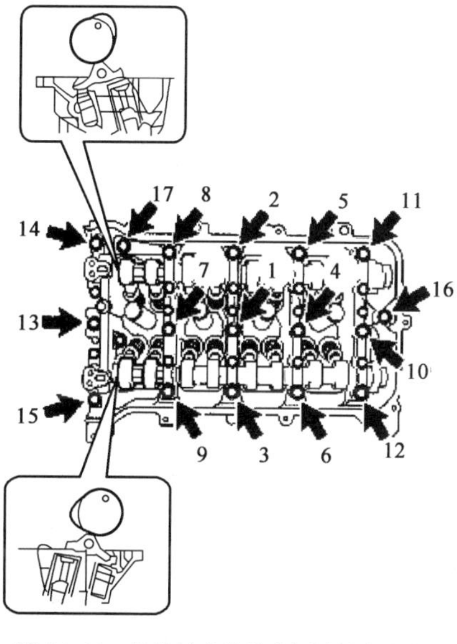

图 6-1-49　凸轮轴壳分总成螺栓拧紧次序

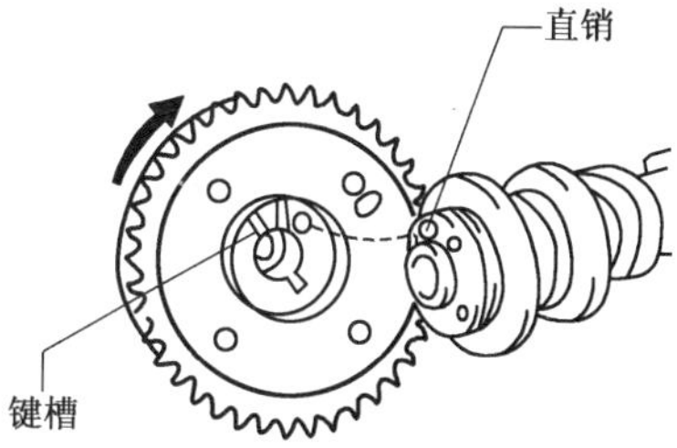

图 6-1-50　检查并确认锁销安装于齿轮轴上

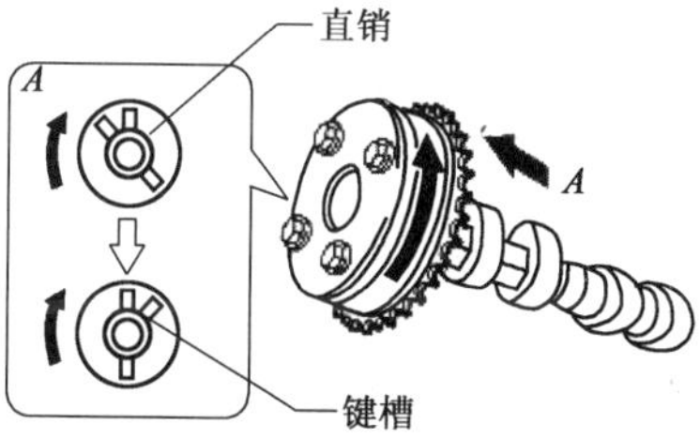

图 6-1-51　旋转凸轮轴正时齿轮

(4)测量齿轮与凸轮轴间的间隙,应符合标准,如图 6-1-52 所示。然后紧固正时齿轮总成紧固螺栓到 54N · m,如图 6-1-53 所示。

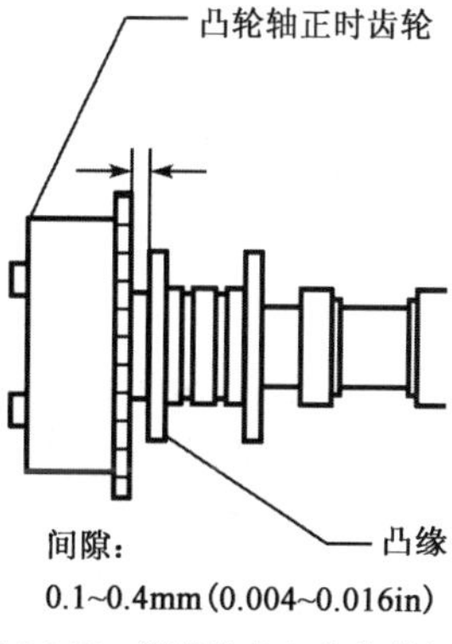

图 6-1-52　测量齿轮与凸轮轴间的间隙

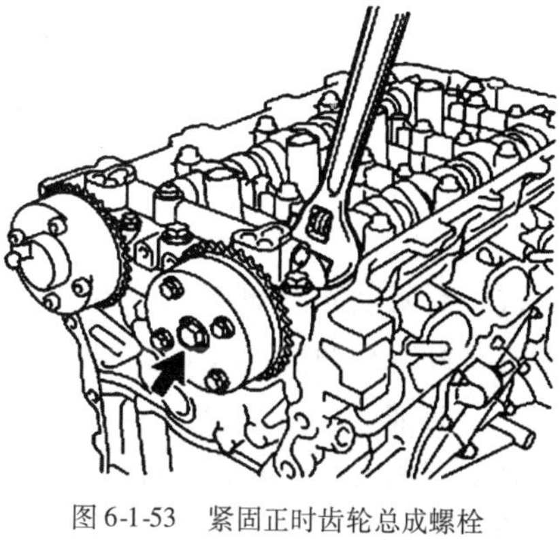

图 6-1-53　紧固正时齿轮总成螺栓

(5)应能按顺时针方向(延迟方向)转动正时齿轮,并能锁止到最大位置,如图 6-1-54 所示。

6. 安装正时链条(1 号链条)

1)安装曲轴正时齿轮

(1)用橡胶锤将曲轴的正时齿轮键敲入键槽。

(2)安装曲轴正时齿轮链轮,如图 6-1-55 所示。

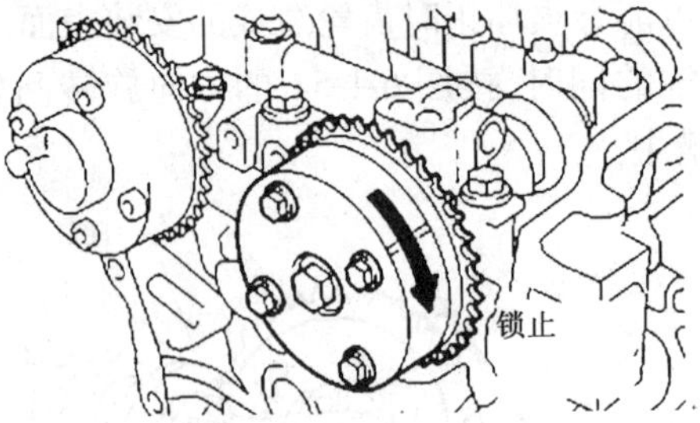

图 6-1-54　顺时针方向(延迟方向)转动正时齿轮

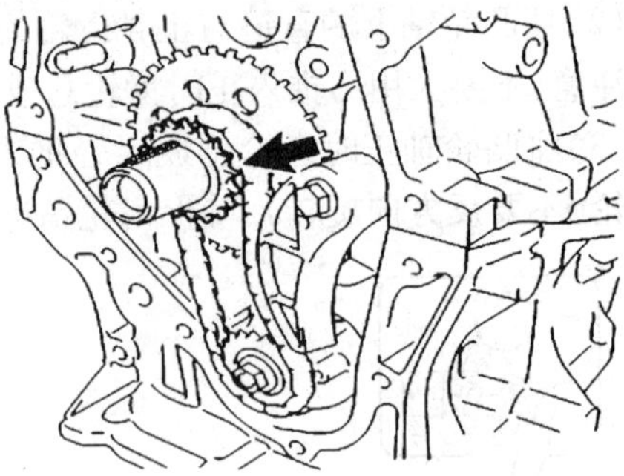

图 6-1-55　安装曲轴正时齿轮链轮

2)安装 1 号链条振动阻尼器

用 21N · m 的力矩紧固 1 号链条振动阻尼器的 2 个螺栓,如图 6-1-56 所示。

3)安装 2 号链条振动阻尼器

用 10N · m 的力矩紧固 2 号链条振动阻尼器的 2 个螺栓,如图 6-1-57 所示。

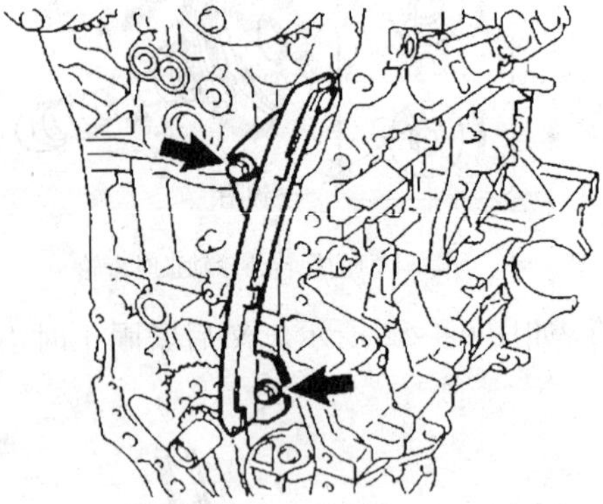

图 6-1-56　安装 1 号链条振动阻尼器

图 6-1-57　安装 2 号链条振动阻尼器

4)安装正时链条

(1)检查 1 缸 TDC(压缩上止点)

①暂时安装紧固曲轴皮带轮螺栓。

②逆时针转动曲轴,使曲轴正时齿轮键位于顶部,如图 6-1-58 所示。

③拆下曲轴皮带轮,检查每个正时齿轮的正时标记,如图 6-1-59 所示。

(2)链条穿过 1 号减振阻尼器,使正时链条上的正时标记与标记板(橙色)对齐,将链条放置在链轮上,如图 6-1-60 所示。

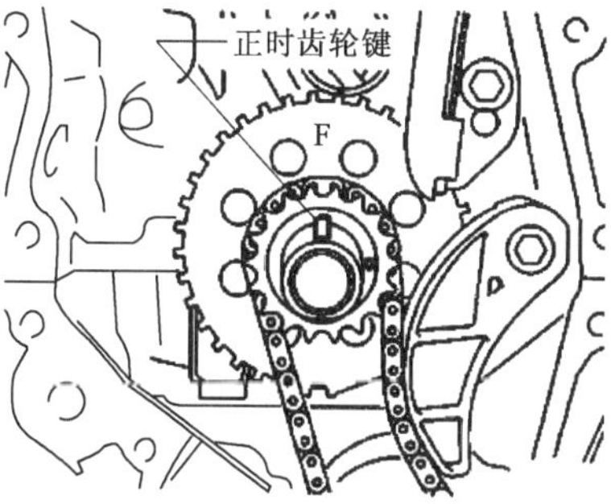

图 6-1-58　曲轴正时齿轮键位置

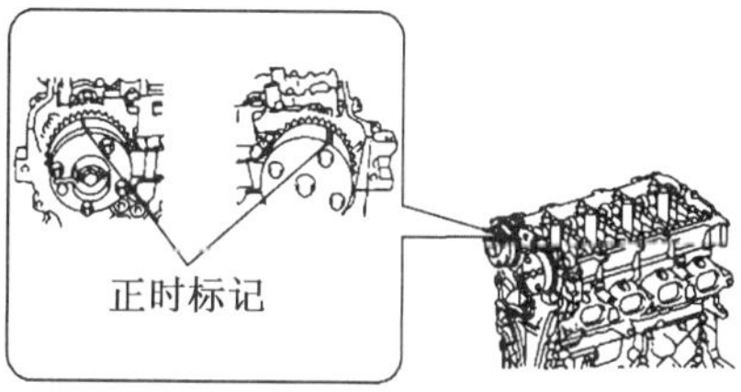

图 6-1-59　凸轮轴链轮正时标记

(3)用扳手固定住凸轮轴的六角头部分,并逆时针旋转凸轮轴正时齿轮总成,以使标记板(橙色)和正时标记对准,如图 6-1-61 所示。

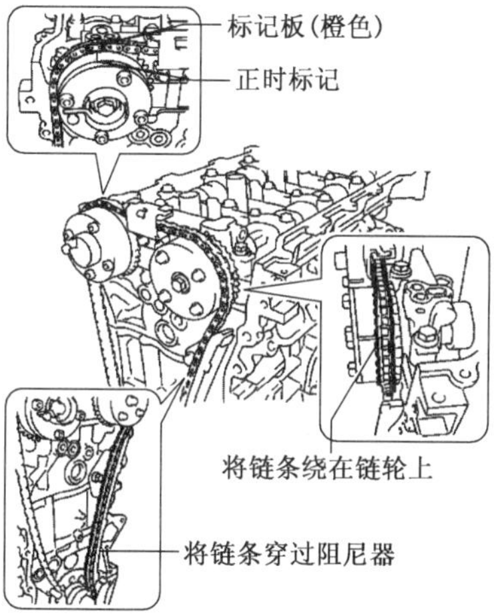

图 6-1-60　安装链条

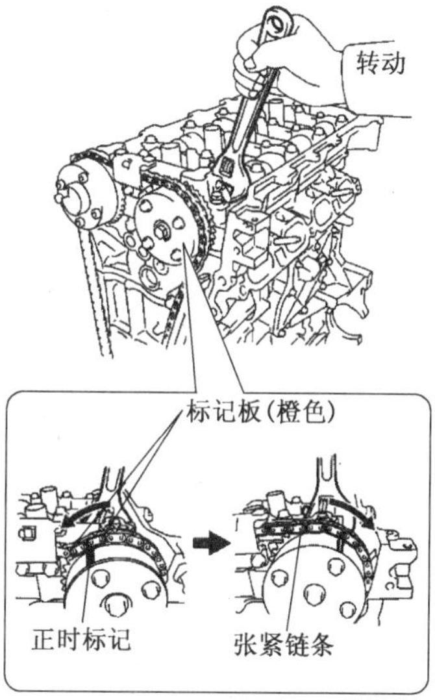

图 6-1-61　对正凸轮轴链轮正时标记

(4)用扳手固定住凸轮轴的六角头部分,并顺时针旋转凸轮轴正时齿轮总成。为了张紧链条,顺时针旋转凸轮轴正时齿轮总成时要缓慢,防止链条错位。

(5)将标记板(橙色)和正时标记对准,并将链条安装在曲轴正时齿轮上,如图 6-1-62 所示。

(6)在 1 缸压缩上止点,重新检查每个正时标记是否对齐,如图 6-1-63 所示。

5)安装链条张紧器导板

6)安装正时链条盖油封

(1)用 SST 敲入新的正时链条盖油封,确保其表面与正时齿轮箱边缘齐平。

(2)在油封唇口上涂抹一薄层通用润滑脂。

7)安装正时齿轮条盖分总成

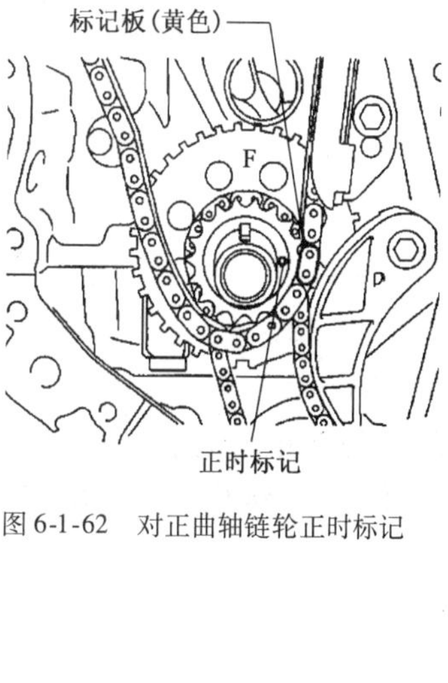

图 6-1-62　对正曲轴链轮正时标记

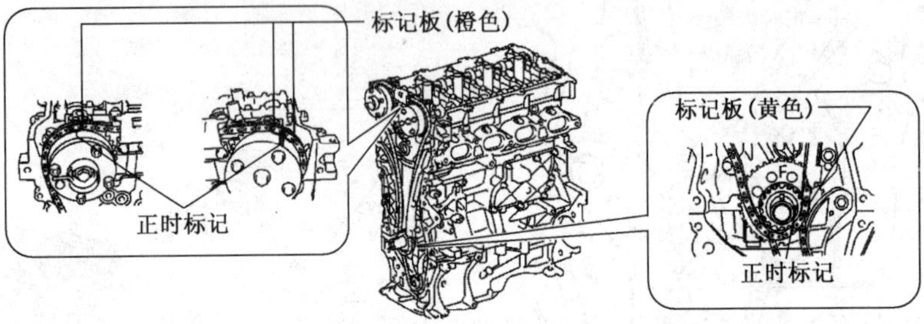

图 6-1-63　检查所有正时标记

(1)将 3 个 O 形橡胶圈安装到正时齿轮条盖上,如图 6-1-64 所示。

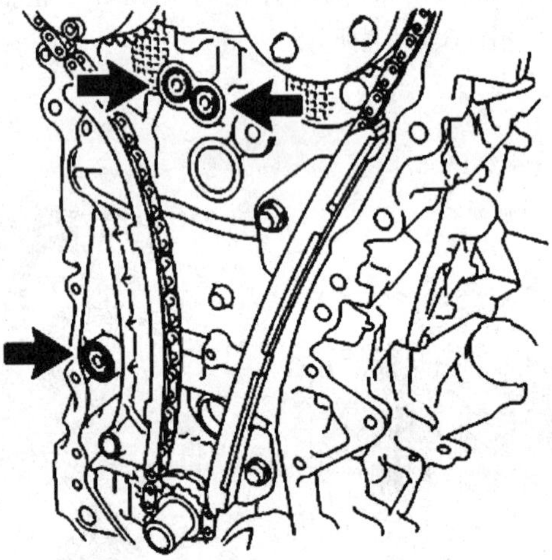

图 6-1-64　安装正时齿轮条盖 O 形橡胶圈

(2)在图 6-1-65 的位置涂上密封胶,要在 3min 内安装正时链条盖。

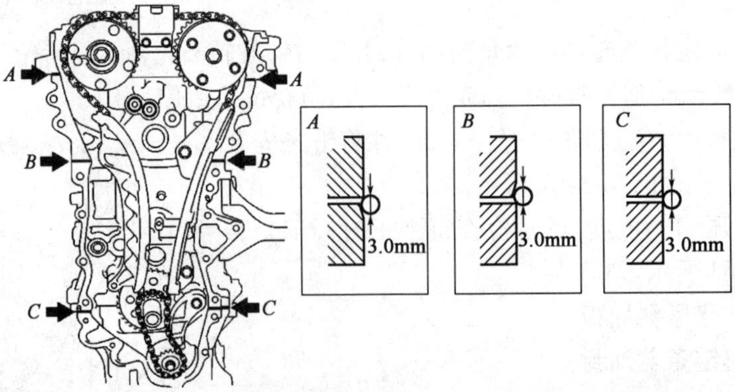

图 6-1-65　涂抹密封胶

(3)在正时链条盖上涂抹密封胶,如图 6-1-66 所示。注意:要在 3min 内安装正时链条盖,并在 15min 内拧紧全部螺栓。

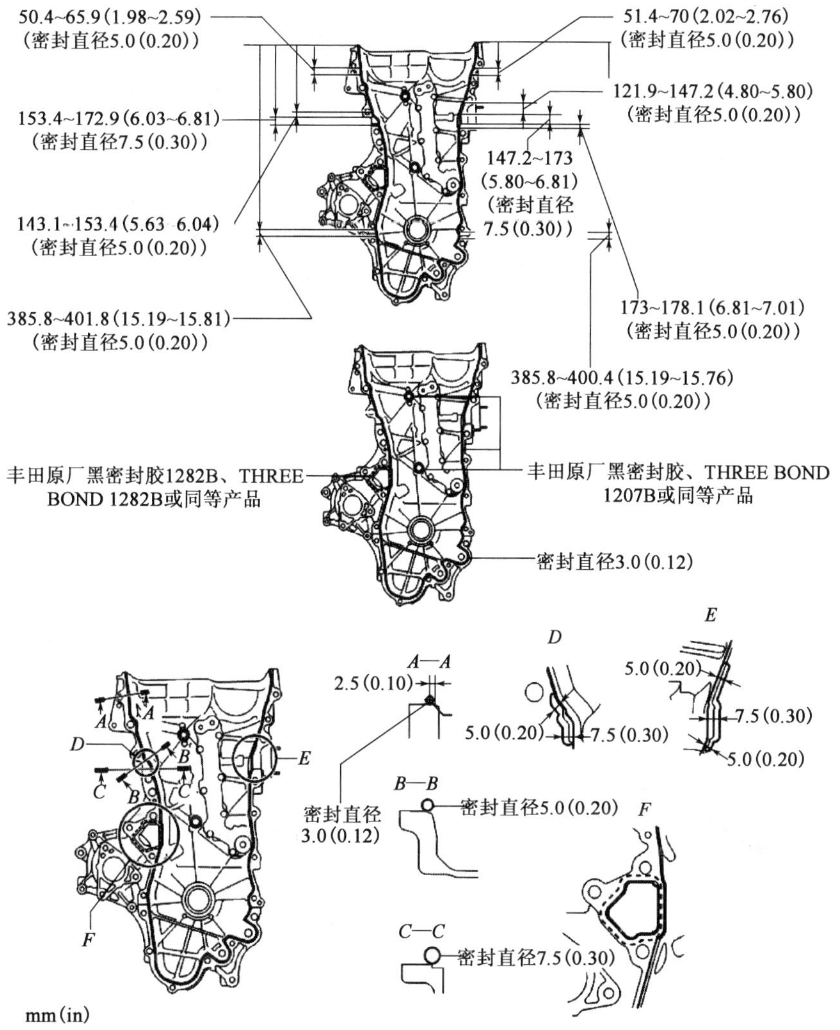

图 6-1-66　涂正时链条盖密封胶

(4)安装正时链条盖,按规定力矩和顺序拧紧 26 个螺栓,如图 6-1-67 所示。

8)检查安装 1 号链条张紧器总成

(1)检查 1 号链条张紧器总成,如图 6-1-68 所示。

用手提起棘轮爪时,检查并确认柱塞平稳。松开棘轮爪,检查并确认棘轮爪将柱塞锁止就位,且用手指推时不发生移动。

(2)安装 1 号链条张紧器总成。

①松开棘轮爪,然后完全推入柱塞,将挂钩固定在销上,使柱塞处于图 6-1-69 的位置。

②用两个螺母安装支架、新的衬垫和 1 号链条张紧器,如图 6-1-70 所示。

③逆时针转动曲轴,然后从挂钩上断开柱塞锁销,如图 6-1-71 所示。

④顺时针转动曲轴,检查确认柱塞是否伸出。如不伸出说明张紧器有问题,应更换信件。

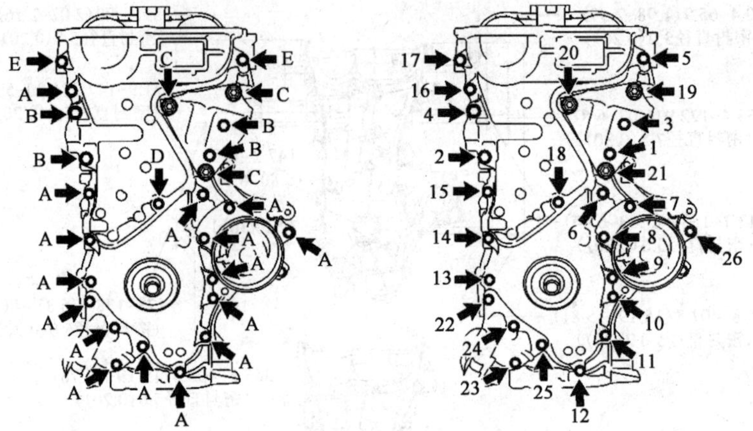

a) 力矩　　b) 螺栓力矩施加顺序

图 6-1-67　安装正时链条盖

力矩：螺栓 A、E：26N・m；螺栓 B、C：51N・m；螺栓 D：10N・m

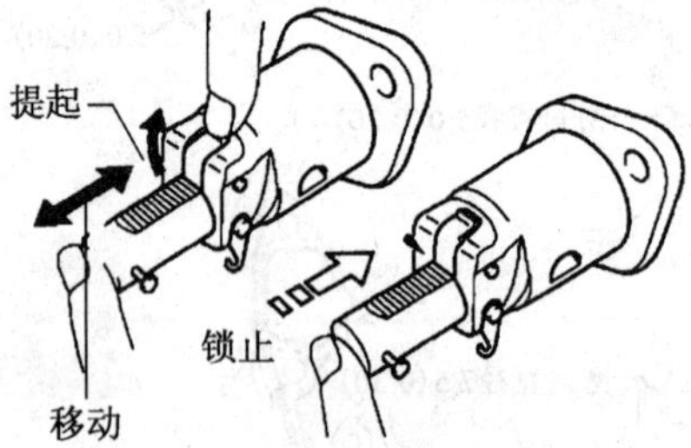

图 6-1-68　检查 1 号链条张紧器总成

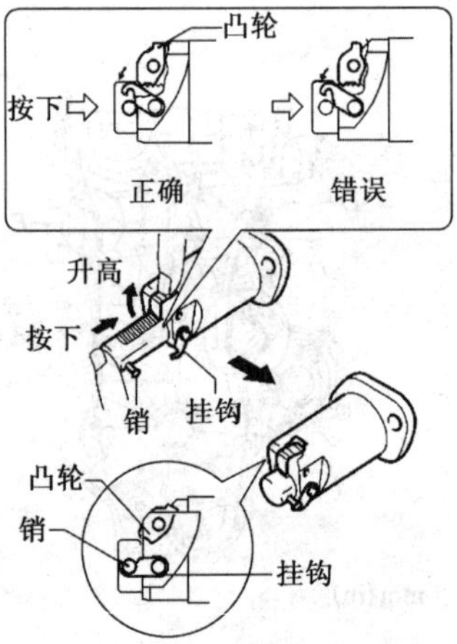

图 6-1-69　安装 1 号链条张紧器总成

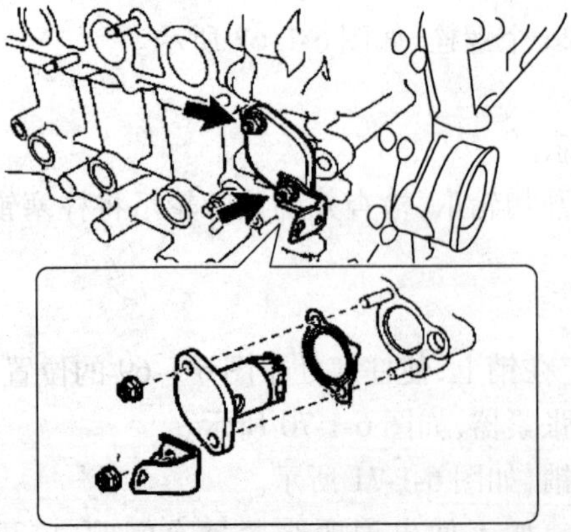

图 6-1-70　安装支架

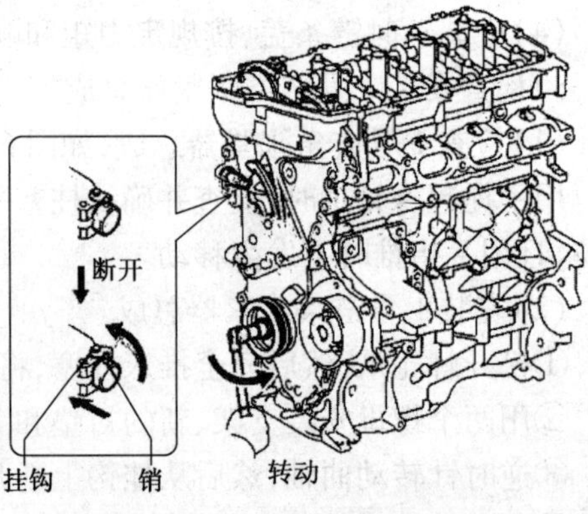

图 6-1-71　从挂钩上断开柱塞锁销

7. 安装机油滤清器分总成

(1)用 30N·m 的力矩将机油滤清器底座安装在汽缸体上,如图 6-1-72 所示。

(2)检查并清洁机油滤清器的安装表面,在衬垫上涂抹一层发动机机油。

(3)轻轻地将机油滤清器旋转到位,直到衬垫接触机油滤清器底座。

(4)使用机油滤清器扳手,用 25N·m 的力矩拧紧机油滤清器,如图 6-1-73 所示。

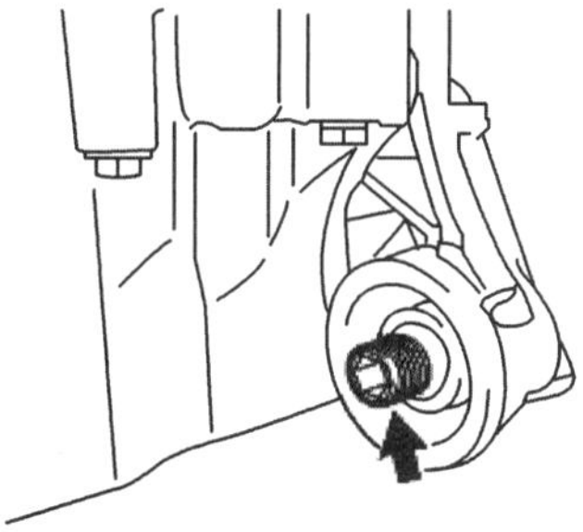

图 6-1-72　安装机油滤清器底座

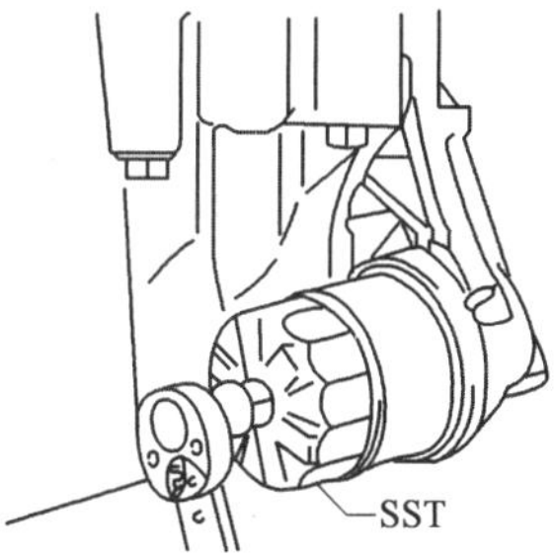

图 6-1-73　拧紧机油滤清器

8. 安装汽缸盖罩分总成

(1)将 3 个新衬垫安装在 1 号凸轮轴轴承盖上,如图 6-1-74 所示。

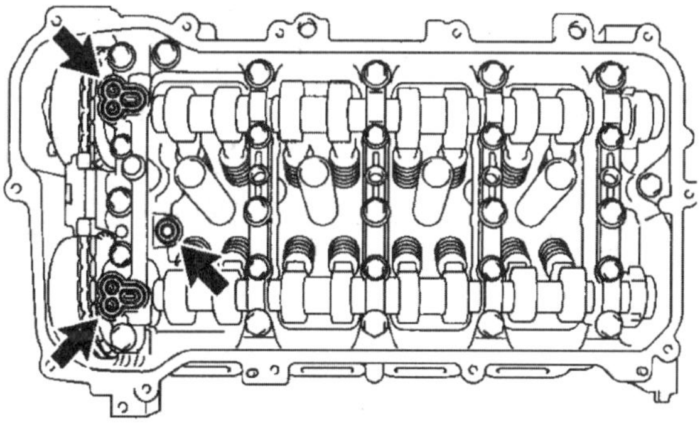

图 6-1-74　安装 3 个 1 号凸轮轴轴承盖新衬垫

(2)在图 6-1-75 所示的位置涂密封胶。3min 后安装汽缸盖罩,并在 15min 内紧固全部螺栓。

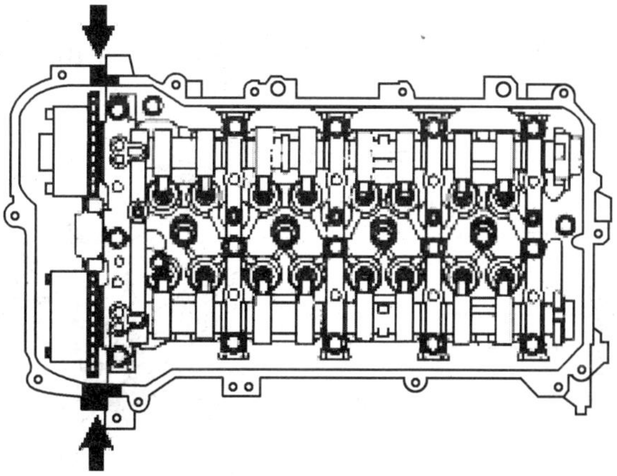

图 6-1-75　涂密封胶

(3)将新的衬垫安装在汽缸盖罩上,如图 6-1-76 所示。

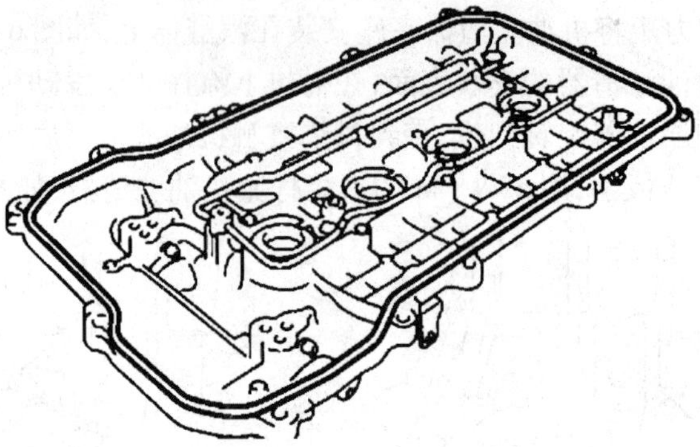

图 6-1-76　安装汽缸盖罩衬垫

(4)将汽缸盖罩安装在汽缸盖上,并用 10N · m 的力矩紧固 13 个螺栓,如图 6-1-77 所示。

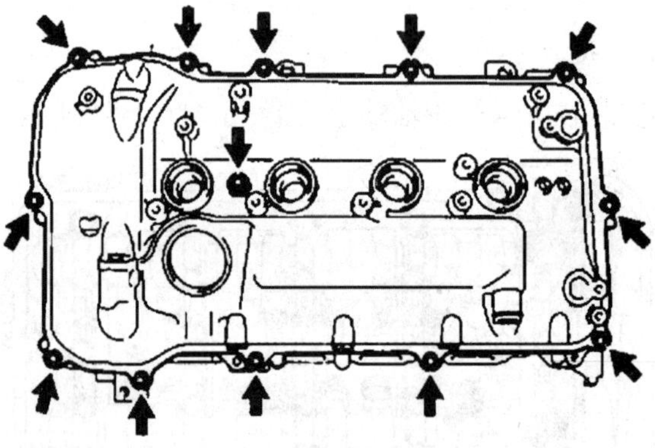

图 6-1-77　安装汽缸盖罩

9. 安装凸轮轴正时机油控制阀总成

(1)在新的 O 形圈上涂抹一层薄薄的发动机油,并将 O 形圈安装到凸轮轴正时机油控制阀上,如图 6-1-78 所示。

(2)将凸轮轴正时机油控制阀总成安装在气门室罩上,用 10N · m 的力矩拧紧两个螺栓,如图 6-1-79 所示。

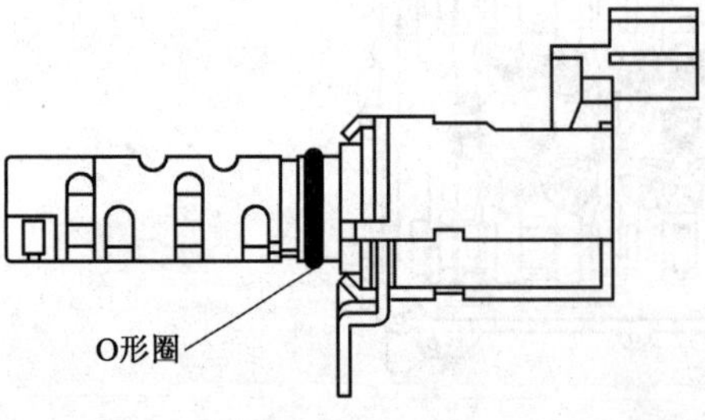

图 6-1-78　安装凸轮轴正时机油控制阀 O 形圈

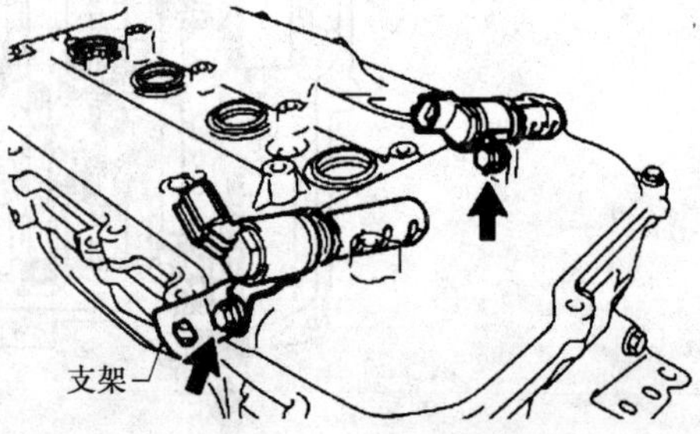

图 6-1-79　安装凸轮轴正时机油控制阀总成

10. 安装凸轮轴位置传感器

在两个凸轮轴位置传感器的O形圈上涂抹一层薄薄的发动机油，然后将传感器安装在气门室罩上，用10N·m的力矩拧紧两个螺栓，如图6-1-80、图6-1-81所示。

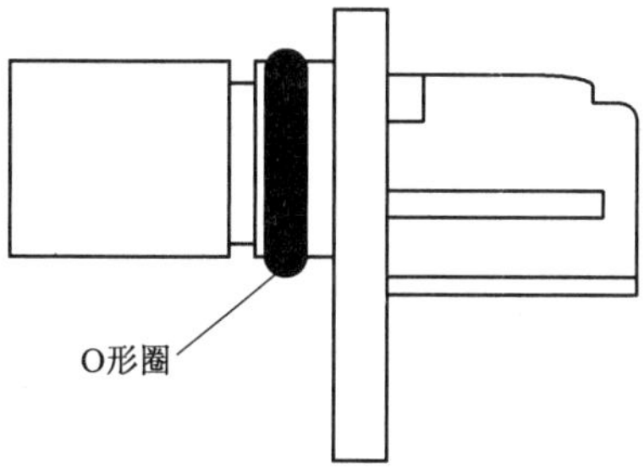

图6-1-80　安装凸轮轴位置传感器O形圈

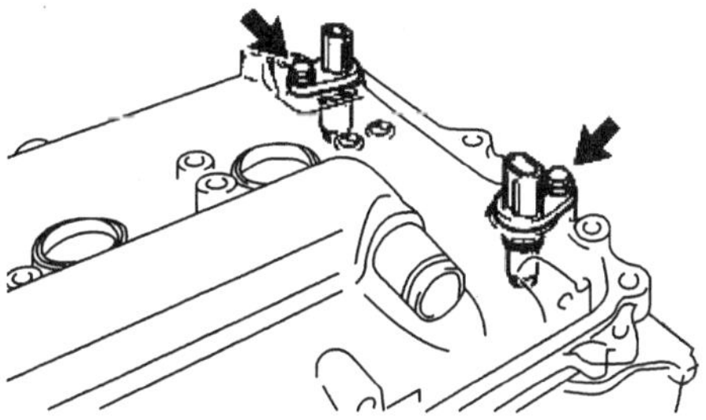

图6-1-81　安装凸轮轴位置传感器

11. 安装发动机火花塞和发动机外围件

12. 发动机机油、冷却液等的加注、检查

见润滑系统和冷却系统的维修。

知识拓展

发动机磨合实验

发动机修理时，对很多零件进行了更换或修复，虽然这些零件都有较高的加工精度，但是零件表面仍然有微观的不平和形位误差，各配合件的实际接触面积较小，还没有形成良好的油膜和表面氧化膜。如果发动机装合后立即投入正常使用，零件表面单位面积上的压力很大，零件表面的接触点会产生很大的剪切应力和塑性变形，伴随着很大的摩擦热，零件磨损速度比较快，产生粘着磨损，导致零件接触面烧伤，甚至引起抱瓦和拉缸等严重的损伤。因此，发动机经大修装复后必须进行磨合，通过磨合提高零件摩擦表面的质量、耐磨性、疲劳强度和抗腐蚀性能，使零件摩擦表面做好承受载荷的准备。同时，通过低转速和低负荷的磨合试验，可以发现和消除修理和装配中的一些缺陷，最终达到延长发动机使用寿命的目的。

传统的发动机磨合分为冷磨合和热磨合两个阶段。冷磨合是在不装缸盖（汽缸敞开）的情况下，由外力驱动发动机曲轴转动，对曲轴与轴承、活塞和汽缸进行磨合；热磨合是在发动机装备齐全的情况，使发动机自行运转，对整个发动机的摩擦副进行磨合。热磨合开始时发动机转速应较低，然后逐渐提高；负荷（磨合试验台有加载装置）从无到有逐渐增加，以对发动机的摩擦副进一步磨合。热磨合时应对发动机进行检查调整，发现故障隐患应及时排除，以防发动机带病运转。

大修后发动机进行磨合这一做法在我国实行将近40年。大修后发动机进行磨合对延长发动机寿命、提高发动机可靠性发挥了很大的作用。随着零件加工质量和表面质量以及配合精度的提高，大修发动机磨合逐渐失去意义。

但是，大修发动机装车后进行一段时间的低转速运行（热磨合），以对发动机零件进行简单的磨合,并对其进行检查调整和故障诊断还是必需的。

发动机装车后,起动发动机,使发动机怠速运转,观察发动机运转是否平稳,有无异响、有没有漏水漏气的现象、水温和机油压力是否正常。假如发动机怠速时有轻微的抖动,可能是由于活塞环或气门密封不严,一般经过半小时运转怠速就趋于稳定;如果长时间怠速不稳,必须查明原因,以防发动机存在机械故障。

发动机怠速运转半小时后,加速发动机,观察提速是否正常。使发动机以1800r/min转速运转,观察机油压力是否符合标准、水温是否正常。

练一练

1. 填空题

(1)曲轴安装时要注意检查曲轴的轴承间隙和(　　)间隙。

(2)安装曲轴轴承时,有(　　)为上轴瓦。

(3)安装活塞环时,(　　)应装在第一道环槽。

(4)各道活塞环开口应与活塞销方向呈(　　)角。

2. 选择题

(1)卡罗拉1ZR-FE发动机活塞与连杆组装时,应将活塞加热到(　　)℃。

A. 50~60℃　　B. 60~70℃　　C. 80~90℃　　D. 90~100℃

(2)曲轴主轴承的油膜间隙一般为(　　)。

A. 0.006~0.029　　B. 0.016~0.039mm

C. 0.030~0.053　　D. 0.050~0.073

(3)容易造成正时链条(正时带)跳齿(跳牙)的原因是(　　)。

A. 张紧轮轴承损坏　　B. 正时链(正时带)安装过松

C. 正时链(正时带)磨损过大　　D. 凸轮轴轴承间隙过小

3. 判断题

(1)发动机正时记号没有对好,会造成顶气门的严重后果。(　　)

(2)一般发动机进、排气门油封可以互换。(　　)

(3)装配发动机时,正时机构装配好后应转动曲轴一周,检查正时记号是否仍然对正。(　　)

4. 问答题

(1)全面介绍曲轴装配时应该检查的主要项目、检验方法和检验标准。

(2)全面介绍活塞环的装配要点和技术要求。

(3)卡罗拉1ZR-FE发动机正时链安装应重点保证的技术要求有哪些?

做一做

由学生进行现场操作,由教师根据评分标准进行打分,评定教学质量。

1. 曲轴的安装

每两人一组,完成曲轴的安装和过程检验。

2. 活塞连杆组组装

每两人一组,完成活塞连杆组的组装。

任务评价

曲轴安装评分、活塞连护组组装评分,见表 6-1-1、表 6-1-2。

曲轴安装评分表　　表 6-1-1

序号	内容及要求	评分	评 分 标 准	自评	组评	师评	得分
1	准备	10	未准备拆装工具扣 2 分 未准备带磁力表座百分表扣 2 分 未准备塑料规条扣 2 分 未准备机油扣 4 分				
2	清洁	10	未清洁曲轴扣 2 分 未清洁曲轴轴承扣 2 分 未清洁轴承盖扣 2 分 未清洁缸体扣 4 分				
3	安装上轴瓦	10	上轴瓦次序不正确扣 5 分 上轴瓦安装不正确扣 5 分				
4	检查曲轴轴承间隙	45	塑料胶条摆放不正确扣 5 分 轴承盖安装次序不正确扣 10 分 轴承盖方向不正确扣 10 分 轴承螺栓拧紧次序和拧紧力矩不正确扣 10 分 轴承间隙测量不正确扣 10 分				
5	安装曲轴	20	轴承没有润滑扣 5 分 轴承螺栓拧紧力矩和拧紧次序不正确扣 5 分 没有测量曲轴轴向间隙扣 10 分				
6	安全文明生产	5	结束后不清洁扣 2 分 工量具不归位扣 3 分 工具落地或有碰撞,此项不得分				

活塞连杆组组装评分表　　表 6-1-2

序号	内容及要求	评分	评 分 标 准	自评	组评	师评	得分
1	准备	10	未准备拆装工具扣 4 分 未准备活塞环扩张器扣 4 分 未准备机油扣 2 分				
2	清洁	10	未清洁活塞扣 2 分 未清洁活塞环扣 2 分 未清洁活塞销扣 2 分 未清洁连杆扣 2 分 未清洁工具扣 2 分				

续上表

序号	内容及要求	评分	评分标准	自评	组评	师评	得分
3	组装活塞和连杆	40	活塞、连杆安装方向不正确扣10分 活塞销安装不正确扣10分 活塞销卡环安装不正确扣10分 不检查连杆转动情况扣10分				
4	安装活塞环	30	活塞环安装位置不正确扣10分 活塞环开口方向不正确扣10分 不润滑扣10分				
5	安全文明生产	10	结束后不清洁扣5分 工量具不归位扣5分 工具落地或有碰撞,此项不得分				

教学提示

教学提示见表6-1-3。

教学提示 表6-1-3

项目六任务1	发动机的装配与调整	学时	8
学习目标	1. 掌握发动机装配的一般程序及一般技术要求; 2. 能完成卡罗拉1ZR-FE发动机的装配与调整及过程检验; 3. 能进行发动机冷却液、机油加注和更换; 4. 发动机装配及检验工作符合工艺过程和要求		
学习内容	教学方法与建议		
1. 发动机装配的要求; 2. 发动机的磨合试验	通过项目教学法实施教学: 1. 将发动机竣工验收划分为:任务目标、任务导入、知识准备、任务实施、知识拓展、练一练、做一做、任务评价等内容组成,在老师的指导下制定方案并实施,最终进行评价; 2. 学生通过8个具体的过程,将理论知识融入实际操作中; 3. 教学过程中体现以学生为主体,教师进行适当讲解,并进行引导、督促和评估; 4. 教师应提前准备好各种多媒体资料、任务工单、教学课件,并准备教学场地和设备		
教学媒体与设备	学生已有的知识、能力要求	教师执教的要求	
1. 实训设备:发动机、拆装机具等; 2. 发动机转速表一个、真空表一个、汽缸压力表一个、发动机测功设备、尾气分析仪、水温表和油温表等; 3. 多媒体教学设备; 4. 多媒体教学课件、软件; 5. 网络教学资源; 6. 发动机竣工验收考核任务单	1. 安全操作知识; 2. 汽车发动机构造与拆装	1. 能够根据教学方法合理设计教学情境; 2. 熟悉发动机装配调整的安全操作规程; 3. 能够完成发动机装配调整工作; 4. 具备协调各方、处理学生误操作的能力	

任务2 发动机的竣工验收

任务目标

(1)对装配完成的发动机进行检验调整。

(2)根据发动机竣工条件对发动机进行竣工验收,填写竣工验收检验记录单,并签发合格证。

任务导入

发动机装配完成后,由车间检验人员对发动机进行检验,填写竣工检验记录单,签发发动机大修合格证。

任务准备

一、发动机竣工验收的要求

1. 发动机外观

(1)发动机外观必须整洁完好,附件齐全、有效。

(2)发动机外表应按规定喷(涂)漆,漆层应牢固,不得有气泡、剥落和漏涂现象。

(3)发动机各部位应密封良好,不得有漏油、漏水、漏气、漏电现象,电气部分应绝缘良好。

2. 发动机装备

(1)装配的零部件和附件均应符合修理技术条件。

(2)各零部件的装配应符合原设计规定;各螺栓、螺母的扭紧顺序及扭紧力矩应符合原设计规定,并锁止可靠。

(3)发动机应按原设计规定的品质及数量加注润滑剂。

(4)发动机应按原计划规定加装限速装置,或对限速装置做相应调整并加装铅封。

3. 发动机性能

(1)起动性能。汽油发动机在环境温度不低于5℃时,允许起动三次,每次不超过5s应能起动成功。在正常工作温度下,发动机应能在5s内一次起动成功。

(2)冷起动后,发动机暖机过程转速应符合原设计规定。

(3)在正常工作温度下,发动机怠速运转平稳,怠速转速应符合原设计规定。

(4)在正常工作温度下,以高、中、低速运转,应供油正常,运转稳定、无过热现象;改变转速时,应过度圆滑,不得有突爆、回火、放炮等异常现象。

(5)在正常工作温度下,发动机在额定转速范围内以高、中、低速运转应无异常响声。

(6)在正常工作温度和规定转速下,机油压力应符合原设计规定。

(7)在正常工作温度下,汽缸压缩压力应符合原设计规定;各缸压缩压力差,汽油机应不超过各缸平均压力的5%、柴油机应不超过8%。

(8)在正常工作温度下,发动机进气歧管真空度,怠速下应为57～71kPa(430～530mmHg),其波动范围不超过4kPa。

(9)发动机排放污染物限值应符合排放标准的要求。

(10)发动机最大功率和最大转矩不得低于原设计标定值的90%。

(11)发动机的比油耗应符合原设计规定。

二、发动机竣工验收的规则

(1)承修单位必须对大修发动机进行严格的检验,发动机外观、发动机装备和发动性能等项目为必检项目。检验基本文件应完善;检验单中字迹应清晰,项目齐全、完整、填写真实、正确;检验项目、名词术语和计量单位应符合国家、行业有关标准及车辆修理技术文件的有关规定。大修竣工的发动机按本标准检验合格后,通知送修单位或送修人验收。

(2)接车人员在接车时,如发现发动机总成或某些部件有故障或不符合本标准要求的,承修单位应立即查明,予以修理或调整,直到全部符合要求,方准出厂。竣工出厂的发动机由汽车维修质量检验员签发"发动机大修出厂合格证"。

(3)发动机大修竣工质量的评定。

发动机大修竣工质量的评定是对发动机大修竣工质量和汽车发动机大修过程中基本检验技术文件完善程度的综合评价。

①评定内容。

A. 发动机大修检验基本技术文件评定。

a. 汽车发动机大修进厂检验单。

b. 汽车发动机大修工艺过程检验单。

c. 汽车发动机大修竣工检验单。

d. 汽车发动机大修合格证。

B. 发动机大修竣工质量评定。汽车发动机大修竣工后质量评定应包括起动运转检查,动力性、经济性测定,发动机四漏及涂漆等。

②发动机大修竣工质量评定规则。

A. 汽车发动机大修质量评定项目。汽车发动机大修质量评定项目见表6-2-1。按项目重要程度分为"关键项"和"一般项",其中带*符号的为关键项。

B. 发动机大修质量的评定方法。

发动机大修质量的评定采用综合项次合格率来衡量,分为优等、一等、合格、不合格四级。综合项次合格率计算方法为:

汽车发动机大修质量评定项目　　表 6-2-1

序号	评定项目	评定技术要求	检查方法与手段	评定方法	备注
A1.1	发动机大修进厂检验单	(1)发动机大修进厂检验单应包括下列内容：进厂编号、发动机型号及号码、进厂日期、托修单位、托修方报修情况、发动机附件状况、发动机运转情况、检验日期、承修方处理意见、检验员签字； (2)单中字迹应清晰，项目应齐全、完整，填写真实、正确	查阅	单据中各项有一处不符合要求，则计一项次不合格	A1.1
A1.2	发动机大修工艺过程检验单	(1)发动机大修工艺过程检验单应包括下列内容：进厂编号、发动机型号及号码、基础件和主要零部件的检验数据、检验结果记录、检验结论、处理意见、主修人签字及日期、检验员签章及日期等； (2)检验单中字迹应清晰，项目齐全、完整，填写真实、正确。检验项目、名词术语和计量单位、基础件和主要零部件的检验项目、技术要求应符合国家及行业有关标准及原厂规定	查阅	单据中各项有一处不符合要求，则计一项次不合格	A1.2
A1.3	发动机大修竣工检验单	(1)发动机大修竣工检验单中内容应包括：进厂编号、托修单位、承修单位、发动机型号及号码、装备及装配检验、性能检验、检验结论、总检验员签章及日期等； (2)检验单中字迹应清晰，项目齐全、完整，填写真实、正确。检验项目、要求、方法、名词术语、和计算单位应符合国家、行业有关标准及相关车辆修理技术文件的有关规定	查阅、核对	单据中各项有一处不符合要求，则计一项次不合格	A1.3
A1.4	发动机大修合格证	(1)发动机大修合格证内容应包括：进厂编号、发动机型号及号码、出厂日期、总检验员签章及日期、走合期规定、保证期规定、维修合同号、承修单位技术质量检验部门盖章； (2)合同中字迹应清晰，项目齐全、完整，填写真实、正确。合同中名词术语应符合国家及行业有关标准中的规定	查阅、核对	合格证中各项有一处不符合要求，则计一项次不合格	A1.4

$$\beta_0 = \sum k_i \beta_i$$

$$\beta_i = \frac{n_i \times 100\%}{m_i}$$

式中：β_0——综合项次合格率；

β_i——项次合格率；

n_i——检查合格的项次数之和；

m_i——检查的项次数之和；

i——角标，取 1、2、3，分别表示汽车大修基本检验技术文件，即“三单一证”、修竣车及关键项。

汽车发动机大修质量分级见表 6-2-2。

汽车发动机大修质量分级 表 6-2-2

等级	要求	
	关键项次合格率	综合项次合格率
优等	$\beta_3 = 100\%$	$\beta_0 \geqslant 95\%$
一等	$\beta_3 = 100\%$	$85\% \leqslant \beta_0 < 95\%$
合格	$\beta_3 = 100\%$	$70\% \leqslant \beta_0 < 85\%$
不合格	$\beta_3 < 100\%$	或 $\beta_0 < 70\%$

C. 汽车发动机大修竣工质量的评定标准。

汽车发动机大修竣工质量的评定标准见表 6-2-3。

汽车发动机大修竣工质量的评定 表 6-2-3

序号	评定项目	评定技术要求	检查方法与手段	评定方法
1	装备与装配	发动机装备齐全、有效，装配应符合有关规定	检视	有一处以上为不合格
2	冷车起动性	在环境温度不低于 −5℃时，应起动顺利，允许连续起动不多于 3 次，每次起动不多于 5s	检视	每次超过 3 次或多于 5s 均为不合格
3	热车起动性能	发动机在正常温度下 5s 内能起动	检视	不符合要求为不合格
4	真空度数值	汽油机在怠速时，进气支管真空度应在 57～70kPa	用转速表、发动机真空表检查	不符合规定要求为不合格
5	真空度波动范围	汽油机在怠速时，进气支管真空度波动值：六缸不超过 3kPa，四缸不超过 5kPa	用转速表、发动机真空表检查	不符合规定要求为不合格
6	汽缸压力数值	汽缸压缩压力应符合原设计规定	用转速表、发动机真空表检查	不符合规定要求为不合格
7	各缸压力差	每缸压力与各缸平均压力差，汽油机不超过 8%，柴油机不超过 10%	用转速表、发动机真空表检查	不符合规定要求为不合格
8	发动机怠速用运转情况	发动机怠速运转稳定，其转速符合原设计规定，转速波动不大于 50r/min	用转速表进行测量	不符合规定要求为不合格
9	发动机改变转速运转情况	发动机改变转速时应过渡平稳，均匀	用发动机转速表测量	不符合规定要求为不合格
10	发动机加速或减速运转情况	发动机突加速或减速时不得由突爆声，不得有断火、回火、爆燃现象	检视	不符合规定要求为不合格
11	异响	发动机在正常工况下不得有异常响声	检视或用发动机异响分析仪检查	不符合规定要求为不合格
12	发动机功率	发动机最大功率不得低于原设计标定值的 90%	用测功机按有关规定测量	不符合规定要求为不合格；12、13 项之取一项即可
13	发动机转矩	发动机最大转矩不得低于原本设计标定值的 90%	用测功机按有关规定测量	不符合规定要求为不合格
14	燃油消耗率	发动机最低燃料消耗率不得低于原设计要求	用油耗计、测功机按有关规定测量	不符合规定要求为不合格

续上表

序号	评定项目	评定技术要求	检查方法与手段	评定方法
15	排放	汽油机排放应符合 GB 18285—2005 和 GB 3846—2005 的规定	按 GB 18285—2005 和 GB 3846—2005 的规定测量	不符合规定要求为不合格
16	机油压力	发动机油压力应符合原设计规定	用机油压力表进行运行试验	不符合规定要求为不合格
17	冷却液温度、机油温度	发动机冷却液温度、机油温度应符合原实际规定	用水温表、油温表进行测试	不符合规定要求为不合格
18	发动机机油	发动机机油的年度等级、质量等级、加注量应符合原设计规定	检视或用机油质分析仪检查	不符合规定要求为不合格
19	渗漏情况	发动机应无漏水、漏油、漏气、漏电现象	检视	不符合规定要求为不合格
20	停机装置	柴油发动机停机装置应灵活有效	检视	不符合规定要求为不合格
21	限速装置	发动机应按规定加装限速片或对限速装置作相应的调查并加铅封	检视	不符合规定要求为不合格
22	涂漆	发动机应按规定涂漆，涂漆应均匀，不得有漏涂现象	检视	有两处以上缺陷为不合格

项目实施

一、发动机竣工验收的要求

（1）按照正确的工艺方法对修理的发动机进行检验。

（2）检验结果正确，计算项次合格率正确，对发动机的修理质量进行评价。

二、仪器设备

（1）发动机转速表一个。

（2）真空表一个。

（3）汽缸压力表一个。

（4）发动机测功设备。

（5）尾气分析仪。

（6）水温表和油温表。

（7）发动机大修进厂检验单、发动机大修工艺过程检验单、动机大修竣工检验单、填写和签发发动机大修合格证。

三、检查步骤

1. 发动机进行外观检查

(1)检查发动机装备和附件是否完全、安装部位是否正确,发动机外表涂漆是否均匀、有无漏涂等。

(2)检查线路和真空管连接是否牢固。

(3)检查冷却液和发动机机油量是否符合要求。

2. 发动机起动性能检查

冷车起动:在环境温度不低于 -5℃时,应顺利起动,允许连续起动不多于 3 次,每次起动不多于 5s。起动超过 3 次或多于 5s 均为不合格。

热车起动:在发动机温度为 90 ~ 105℃时 5s 内能一次起动。不合要求为不合格。

3. 发动机汽缸密封性检查

1)真空度检查

用转速表和真空表检查进气管真空度。发动机在怠速为(800 ± 50)r/min 时,真空度应在 57 ~ 70kPa 范围内,真空度波动范围不大于 5kPa。

2)汽缸压力检查

在发动机水温达到 90 ~ 105℃时,用汽缸压力表检查汽缸压力。汽缸压力应符合原厂设计规定的 100 ~ 130kPa、汽缸压力与各缸平均压力差不得超过 8%。压力达不到原厂设计,压力差超过 8% 均为不合格。

4. 发动机运转检查

用转速表或发动机综合测试仪检查发动机怠速转速,转速应符合原厂规定的(800 ± 50)r/min,且运转稳定。急加速或急减速发动机转速应过渡圆滑、灵敏、不得有爆燃、断火和放炮现象。

5. 发动机异响检查

发动机在各种工况下,外部件和内部都应无异响,不论有任何异响都应视为不合格。

6. 发动机功率和转矩检查

用无负荷测功机测量发动机功率和转矩。发动机最大功率和转矩不得低于原厂设计标准的 90%,否则为不合格。

发动机功率和转矩检查一项即可,具体检查方法在其他相关课程学习。

7. 燃料消耗检查

用油耗计和无荷测功机测量发动机油耗。发动机最低燃料消耗率不得大于原厂设计标准,超过标准为不合格。燃料消耗检查方法在其他相关课程中学习。

8. 尾气检测

待发动机水温达正常工作温度(90 ~ 105℃)时,用废气分析仪检测汽车尾气排放应符合国家相关排放标准，超过标准为不合格。具体尾气检查方法在其他相关课程学习。

9. 机油压力检查

当发动机温度为90℃ ~105℃时，发动机怠速运转为(800 ±50)r/min，机油压力不低于或高于30kPa，中速[(2150 ±50)r/min]时，机油压力不低于180kPa，低于或高于标准均为不合格。

10. 水温和机油温度检查

用水温表、油温表进行测试，发动机水温和机油温度，应符合原厂设计要求，不合规定为不合格。

11. "四漏"检查

发动机应无漏水、漏油、漏气、漏电等现象，否则为不合格。

12. 限速装置检查

有限速装置的发动机，应检查限速装置的安装情况，如没有安装或者没有铅封，则为不合格。

知识拓展

进气歧管真空度检测及应用

进气管负压(也称进气管真空度)是进气管内的压力与外部大气压力的差值。发动机进气管负压的大小随汽缸活塞组零件的磨损而变化，并与气门组零件的技术状况、进气系统的密封性、点火好坏、配气相位以及空燃比有关。因此，检测进气管负压，可以用来诊断发动机多种故障。

进气管负压用负压表来检测，无须拆卸任何零件，而且快速简便，应用极广。随着现代汽车检测诊断技术及检测仪器的快速发展，现在可用示波器或发动机综合分析仪来观测分析负压波形的动态变化。

一、用真空表检测进气管负压

真空表由表头和软管组成，软管一端固定在表头上，另一端接在节气门后方的进气管专用接头上，当负压进入表头后，在表盘上指示出负压的大小。

1. 检测方法步骤

(1)预热发动机至正常工作温度。

(2)发动机熄火，连接真空表。

(3)变速器置于空挡，发动机怠速运转。

(4)读取真空表上的指示值。

2. 检测结果分析

通过对进气管真空度检测结果分析，可判断发动机的技术状况和故障。真空表的摆动如图 6-2-1 所示。图中，白针表示指针稳定，黑针表示指针漂移。

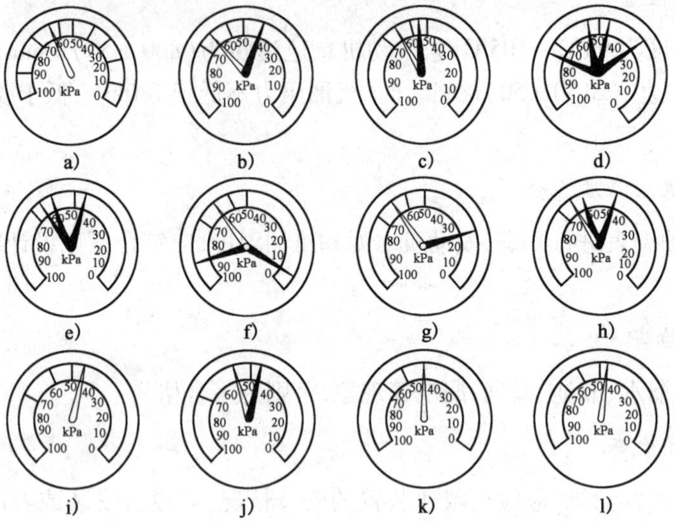

图 6-2-1 真空表指针的位置和动作

(1)在相当于海平面高度下，发动机怠速运转[(800±50)r/min]时(下同)，指针稳定指在 57.33~70.66kPa 范围内，表示发动机汽缸密封性正常。

(2)当迅速开启并立即关闭节气门时，指针随之在 6.66~84.66kPa 范围内摆动，则进一步表明汽缸组技术状况良好。

(3)怠速时，若指针低于正常值，主要是活塞环、进气管造成的，也可能与点火过迟或配气过迟有关。此时，节气门突然开启，指针会回落到 0，节气门突然关闭，指针回跳不到 84.66kPa。

(4)怠速时，指针缓慢地在 33.33~74.66kPa 之间摆动，且随发动机转速的升高摆动加剧，表示气门弹簧折断、气门弹簧弹力不足或汽缸垫漏气。

(5)怠速时，指针快速地在 46.66~67.66kPa 之间摆动，发动机升速时指针反而稳定，表示进气门杆与其导管磨损松旷。

(6)怠速时，指针停留在 26.66~50.66kPa 之间，表示气门机构失调，气门开启过迟。

(7)怠速时，指针跌落在 46.66~57.33kPa 之间，表示点火过迟。

(8)怠速时，指针在 46.66~53.33kPa 之间缓慢摆动，表示火花塞电极间隙过小。

(9)怠速时，指针在 17.33~64.33kPa 之间大幅度摆动，表示汽缸垫漏气。

(10)怠速时，指针有规律地跌落至某一数值，表示某气门烧蚀。

(11)怠速时，指针在 17.33kPa 以下，表示进气管漏气。

(12)怠速时，指针逐渐跌落至 0，表示排气消音器或排气系统堵塞。

二、检测诊断参数标准

根据《汽车修理质量检查评定标准发动机大修》(GB/T 15746.2—1995)的规定，大修竣工的四行程汽油机转速在 800±50r/min 时，以海平面为准，进气管负压应在 57.33~70.66kPa

范围内。波动范围：六缸汽油机一般不超过 3.33kPa，四缸汽油机一般不超过 5.07kPa。

由于进气管的负压随海拔高度升高而降低，因此应根据所在地区海拔高度对测量值进行修正（一般海拔每升高 1000m，负压将减少 10kPa 左右）。

练一练

1. 填空题

（1）发动机最大功率和转矩不得低于原厂设计标准的（　　），否则为不合格。

（2）待发动机水温达至（　　）℃时，用废气分析仪检测汽车尾气排放应符合国家相关排放标准，超过标准为不合格。

（3）大修后的发动机应无漏水、漏油、漏气、（　　）现象，否则为不合格。

2. 选择题

（1）发动机冷车起动：在环境温度不低于 −5℃时，应顺利起动，允许连续起动不多于（　　）次，每次起动不多于 5s。

A. 2　　　B. 3　　　C. 4　　　D. 5

（2）汽缸压力与各缸平均压力差不得超过（　　）。

A. 4%　　　B. 6%　　　C. 8%　　　D. 10%

3. 判断题

（1）大修发动机油耗可略高于原厂设计标准。（　　）

（2）环境温度不低于 −5℃时，大修发动机应顺利起动，起动多于 5s 为不合格。（　　）

4. 问答题

（1）发动机动力不足的常见原因有哪些？

（2）某大修电控汽油喷射发动机尾气超标，分析尾气超标的原因有哪些？

做一做

由学生进行现场操作，由教师根据评分标准进行打分，评定教学质量。

1. 汽油发动机尾气检验分析

每三人一组，完成汽油发动机尾气检验分析。

2. 发动机进气管真空度检测分析

每三人一组，完成发动机进气管真空度检验分析。

任务评价

汽油发动机尾气检验分析评分、发动机进气管真空度检验分析评分表，见表 6-2-4、表 6-2-5。

汽油发动机尾气检验分析评分表

表 6-2-4

序号	内容及要求	评分	评分标准	自评	组评	师评	得分
1	准备	5	未准备不分红外线尾气分析仪扣 10 分				
2	车辆和仪器准备	10	未准备试验车辆扣 5 分 未准备尾气分析仪扣 5 分				
3	尾气检测	50	检测工艺不正确扣 30 分 取样探头插入深度不正确扣 10 分 读数不正确扣 10 分				
4	检测结果分析	30	检测结果分析不正确扣 30 分				
5	安全文明生产	5	结束后设备不清洁扣 2 分 尾气分析仪具不归位扣 3 分				

发动机进气管真空度检验分析评分表

表 6-2-5

序号	内容及要求	评分	评分标准	自评	组评	师评	得分
1	准备	5	未准备真空表扣 5 分				
2	车辆准备	10	未预热车辆扣 10 分				
3	真空度检测	30	检测工艺不正确扣 20 分 读数不正确扣 10 分				
4	检测结果分析	50	检测结果分析一处不正确扣 10 分，扣完为止				
5	安全文明生产	5	结束后设备不清洁扣 2 分 真空表不归位扣 3 分				

教学提示

教学提示见表 6-2-6。

教学提示

表 6-2-6

<table>
<tr><td>项目六任务 2</td><td>发动机的竣工检验</td><td>学时</td><td>6</td></tr>
<tr><td>学习目标</td><td colspan="3">1. 熟悉发动机竣工检验的一般技术要求；
2. 能完成发动机的竣工检验</td></tr>
<tr><td>学习内容</td><td colspan="3">教学方法与建议</td></tr>
<tr><td>1. 发动机装配中应注意的一般问题；
2. 发动机装配工艺过程及主要技术要求；
3. 卡罗拉 1ZR－FE 发动机装配及过程检验</td><td colspan="3">通过项目教学法实施教学：
1. 将发动机装配与调整划分为：任务目标、任务导入、知识准备、任务实施、知识拓展、练一练、做一做、任务评价等内容组成，在老师的指导下制定方案并实施，最终进行评价；
2. 学生通过 8 个具体的过程，将理论知识融入实际操作中；
3. 教学过程中体现以学生为主体，教师进行适当讲解，并进行引导、督促和评估；
4. 教师应提前准备好各种多媒体资料、任务工单、教学课件，并准备教学场地和设备</td></tr>
<tr><td>教学媒体与设备</td><td>学生已有的知识、能力要求</td><td colspan="2">教师执教的要求</td></tr>
<tr><td>1. 实训设备：发动机、拆装机具等；
2. 丰田汽车专用工具、厚薄规等；
3. 多媒体教学设备；
4. 多媒体教学课件、软件；
5. 网络教学资源；
6. 发动机装配与调整考核任务单</td><td>1. 安全操作知识；
2. 汽车发动机构造与拆装</td><td colspan="2">1. 能够根据教学方法合理设计教学情境；
2. 熟悉发动机装配与调整的安全操作规程；
3. 能够完成发动机装配与调整工作；
4. 具备协调各方、处理学生误操作的能力</td></tr>
</table>